GRIEBEN-REISEFÜHRER

Band 273

MAROKKO

GRIEBEN-VERLAG GMBH
STUTTGART · WIEN · BERN

Informationen

über einen Ort oder eine Region von den zuständigen Auskunfts-stellen, Verkehrsbüros, Kurverwaltungen und Gemeindeämter.

Sport

Bademöglichkeiten, Tennis, Reiten, Golf, Wassersportangebot und Angaben zum Wintersport.

Sehenswertes

Museen, Kirchen, Schlösser, Burgen, Parkanlagen, besondere Architektur.

Veranstaltungen

Theater, Konzerte, Heimatabende, Hobbykurse, organisierte Stadtrundfahrten, Wanderungen oder Ausflüge.

In der Umgebung

Spaziergänge, Wanderungen, kurze Ausflüge oder Rundfahrten von einem Standort aus.

Bearbeitung der Neuauflage unter Mitarbeit von M. Lakorchi-Glagow und Dr. N. Lehn (med. Ratschläge)
Pläne und Zeichnungen: B. und F. Lerche
Kartografie: Kümmerly + Frey, Bern/MAP, Bad Soden

© Grieben Verlag GmbH
Verlagsgruppe Fink-Kümmerly + Frey

Redaktionsanschrift:
Grieben Verlag
Verlagsgruppe Fink-Kümmerly + Frey
Zeppelinstraße 29-31
D-7302 Ostfildern 4

Printed in Germany
8. Auflage 1988
ISBN 3-7744-0273-6

Vorwort

GRIEBEN-Reiseführer sind aktuell. Sie werden immer wieder völlig überarbeitet und auf den neuesten Stand gebracht. Sachkundige Autoren, Gemeinden und Fremdenverkehrsämter und die Redaktion stellen die Informationen sorgfältig zusammen und überprüfen sie.

GRIEBEN-Reiseführer sind nach einem einheitlichen Schema aufgebaut, das die Benützung leichtmacht. Sie helfen bei der Vorbereitung der Reise, weisen an Ort und Stelle die lohnendsten Wege und dienen schließlich der Vertiefung der Eindrücke nach der Reise.

GRIEBEN-Reiseführer erschließen vielfältige Informationen schnell und direkt:

* Die KLEINE LANDESKUNDE dient der gründlichen Vorbereitung und Einstimmung auf das Reiseland oder -gebiet.

* Der Abschnitt REISEWEGE enthält Routen und Rundfahrten durch die schönsten Landschaften.

* Die ORTS- und LANDSCHAFTSBESCHREIBUNGEN bilden den Hauptteil. Mit Ausflügen in die Umgebung und Wandervorschlägen, Fotos, Lageskizzen, Gebietsübersichten und detaillierten Stadtplänen. Die wichtigsten Sehenswürdigkeiten sind eingerahmt und damit sofort erkennbar. Besondere Empfehlungen zu Einkäufen, Veranstaltungen, Restaurants, Kultur etc. stehen am Ende des zugehörigen Ortes.

* WISSENSWERTES VON A–Z im blauen Teil führt Informationsstellen auf und vermittelt das Wichtigste in Kürze über Unterkunft, Sportmöglichkeiten, Zollformalitäten, Verkehrsregeln.

* Die ÜBERSICHTSKARTE im hinteren Umschlag dient der Vorinformation. Das Suchgitter erleichtert die Auffindung und Zuordnung der Orte. Weitere Kartenhinweise finden Sie im Text.

Und schließlich: Waren Sie mit diesem GRIEBEN-Reiseführer zufrieden, freut uns Ihre Zustimmung. Haben Sie Verbesserungsvorschläge, schreiben Sie uns. So können auch Sie zum aktuellen Stand beitragen. Für Ihre Hilfe danken wir Ihnen.

Grieben-Verlag

Inhaltsverzeichnis

Wissenswertes von A–Z

*Berberdorf bei Tinerhir auf der Straße der Kasbahs. Die verschachtelte Bau-
weise – oft dient Lehm als Material – ist typisch für die Berberdörfer des Südens*

Kleine Landeskunde

Geographie

*M*arokko, amtlich »Al Mamlaka al Maghribija« (das maghrebinische Königreich), ist das Land im äußersten Nordwesten Afrikas und wurde daher schon von den alten arabischen Geographen »Maghrib al Aksa«, äußerster Westen, genannt. Das Kernland ohne die Westsahara liegt zwischen 27° und 36° nördlicher Breite sowie 1° und 13° westlicher Länge und hat eine Fläche von ca. 460 000 qkm, die in etwa der Frankreichs entspricht oder auch dem Doppelten der Bundesrepublik Deutschland. Rechnet man nun die Gebiete der Westsahara hinzu, die seit 1979 widerrechtlich von Marokko annektiert und als marokkanisches Staatsgebiet ausgegeben sind, erhöht sich die Ausdehnung des Landes um weitere 270 000 qkm.

*H*in und wieder variierende Größenangaben sind darin begründet, daß die Grenze zu Algerien im Südosten des Landes zwischen Figuig und dem Drâa-Tal lange Zeit nicht endgültig festgelegt und Gegenstand von Grenzstreitigkeiten zwischen Marokko und Algerien war. Erst seit dem Abkommen vom 27. 5. 1970 gibt es auch hier eine einigermaßen feste Grenze. Insgesamt ist sie zwischen Marokko und Algerien etwa 1400 km lang, davon verlaufen rund 1000 km durch wüstenhaftes Gebiet. Hier ist sie mangels deutlicher geographischer Punkte naturgemäß fließend, so daß man besser von »Confins Algéro-Marocains«, algerisch-marokkanischen Grenzräumen, spricht. Eindeutig umrissene natürliche Grenzen Marokkos sind der Atlantische Ozean und das Mittelmeer, an dem sich die Hafenstädte Ceuta und Melilla befinden, die noch heute spanisches Territorium sind.

*Z*war ist Marokko auf weiten Strecken von Meer umgeben, doch sind die Küsten, vor allem die des Mittelmeeres, fast ohne Zugang zum Hinterland. Daraus ergibt sich, wenn man die Begrenzung Marokkos im Süden und Osten durch die Sahara mit berücksichtigt, eine gewisse Abgeschlossenheit des Landes. Dies wurde bereits von den älteren arabischen Geographen erkannt, die daher das Gebiet auch »Djezira al Maghreb«, die Insel des Westens, bezeichneten. Lediglich im Nordosten bei Oujda findet sich ein einigermaßen bequemer Landweg, der geschichtlich schon immer von großer Bedeutung war; heute führen hier die Eisenbahn und eine wichtige Straße hinüber nach Algerien.

*M*arokko ist in drei Großlandschaften gegliedert:

1. Die *marokkanische Meseta,* die ihren Namen aufgrund der Ähnlichkeit mit der zentralspanischen Meseta erhalten hat. Sie wird gebildet durch das 200–600 m hohe Zentralplateau der Binnenmeseta und das Sebou-Becken im Norden. Kulturell, geschichtlich und wirtschaftlich ist sie der wichtigste Teil Marokkos, hier liegen alle bedeutenden Städte, aber auch das landwirtschaftliche Hauptanbaugebiet. Seine Fruchtbarkeit verdankt dieser Teil des Landes dem Einfluß feuchter ozeanischer Winde und seiner Lage im Schutz des Atlas, der die heißen Wüstenwinde fernhält. Dieser Gebirgsrahmen der Meseta wird im Norden vom Rif gebildet, an das

sich östlich der Mittlere Atlas und im Süden der Hohe Atlas anschließen.

2. Die *ostmarokkanische Meseta*, zuweilen auch »Meseta oranaise« nach der algerischen Stadt Oran genannt. Sie liegt jenseits des Mittleren Atlas und geht über in das algerische Hochland der Schotts. Die dem Mittleren Atlas vorgelagerte Moulouya-Senke ist als einziges Tal durch künstliche Bewässerung agrarisch nutzbar; das übrige, ca. 1300 m hohe Plateau ist auf Grund der sehr geringen Niederschläge trocken und vegetationsarm.

3. Die *vorsaharische Landschaft* und die *Wüstengebiete*, südlich des Hohen Atlas gelegen. Sie beinhalten sowohl die Oasen der Tafilalet-Ebene, die Täler des Dadès und Drâa, den Gebirgszug des Anti-Atlas und die sich anschließenden Ergs (Sandwüsten) und Hammadas (Stein- oder Geröllwüsten). Hier ist Anbau nur noch in den Flußtälern oder bei künstlicher Bewässerung möglich, während er in den Hammadas, der in Marokko vorherrschenden Wüstenform, gar nicht mehr gegeben ist.

Wie eine mächtige Barriere durchbricht der gewaltige Gebirgsrücken des *Hohen Atlas* von der Atlantikküste im Südwesten bis zur algerischen Grenze im Nordosten das Land. Er erreicht mit dem Djebel Toubkal, ca. 20 km südlich von Asni, mit 4165 m seinen höchsten Punkt, der zugleich höchste Erhebung Nordafrikas ist. Dem Hohen Atlas nördlich vorgelagert ist der *Mittlere Atlas,* der in seinem östlichen Teil Höhen über 3000 m erreicht; der höchste Berg ist hier mit 3340 m der Djebel Bou Naceur. Die marokkanische Mittelmeerküste wird halbmondförmig vom Gebirgszug des *Rif* (auch Rif-

Atlas) umschlossen. Geologisch betrachtet ist das *Rif* die Fortsetzung der spanischen Sierra Nevada, ein schwer zugängliches Mittelgebirge, das allerdings zwischen Chechaouen und Al Hoceima Hochgebirgscharakter annimmt und mit dem Djebel Tidiguin eine Höhe von 2448 m erreicht.

Diese drei Gebirgszüge sind tertiären Ursprungs, stammen also aus derselben Zeit wie der Gürtel der europäischen Faltengebirge, der im Westen mit den Pyrenäen beginnt, sich über die Alpen, die Karpaten und den Kaukasus fortsetzt und in die mächtigen asiatischen Gebirge übergeht, die ebenfalls im Tertiär entstanden sind.

Im Gegensatz dazu steht der *Anti-Atlas,* der als Teilstück des im Norden angehobenen afrikanischen Schildes wesentlich älter als das übrige Atlassystem ist und erdgeschichtlich mit ihm in keinem Zusammenhang steht. Der Anti-Atlas beginnt südlich des Hohen Atlas am Djebel Sargho und erstreckt sich in südwestlicher Richtung zum Atlantik, wobei er in der Mitte mit dem Djebel Siroua eine Höhe von 3304 m erreicht; ihm ist im Süden der *Djebel Bani,* eine bis zu 1000 m hohe Bergkette von 2 bis 5 km Breite, vorgelagert.

Das *Gewässernetz* Marokkos ist verhältnismäßig ausgedehnt. Ursache dafür sind die reicheren Niederschläge als etwa im Nachbarland Algerien, aber auch der immer wieder abtauende Schnee auf den Höhen des Atlas-Gebirges. Die Flüsse strömen ins Atlantik, ins Mittelmeer, einige versickern in den Wüstengebieten. Der seinem Tal nach längste, wenn auch nicht wasserreichste Fluß Marokkos ist der fast 1200 km lange *Oued Drâa,* der von zwei Quellflüssen aus dem Hohen Atlas gebildet wird und bei Ouarzazate seinen Namen bekommt. Er versickert auf weiten Strecken und erreicht nur bei sehr starker Wasserführung im Oberlauf die Küste, was jedoch seit dem Bau des Stausees El Mansour Eddahbi bei Ouarzazate praktisch nie mehr der Fall ist. Das Mündungsgebiet des Oued Drâa liegt 25 km nördlich von Tan-Tan, am Atlantik zwischen Goulimine und Tarfaya. Weitaus wasserreichere Flüsse von fast 600 km Länge sind der im Mittleren Atlas entspringende und 10 km westlich von Saïdia ins Mittelmeer mündende *Moulouya* und der ebenfalls im Mittleren Atlas, rund 40 km nordöstlich von Khenifra in mehreren Quellen entspringende *Oum er-Rbia,* der in Azemmour in den Atlantik mündet.

Weitere nennenswerte, dem Atlantik zuströmende Flüsse sind (von Norden nach Süden) der *Oued Loukkos* (Mündung in Larache), der *Oued Sebou* (Mündung bei Kénitra), der *Oued Tensift* (Mündung 30 km südlich von Safi) und der *Oued Sousé* (Mündung bei Agadir). Neben einigen seichten Seen (Aguelmane, aber auch Merja, Dayet oder Daya genannt) gibt es einige ständig wasserhaltige Seen im Atlasgebiet, so der Aguelmane von Sidi Ali und die Dayet von Ifni, Tislit und Isli im Mittleren Atlas. Recht häufig kommen unterirdische Wasserläufe vor, die zum Teil als artesische Brunnen am Südhang des Hohen Atlas oder in Oasen hervorsprudeln.

Ergänzend zu den natürlichen Gewässern steht für die Wasserversorgung ein Netz von Stauseen (bisher 36) zur Verfügung, das bis ins Jahr 2000 vollständig ausgebaut werden und auch zur Absicherung der Energieversorgung dienen soll.

Klima

In Marokko herrschen keine einheitlichen klimatischen Verhältnisse. Man kann grundsätzlich drei verschiedene Klimazonen unterscheiden:

Im Norden und in der Küstenebene am Atlantik herrscht ein vorwiegend maritimes Klima, das durch die Lage an zwei Meeren (Atlantik und Mittelmeer) bestimmt wird. Die Hitze während der Sommermonate wird stets gemildert durch kühlende Brisen vom Meer her, so daß sie selten als unangenehm empfunden wird, sie steigt jedoch in dem Maße, wie man ins Innere des Atlas-Vorlandes kommt.

In Ostmarokko und südlich der Atlasketten herrscht ein reines Kontinentalklima, das von der nahen Wüste bestimmt wird. Temperaturen – etwa in Ouarzazate und im Tafilalet – bis zu 50° C sind keine Seltenheiten.

Die dritte Zone endlich finden wir im Ostrif, dem Mittleren und Hohen Atlas, die ausgesprochenes Hochgebirgsklima haben. Hier sind in den höheren Lagen die Verhältnisse ähnlich wie in den Alpen, in den niedrigeren Lagen sind die Temperaturen natürlich höher.

Zu allen Jahreszeiten, meistens jedoch im Sommer, können die heißen Wüstenwinde, der Schirokko und der Schergi, von der Sahara her kommen. Ihre Hitze ist teilweise so stark, daß große Teile der Ernte verbrennen. Allerdings halten diese Winde nie länger als einige Tage an. Nicht selten sind Unlustgefühle und Erschöpfung menschliche Reaktionen auf diese Winde, ähnlich dem Föhn in Mitteleuropa.

Klimatabelle (Durchschnitt Tag und Nacht) für die wichtigsten Orte:

Ort	Jan.	Apr.	Juli	Okt.
Tanger	15_3	19_9	26_{17}	22_{18}
Al Hoceima	16_{10}	20_{13}	28_{21}	23_{16}
Fès	15_5	21_9	33_{17}	25_{12}
Ifrane	9_{-4}	16_2	31_{12}	19_5
Casablanca	17_8	21_{11}	26_{19}	24_{15}
Agadir	20_7	23_{13}	26_{18}	26_{14}
Marrakech	18_5	26_{11}	37_{20}	28_{14}
Ouarzazate	17_2	27_{10}	39_{20}	27_{12}
Zagora	21_3	30_{14}	44_{27}	31_{16}
Er-Rachidia	17_1	27_{11}	40_{23}	27_{12}

Statt des Winters herrscht in Marokko die Regenzeit, die von Anfang November bis Ende April dauert. Regenzeit bedeutet allerdings nicht, daß es während dieser Periode ständig regnet. Die Hauptregenmonate Januar und März können zwar äußerst heftige und auch langanhaltende Güsse bringen, im allgemeinen aber regnet es nur stundenweise, oft nur wenige Minuten, und danach strahlt dann wieder die Sonne vom blauen Himmel. In den höheren Gebirgslagen fallen die Niederschläge oft als Schnee; in über 2000 m Höhe hält der Schnee stellenweise sechs bis neun Monate, also etwa von Oktober bis Juni. Die Schneemassen machen dann die hohen Gebirgspässe unpassierbar, und die Wasserfluten können Nebenstraßen, die sich in Tälern hinziehen, unpassierbar machen. In Marokko gibt es allerdings keine einheitlichen Regenzeiten; vielmehr nehmen die Niederschlagsmengen von Norden nach Süden und von Westen nach Osten ab. Im Norden gibt es rund 300, im Süden 350 Sonnentage pro Jahr.

Der Reisende wird sich dem ihm ungewohnten Klima durch seine Lebensweise anpassen müssen. Vermeiden sollte man körperliche Überanstrengungen, Gewaltmärsche oder allzu ausgiebiges Schwimmen mit ausgedehnten Sonnenbädern. Wegen des grellen Sonnenlichtes sind gute Sonnenbrillen anzuraten. Zweckmäßig ist es, mittags eine längere Siesta einzuschieben, wie es die Einheimischen auch tun. In der heißen Zeit ist es im Innern des Landes, im Osten und Süden unumgänglich, eine Kopfbedeckung zu tragen. Tagsüber sollte man Alkohol unbedingt meiden. In den Monaten Dezember und Januar kann es recht ungemütlich werden, da viele Häuser und Gebäude keine Heizungen besitzen.

Pflanzen- und Tierwelt

Die *Pflanzenwelt* Marokkos ist mit 3500 bis 4000 Arten vielfältig; viele sind den europäischen Reisenden fremd. Der Mittelmeerstreifen hat noch die typisch mittelmeerländische Vegetation, wie wir sie in Italien, an der Riviera, in Spanien und auf seiner balearischen Inselwelt finden, also: Pinien- und Olivenbäume, Korkeichen, Doum (buschförmige Zwergpalmen), zahlreiche

Kakteen- und Agavensorten usw. Dazu kommen an Obstarten: Orangen, Zitronen, Granatäpfel, Aprikosen und Pfirsiche sowie Wein, der in großen Feldern angebaut wird. Die Straßen sind häufig von hohen Eukalyptusbäumen eingefaßt, und Mauern und Hecken sind von roter und violetter Bougainvillea überblüht, in den Städten sieht man oft Hibiskushecken mit leuchtend roten Blüten.

*I*n den Gebirgen und im Süden und Osten kommen noch einige Pflanzenarten vor, die typisch nordafrikanisch sind: vor allem die Dattelpalme, die Kulturpflanze der Oasen, dann der Arganienbaum, der sonst nur noch in Südamerika heimisch ist und dessen Früchte als Kamelfutter und zur Herstellung von Speiseöl dienen. Oft sieht man Ziegen in den schwankenden Zweigen dieses Baums herumklettern, um die frischen Triebe sowie die Früchte zu fressen. Die Steineiche ist für gewisse Gebiete des Rifs, aber auch der Atlas-Ketten typisch, desgleichen gibt es hier Walnüsse, Mandeln und Feigen. Im Hügelgelände des Südens trifft man ferner auf Thuyas, Mastixbäume, Euphorbien und Lavendelsträucher. Sie bilden – in bunter Mischung – oft weiche, zusammenhängende Gehölze. Im Gebirge ist der Wacholder weit verbreitet; er erreicht im Hohen Atlas die obere Waldgrenze bei 3150 m. Krone der Vegetation ist die Zeder, die bereits im Ostrif vorkommt, im Mittleren Atlas aber große, zusammenhängende Wälder bildet. Neben der Zeder findet man an Nadelhölzern die Aleppokiefer, Tanne und Atlas-Thuya. Typisch für die Steppengebiete Marokkos ist das langfaserige Halfagras, das zur Papierherstellung und für Flechtarbeiten verwendet wird.

*D*er ärgste Feind der Pflanzenwelt in Marokko sind die Ziegen, die in ihrer ungehemmten Freßlust und infolge ihrer Kletterkünste ganze Waldgebiete zerstört haben. Im Rif und in den Atlasgebirgen sind weite Hänge kahlgefressen. Sie nagen die Rinde der Bäume ab, die danach absterben.

*D*ie *Tierwelt* Marokkos ist im wesentlichen die der meisten mediterranen Länder, vor allem was die niederen Arten angeht. Zahlreiche Arten von Eidechsen – darunter auch Großeidechsen –, Geckos, mehrere Arten Chamäleons, Sumpf- und Landschildkröten (bitte lassen Sie die Tiere in Ruhe, sie stehen unter Artenschutz), Weichkröten und Frösche kommen in fast allen Landesteilen vor. Wie alle afrikanischen Länder beherbergt Marokko auch zahllose Arten von Schlangen, darunter die sehr giftige Puffotter, und einige Arten Skorpione. Wer also im Freien kampiert, sollte vorher seinen Lagerplatz genau inspizieren und morgens sicherheitshalber die Schuhe ausschütteln.

*H*asen und Wildkaninchen stellen in einzelnen Gebieten oft eine wahre Plage für die Landbevölkerung dar, so im Atlas-Vorland; auch das Schwarzwild, das im Gebirge selbst in Höhen bis zu 1800 m angetroffen wird. Eine weitere Bedrohung für die Landwirtschaft ist das Wildschwein, das in erster Linie im Anti-Atlas vorkommt und oft ganze Felder umwühlt. Mufflons, deren eigentliche Heimat Sardinien und Korsika ist, wurden von den Franzosen im Mittleren Atlas angesiedelt und sind dort heimisch geworden.

*J*edem Fremden fallen in Marokko (wie auch bereits in Südspanien) die sogenannten Kuhreiher (Ibis, franz. pic-bœuf) auf, die in großen Scharen vornehmlich die Weideflächen bevölkern und mit den dort grasenden Rindern in Symbiose leben, d. h., die Vögel befreien mit ihrem Schnabel die Kühe von Ungeziefer. Daneben gibt es unzählige Störche. Man sieht oft Dutzende dieser großen Vögel zur gleichen Zeit. Es gibt kaum ein Dorf, kaum eine Landstadt, in denen ihre Nester nicht auf den Dächern zu sehen sind, oft nisten sie auch auf vereinzelt stehenden Schilf- und Lehmhütten im flachen Land. An Raubvögeln kommen hauptsächlich Bussarde und Falken vor; auch sieht man hier noch den in Europa fast ausgestorbenen Kolkraben.

*D*ie weiten Steppen und wüstenähnlichen Ebenen des östlichen Bled, der Hammadas und des Ergs sind die Heimat schlanker gelbbrauner Gazellen, die die Piste des Reisenden oft rudelweise mit grazilen Sprüngen kreuzen. Hinter den Gras- und Dornbüschen lauert der zierliche Wüstenfuchs.

*A*n großem Raubwild soll der schwarze Panther an unzugänglichen Stellen des Mittleren Atlas noch vereinzelt vorkommen, und in den bewaldeten Teilen dieses marokkanischen Gebirges treiben Affenherden, vorwiegend Paviane, ihr Wesen (sie stehen hier unter Tierschutz). Unter den Insekten ist besonders die Wanderheuschrecke zu nennen, die in manchen Jahren im Süden des Landes die Kulturen bedroht.

*Z*u dieser in Marokko heimischen Tierwelt kommen in den Wintermonaten noch die vielen Arten von Zugvögeln aus Nord- und Mitteleuropa, die uns allen bekannten Singvögel, unter denen die großen Scharen der Stare auffallen, dazu Störche und Wassergeflügel aus dem Norden.

Die Bewohner

*D*ie Bevölkerung Marokkos bietet schon im äußeren Erscheinungsbild keine Einheit. Vom hellsten Weiß bis zum tiefsten Schwarz über alle Zwischentöne von Braun findet man jede Hautschattierung. Augen- und Haarfarbe sind ebenso vielfältig. Im großen und ganzen lassen sich vier Bevölkerungsgruppen unterscheiden, wenn man hierbei auch beachten muß, daß die Übergänge immer fließender werden.

*D*ie größte Gruppe bilden die *Berber,* die zugleich die älteste Bevölkerungsgruppe sind. Die Berber selbst, die noch heute einen ungefähren Anteil von 40 bis 60% der Einwohner Marokkos ausmachen, nennen sich »Imazighen« – freie Menschen. Sie unterteilen sich in drei große Stämme, die Chleuh, die Beraber und die Rifkabylen, von denen jeder einen eigenen Dialekt spricht. Die *Chleuh,* als seßhafte Bauern in den Gebieten des westlichen Hohen Atlas und des Anti-Atlas lebend, sind die älteste der marokkanischen Berbergruppen. Ihnen folgen die *Beraber,* Teilnomaden aus dem östlichen Hohen und dem Mittleren Atlas. Als letzte Gruppe sind die *Rifkabylen* zwischen dem 8. und 12. Jh. in Nordmarokko eingewandert. Trotz aller Verschiedenheiten haben die Berber eine Gemeinsamkeit, nämlich die soziale Struktur ihrer Stämme. Grundlegende Einheit ist die Großfamilie oder Sippe. Mehrere verwandte Sippen bilden ein Dorf, mehrere Dörfer eine Stammesfraktion, aus denen sich dann der endgültige Stamm zusammensetzt. Interessant hierbei ist, daß die jeweiligen Führer eines Dorfes oder einer Fraktion durch eine Wahl berufen werden und nicht – wie bei den Arabern – ihr Amt ererbt haben.

*D*ie *Araber* bilden die zweitgrößte Bevölkerungsgruppe. Der Einfall und die vorübergehende Herrschaft »echter« Araber aus dem Orient im 7. und 8. Jh. haben keine ethnischen Spuren hinterlassen, wohl aber die Islamisierung eingeleitet, die sich lange Zeit auf bestimmte Stämme, vor allem aber auf die städtischen Siedlungen beschränkte. Da diese auch Träger der Staatsmacht wurden, die wiederum Wissen und Methoden ausschließlich aus der allein in arabischer Sprache zugänglichen muselmanischen Kultur schöpften und, in weiterer Folge, die Bevölkerung der Städte ihre ursprünglichen Berberdialekte ablegte, wird – fälschlich – von einem »arabischen« Bevölkerungsteil Marokkos gesprochen. Darunter kann man aber nur jenen Teil – maximal 30% – der Bevölkerung verstehen, der als erste (Mutter-)Sprache eben Arabisch lernt, das jedoch für weitere 30% der Bevölkerung die zweite (Kultur- und Staats-) Sprache ist.

*D*ie eigentliche Einwanderung der Araber begann erst durch den Einfall der Beni-Hillal Nomaden im 11. Jh. Vorher wurden allerdings bereits viele aus Spanien von den in Marokko herrschenden Dynastien an die Residenzen befohlen. Diese sogenannten Mauren bildeten dann auch den größten Teil der arabischen Bevölkerung. Die ersten kamen im 13. Jh., auf der Flucht vor der in Spanien einsetzenden Reconquista, der christlichen Rückeroberung maurisch besetzter Gebiete, eine Auswanderungsbewegung, die bis ins 16. Jh. andauern sollte.

*N*eben diesen beiden Bevölkerungsgruppen sind noch die der *Juden* und *Haratin* zu nennen. Letztere sind die Nachfahren der bis ins 19. Jh. aus dem Sudan, vom Niger und aus dem Senegal importierten Sklaven. Während sich die meisten Gruppen und Stämme weitgehend vermischt haben, erhielten die marokkanischen Juden ihr Volkstum ziemlich rein. Ihr Ursprung ist nicht restlos geklärt; zum Teil sind es Nachfahren judaisierter Berber, zum Teil Nachkommen der im 15. Jh. aus Spanien vertriebenen Juden. Der marokkanische Staat erkennt sie als gleichberechtigte Staatsbürger an, es gibt keinerlei Diskriminierung, nur wird von ihnen verlangt, daß sie sich nicht zum Zionismus bekennen. Allerdings hatten sie mit Ausbruch des Jom-Kippur-Krieges (an dem ja auch marokkanische Truppen teilnahmen) im Jahr 1973 Schwierigkeiten, da im nationalistischen Überschwang nur allzu leicht der Jude und der Israeli gleichgesetzt wurden. Damals verließen viele Juden Marokko.

*B*ei der letzten Volkszählung (1984) ergab sich eine Einwohnerzahl von 28 Mio., davon ca. 120 000 Nichtmohammedaner, hauptsächlich Europäer. Davon sind die meisten Franzosen (80 000), Spanier, überwiegend im Norden des Landes, und Italiener. 59% der Bevölkerung sind jünger als 20 Jahre. Die Besiedlungsdichte beträgt im Durchschnitt 60,8 pro qkm, ohne Einberechnung der von Marokko beanspruchten Westsahara, der Anteil der städtischen Bevölkerung 45%. Die Einwohnerzahlen der Städte haben stetig zugenommen, in den spanischen Enklaven Ceuta und Melilla sind sie zurückgegangen.

*M*an wird in Marokko stets finden, daß die »Medina« (Wohnviertel der Einheimischen) und die »Ville Nouvelle« (moderne Europäerstadt) voneinander getrennt sind und geschlossene Stadtteile für sich bilden. Es ist dies auf den ehemaligen französischen Generalresidenten Marschall Lyautey zurückzuführen, der streng darauf achtete, die Eigenart der Marokkaner in ihren Wohngebieten zu erhalten und gleichzeitig seinen Landsleuten schöne Wohnviertel zu erstellen.

Einige Orte haben nach der wiedergewonnenen Unabhängigkeit Marokkos ihre Namen in die ursprünglichen alten arabischen Namen abgeändert. Bei den Ortsbeschreibungen sind in diesen Fällen stets beide Ortsnamen aufgeführt. Verweise finden sich im abschließenden Register. Auch die Benennungen von Straßen und Plätzen unterliegen diesen Veränderungen, doch sind die früheren Bezeichnungen noch weit verbreitet, zumal bei Nebenstraßen. Taxifahrer kennen oft bis heute noch nicht die arabisierten Namen. Die gültigen Stadtpläne tragen zum großen Teil noch die alten Straßennamen.

Bei allem Bekenntnis zu einem modernen Nationalbewußtsein der Marokkaner ist doch der Stolz auf die Abkunft von Berbern und Arabern noch immer groß.

Allen Marokkanern, auch den einfachsten Bauern oder Nomaden, ist ein starkes Gefühl der Würde eigen. Der Europäer ist oft überrascht zu sehen, mit welcher Gelassenheit und inneren Sicherheit sich einfache Menschen des flachen Landes oder des einsamen Gebirges etwa im Getriebe der marokkanischen Großstädte bewegen. Auch dem Fremden gegenüber bewahren sie ihre ruhige Selbstsicherheit. Das Gefühl ihrer alten Kultur und ihrer großen Geschichte wurzelt tief in ihnen. Beim marokkanischen Städter, der ständig mit westlichen Einflüssen konfrontiert wird, findet sich allerdings eine oft übergroße Empfindlichkeit und Sensibilität, etwa als »Entwicklungsland« angesehen zu werden; sie ist unbedingt zu respektieren.

Der Islam erlaubt seinen Anhängern bis zu vier Frauen, allerdings mit der Vorschrift, alle vier standesgemäß zu unterhalten. Mehrere Frauen zu haben ist daher zumeist eine rein wirtschaftliche Frage. Eine Scheidung – die auch heute noch vom Mann einseitig ausgesprochen werden kann – ist wesentlich billiger als die Gründung eines weiteren Hausstandes. Diese Frauen leben in den allermeisten Fällen sehr harmonisch miteinander, und die Kinder werden von allen mehr oder weniger gemeinsam aufgezogen. Aber wie auch in der übrigen arabischen Welt, will man in Marokko von Staats wegen die moderne Einehe einführen. So verlangt man bereits einen   »Vermögensnachweis«, wenn ein Marokkaner eine zweite Frau nehmen will. Allerdings leben Männer und Frauen jeder für sich in ihrer eigenen Welt, ein Zug, der bei vielen südlichen und östlichen Völkern zu beobachten ist.

Das Familienleben beschränkt sich auf das Haus. In der Öffentlichkeit tritt der Mann allein auf (so werden marokkanische Caféhäuser und Restaurants nur von männlichen Gästen besucht). Freilich beginnt sich auch die marokkanische Frau zu emanzipieren, vor allem die Jugend in den Städten nimmt zunehmende europäische Lebensformen an. Doch trotzdem nehmen noch häufig bei Einladungen nur die Männer am Essen teil, während die Frauen ihre Mahlzeit gesondert für sich halten.

Kultur und Lebensweise

Sprache

Die Marokkaner, besonders die Städter, sprechen im allgemeinen das maghrebinische *Arabisch*, das erheblich vom klassischen Arabisch abweicht. Daneben haben die drei großen Sprachen des *berberischen* Bevölkerungsanteils große Bedeutung: das »Tarafit« im Rif, das »Tamazirt« im Mittleren Atlas und das »Taschelhait« im Süden. Das Berberische ist keine Schriftsprache, obwohl es über Jahrhunderte ein eigenes, heute so gut wie vergessenes Schriftsystem hatte, das zuletzt noch von den Tuareg in Algerien verwendet wurde. Die reichhaltige Literatur der Berber wird somit nur mündlich überliefert. Die Amtssprache ist Arabisch. Daneben ist das Französische vor allem als Verkehrs- und Handelssprache sehr gebräuchlich. Die arabische Sprache wurde mit dem Islam nach Marokko eingeführt. Umgangssprache ist ein nicht zuletzt vom Berberischen beeinflußtes Dialektarabisch. Geschrieben wird allerdings in »Hocharabisch«, was wiederum dem Ägyptischen entspricht; dies ist auch die Sprache der Wissenschaft. Das arabische Alphabet besteht aus 28 Buchstaben, die allerdings nur (von Ausnahmen abgesehen) Konsonanten darstellen. Je nach Stellung des Buchstabens im Wort, also am Anfang, am Ende oder in der Mitte, wird er verschieden geschrieben. Die Schrift verläuft von rechts nach links. Die »arabischen Ziffern« sehen z. T. völlig anders aus, als wir sie kennen.

Im Gebiet des ehemaligen Spanisch-Marokko beherrscht die Bevölkerung vielfach das Spanische. Vor allem in Tanger, aber auch in manchen anderen Städten kann man sich bei Geschäftsleuten, in Hotels und Restaurants mit Englisch, hier und da sogar auch mit Deutsch gut verständigen. Sofern man nicht das Arabische beherrscht, ist in ganz Marokko die Kenntnis des Französischen unerläßlich. In abgelegenen Landesteilen, im Zentralrif, im Ostrif, im Hohen Atlas, in den östlichen Ebenen und im tiefen Süden hat die einfache Bevölkerung oftmals weder Kenntnis des Französischen noch des Arabischen. Diese einsam lebenden Stämme sprechen nur ihren Berberdialekt. Da aber heute in den Schulen überall, spätestens vom dritten Grundschuljahr an, Grundkenntnisse des Französischen vermittelt werden, sind oftmals Kinder die besten Dolmetscher in entlegenen Landesteilen.

Da in Marokko das Französische neben dem Arabischen und den Berberdialekten Landessprache ist, werden in Marokko die arabischen Laute nach französischen Ausspracheregeln transkribiert. Man findet auch auf Straßentafeln oder Landkarten, wo arabische Namen französisch umschrieben werden, für den arabischen Buchstaben »rain« ein »gh«, das aber als nichtrollendes »r« in der Kehle zu sprechen ist. Man schreibt also Gharb, Tineghir, Seghir und spricht Rrarb, Tinnerrir, S'rrir. Auch in dem hier folgenden »Kleinen Sprachhelfer« werden die marokkanischen Ausdrücke größtenteils französisch transkribiert, allerdings, da für deutschsprachige Benutzer bestimmt, nicht ausschließlich.

Da die Aussprache des Arabischen etwas kompliziert ist, folgen an dieser Stelle einige Ausspracheregeln, die zum besseren Verständnis beachtet werden sollten:

Ou	= (Ouezzane), wobei das »u« mehr dem englischen »w« entspricht	s	= ß (immer stimmlos)
		z	= s (immer stimmhaft)

j, dj	= sch (Journal), bzw. dsch (Djebel)
gue, gui	= ge, bzw. gi (Guich)
ch	= sch (Marrakech)
kh	= ch (ach-Laut; Khenifra)

In vielen Fällen sind die arabischen Begriffe vollständig durch französische ersetzt worden; sie sind im Wörterverzeichnis durch (franz.) gekennzeichnet. Auf Ämtern, Postämtern, Banken und Bahnhöfen ist das Französische vorherrschend.

Redewendungen und Wörter

Bei dieser Wortliste ist zu beachten, daß es sich nicht um das klassische (ägyptische) Arabisch handelt, sondern um das marokkanisch/arabischen Dialekt, der sich in vielem vom Hocharabischen unterscheidet. (Die arabischen Begriffe sind entsprechend den deutschen Aussprachregeln angegeben. Betonte Silben sind durch ⁻ gekennzeichnet.)

Allgemeine Unterhaltung:

Guten Tag	sabāh elchīr
Guten Abend	masāh' elchīr
Gute Nacht	lilā saïda
Auf Wiedersehen	bislemma
Herr	sidi
Frau	lallā
Kind	tafl (Plural: ādfal)
Ich begrüße Sie	marhaben beikum
Ich verstehe nicht	ana mā-araftsch
Entschuldigung	smähli
bitte	asma
danke	schukran; barrakalaufik
gut	msienn
ja	aje
nein	la
nichts	oualo
wie geht es?	läbāss ahlīk?
ich will nicht, kommt nicht in Frage	mäkänsch
Geben Sie mir	atīni
Haben Sie	schandāk
ich habe nicht	ma'andisch
wo ist	fin é?
was, wie bitte?	schnau'a?
ich heiße ...(Josef)	ana ismi ... (Yousseff)
ich bin ... (Josef)	ana ... (Yousseff) – das Verb »sein« gibt es im Arabischen nicht
Deutschland	Almaniya
viel	bseff

Das arabische Alphabet:
Hierbei ist vorwegzunehmen, daß die Schreibweise des Arabischen etwas kompliziert ist. Derselbe Buchstabe wird, je nachdem ob er allein, am Anfang, in der Mitte oder am Ende eines Wortes steht, jeweils anders geschrieben. Zur besseren Übersicht werden hier nur die alleinstehenden Buchstaben angegeben, da sie der Druckschrift am besten entsprechen.

Benennung	Druck	Laut	Aussprache
alif	ا	a	kurzes a
bē	ب	b	wie b
tē	ت	t	wie t
te	ث	t̲	wie englisch th
gim	ج	ḡ	wie g
ha	ح	h	kräftiges h
cha	خ	ch	wie deutsch ch – (»ach«)
dal	د	d	wie d
thal	ذ	th	stimmhaftes engl. th
re	ر	r	wie r (gerollt)
ze	ز	s	wie s in »Rose«
sin	س	ß	wie ß in »reißen«
schin	ش	sch	sch wie »schön«
sād	ص	s	stimmloses s
dād	ض	d	wie d
tā	ط	t	wie t
za	ظ	z	stimmhaftes engl. th
'ēn	ع	c	abgehackter Kehllaut
gēn	غ	ġ	nicht gerolltes (Zäpfchen-)r
fē	ف	f	wie f
kāf	ق	k	betontes k
kaf	ك	k	wie k
lām	ل	l	wie l
mim	م	m	wie m
nun	ن	n	wie n
hē	ه	h	wie h
wāw	و	w	wie engl. w (water)
yē	ي	y	wie j

der, die, das (Artikel)	el _
hier	äh'nā
dort	l'hē
links	alēss'r
rechts	alīhmen
geradeaus	nischēn
(große) Straße	schariēh
(kleine) Straße	zankat
Platz	sāha
das ist zu teuer	rhalī b'seff
sprechen Sie	tkalām anta (anti)
deutsch	almaniya
französisch	faranziya
englisch	l'inglesiya
Polizei	maharta schurta; Police
verschwinde, geh!	mschī! sir!
laß mich in Ruhe	srirfhark
was kostet das?	sch'hal hadā?
komm her	aschi
Geld	flus_
schau her	schof
groß	kebīr
klein	srir
nimm	hāk

Personen:

ich	āna_
du	antā (mask.); antī (fem)
er, sie	hua, hīa
wir	nahnū
ihr	humā
sie	hādu

Zeit:

heute	liūm
gestern	yems
gestern abend	yems filaschīya
morgen	radān
heute morgen	liūm fisbāh
Tag	n'hār
Woche	simāna
Jahr	sanata
Montag	l'tnīn_
Dienstag	tulata _
Mittwoch	al arbiya
Donnerstag	al chamīs
Freitag	al schamuā
Samstag	sebt_
Sonntag	al Hād
wann	imtā

jetzt	debbā
später	minbad
sofort	biserba

Verkehr:

Bus	hāfila
Busstation	mahatar hāfila
Zug	keitar
Bahnhof	mahatar keitar
Schalter	sandōk (franz.: guichet)
Fahrkarte	al ouarka safar
Auskunft	stikbal
1. Klasse	darascha al aoulāh
2. Klasse	darascha tania
(Nicht-)Raucher	(mamnua tadchin) masmuāh tadchin
Schlafwagen	couchette (franz.)
Gepäck	lahuādsch
Gepäckaufbewahrung	sandōuk lahuadsch
Schiff	bachira
Fähre	maslahād assiyarād fi al bachira
Hafen	al marsata
Abfahrt	dahāb
Ankunft	al ousōl
Auto	siāra
Tankstelle	mahatat l'essence
Werkstätte	Garage mechanique (franz.)
Reifen	laschala
Reifenwechsel	bad'dal leschalā
Zündkerze	bougie (franz.)
Öl	sit
Ölwechsel	bad'dal sit
Kühlwasser	elmāh dial siāra
Motor	motor
Kupplung	l'embrayage (franz.)
Bremse	frain (franz.)

Unterkunft:

Haus	dar
Hotel	fondūk
Zimmer	bit
Bad	hammam
Bett	frasch

Essen/Trinken:

Restaurant	mahta'ām
Herr Ober	garçon (franz.)
bitte zahlen	sch'hal andi
alles	kutschi
Glas	kess
Teller	tabsil

Messer	moss
Gabel	forchette (franz.)
Löffel	aschakẖ
Suppe	schorbā
Brot	chubs
Wasser	l'mah
Milch	halib
Kaffee	khaoua
Tee	djai ; thé
Salz	melha
Zwiebel	bsel
Knoblauch	tuma
Zucker	sukkra
Kartoffel	batata
Fleisch	laham
Fisch	huta
Hammel	kebsch
Gemüseeintopf mit Fleisch	taschīn
Butter	sebta
Ei	beïda
Huhn	djaja
Bank (franz.)	banque
Banknote	billet de banque
Geld	argent
Münze	monnaie
Quittung	quittance
Scheck	chèque
Wechselkurs	cours de change
Wechselstube	bureau de change
Überweisung	virement de banque (d'argent)
Post (franz.)	bureau de poste
Brief	lettre
Briefkasten	boîte aux lettres
Briefmarke	timbre-poste
Briefpapier	papier à lettres
Briefumschlag	enveloppe
Gebühren	taxe postale
Paket	paquet
Postanweisung	mandat postal
Postkarte	carte postale
Telefon	téléphone
Telegramm	télégramme, dépêche
Erste Hilfe (franz.)	premiers secours
Arzt	docteur, médecin
Apotheke	pharmacie
Arzneimittel	médicament
Krankenhaus	hôpital
Zahnarzt	dentiste

Zahlen:

1	wahed	11	hadasch
2	schusch	12	tnasch
3	t'lata	13	tlatasch
4	rh'ba	14	rh'batasch
5	rh'amsa	15	rhamstasch
6	s'ta	16	stasch
7	s'bah	17	sabatasch
8	taminia	18	tamantasch
9	tsia	19	tsa'atasch
10	aschra	20	aschrin
30	tlatin	101	miawahed
40	rhbein	200	miatin
50	rhimsin	300	taltamia
60	stin	400	rh'bamia
70	sbein	500	rh'imsamia
80	tamanin	1000	alf
90	tsein	2000	alfain
100	mia	5000	rhimsalaf

Wörterverzeichnis marokkanisch – deutsch

(Von wenigen Ausnahmen abgesehen, beschränken wir uns hier auf Begriffe, die in diesem Reiseführer häufiger vorkommen)

Abd	Diener, Knecht, Sklave (erscheint oft bei Eigennamen)
Agadir	Festung
Aguelmane	Bergsee
Aïn	Quelle, Auge (erscheint zuweilen bei Ortsnamen)
Akkba	Steigung
Amân	Wasser
Asif	Fluß
Azib	Bauernhof
Azrou	Felsen (auch Eigenname)
Bâb	Eingang, Tor
Bled	freies Land, im Gegensatz zur Stadt
Dar	Haus
Derb	Straße, Gasse, Ortsviertel
Djebel	Berg, Bergkette
Douar	Zeltgruppe, Zeltlager, Dorf
Erg	Sandwüste
Fahs	Vorort, ländliche Umgebung eines Ortes
Faija	Paß, Übergang
Gada	Hochebene
Gafla	Karawane
Ghaba	Wald
Guelaa oder kelaa	befestigter Ort
Hammada	Stein- oder Felswüste

Hamri	Roterde
Haouz	Ebene (um Marrakesch)
Horm	Eintrittsverbot
Imâm	islam. Gemeindevorsteher
Kabyla	Berberdorf im Rifgebirge
Kaid (auch Caid)	Stammesoberhaupt, Dorfbürgermeister
Kasbah	befestigte Siedlung
Kissaria	Marktplatz
Ksar	ummauerte Siedlung am Wüstenrand
Maghreb	Marokko
Marabout	Heiliger, übertragen: Grabmal eines Heiligen
Medersa	islamische Religionsschule
Medina	Araberviertel
Mellah	Judenviertel
Mokkadem	Vorsteher eines Stadtviertels oder einer religiösen Bruderschaft
Moussem	mohammedanisches Fest, der Jahreszeit jeweils angepaßt, Wallfahrt
Oued	Fluß, auch Flußbett
Rharb	Westen, fruchtbare Ebene in Westmarokko
Sahara	Wüste
Scherif	Nachkomme des Propheten Mohammed
Souk	Markt
Tirs	sehr fruchtbarer schwarzer Boden in Marokko
Tizi	Bergpaß, Übergang
Zaouïa (gesprochen: sawia)	Grabmal, Hospiz, Andachtsort

Kleidung

Was auf den Europäer bereits beim Betreten des Landes so fremdartig wirkt und dem ganzen Leben orientalisches Gepräge verleiht, ist die Kleidung der Marokkaner. Die einzelnen Trachten variieren jedoch je nach dem Landesteil und der Sitte des Stammes, dem die Träger angehören (vgl. auch Kap. Orte und Landschaften). In den Städten wird allgemein die Djellabah getragen, ein langer Kapuzenmantel, der die ganze Gestalt bis zu den Knöcheln einhüllt: Bei den Frauen sieht man sie in allen Farben, bei den Männern vorzugsweise in Weiß, Grau und gestreift. Die Araberinnen tragen dazu den Gesichtsschleier, der nur die Augenpartie freiläßt. Der Schleier ist weiß, rot, blau, oft reich bestickt. Die Kopfbedeckung der Männer ist der traditionelle Fes, der hier Tarbusch genannt wird. Dazu tragen beide Geschlechter »babouches«, lederne Pantoffeln, die es ebenfalls in verschiedenen Farben gibt: weiß, gelb, blau, rot, und die häufig reich bestickt sind. Unter der Djellabah tragen viele Marokkaner heute statt der alten bequemen

»Türkenhose« europäische Kleidung oder auch altes, abgetragenes Zeug; die Djellabah heißt deshalb im Volksmund auch »cachemisère« (wörtlich: verbirg das Elend, den Plunder). Auch die sonstigen alten traditionellen Gewänder, die eigenartigen Hemden mit der dichten Knopfleiste, sieht man leider nur noch selten. Zum Festanzug gehören sie aber unbedingt. Es gibt nichts Prächtigeres als eine festliche marokkanische Menge. Dann sieht man schwere bunte Seiden, prächtige goldbestickte »babouches« und bei den Frauen glänzende Kaftans mit schweren goldenen Gürteln und blitzendem Schmuck.

Bei der ländlichen Bevölkerung gehen die Frauen unverschleiert. Sie tragen zumeist den Haik, einen weiten wollenen oder baumwollenen Umhang, der die ganze Gestalt unförmig einhüllt und auch den Kopf verhüllt, dazu häufig noch Tücher um Kopf und Schultern. Unter den Haiks aber verbergen sich bunte Kleider und breite Gürtel. Die Männer der Dorfbevölkerung haben ihren schweren schafwollenen Burnus in Braun oder Naturweiß lässig umgehängt. Ihre Kopfbedeckung ist das kleine gestrickte Wollmützchen, das gerade den Hinterkopf bedeckt, oder der Turban. Turbanfarben und -form wechseln je nach der Landschaft und der Stammestradition. Die Bäuerinnen des Rif tragen über ihrem Kopftuch noch einen riesigen Strohhut, dessen etwas nach oben gewölbte Krempe von vier dicken blauen oder schwarzen Schnüren gehalten wird, und der außerdem noch mit dicken Pompons derselben Farbe verziert ist. Um die Waden tragen sie eine Art Gamaschen aus Leder oder Baumwollstoff. Während die Bevölkerung des flachen Landes und der Gebirge – vor allem in den entlegenen Gegenden des Landes – ihre alten Kleidersitten meist noch beachtet, wenden sich zahlreiche Marokkaner, vornehmlich in der Stadt, der europäischen Kleidung zu. Viele marokkanische Männer tragen europäische Hemden und Anzüge zum Tarbusch oder zur Wollmütze. Oft ist die Kleidung auch gänzlich gemischt aus europäischen und marokkanischen Elementen. Die Frauen scheinen hierin ein wenig konservativer zu sein.

Handwerk

Die Handwerkskunst ist ein Stück alter marokkanischer Kultur. Sie ist lebendig gebliebene Tradition der Fertigung von Produkten der Kunst für den täglichen Gebrauch sowie der phantasiereichen und liebevollen Ausschmückung architektonischer Bauwerke.

Die *Teppichweberei* ist eine der ältesten Handwerkskünste in Marokko. Sie hat allerdings den häßlichen Beigeschmack, daß sie die Domäne der Kinderarbeit ist. Die feinen Kinderfinger – oft schon der Fünf- und Sechsjährigen – eignen sich besonders zum Knüpfen der dicht bei dicht sitzenden Knoten (je mehr Knoten pro Quadratmeter, desto wertvoller ist der Teppich). Die vier Königsstädte Fès, Marrakech, Meknès und Rabat sind für ihre Teppiche berühmt, aber auch in Azrou und Midelt im Mittleren Atlas, in Chechaouen im Rif, in Ouarzazate und Umgebung im Hohen Atlas und in Chichaoua, westlich von Marrakech, findet man schöne und typische Teppiche.

Lederarbeiten zeigen schon durch ihren Namen »Maroquinerie« an, daß sie marokkanisches Gewerbe sind. Außer in den Königsstädten findet man sie besonders schön in Taroudannt. *Kupferwaren* und solche aus anderem Metall werden vor allem in Marrakech und Fès sowie ebenfalls in Taroudannt in bester Schmiedearbeit hergestellt. Die Werkstätten für intarsierte *Holzarbeiten* findet man vorzugsweise in Essaouira, aber auch in Salé, woher die bekanntesten marokkanischen Korbflechtereien stammen. Salé und Rabat, wie auch Tetouan und Fès, haben eigene Korbwarenmärkte. *Keramik* hat ebenfalls den guten Ruf origineller alter Handwerkskunst Marokkos. Die Töpferei ist speziell in Safi zu Hause, auch die von Fès und Salé sind bekannt wegen ihres eigenen Stils und oft künstlerisch hochwertiger Verarbeitung. *Gold-* und noch mehr *Silberarbeiten* haben hier alte Tradition. Silberschmuck der Berber, oft mit Korallen oder Bernstein verarbeitet, sieht man vor allem in ländlichen Gegenden des Südens, z. B. auf den Märkten von Goulimine, Tiznit, Rissani und Tan-Tan. Nach Goldschmiedearbeiten – lange Zeit fast nur von den in Marokko ansässigen Juden hergestellt – sucht man am besten in Fès, Tanger oder Essaouira. Kostbare *Stoffe* und *Stickereien* werden in Fès, Rabat, Salé, Meknès, Azemmour und Tetouan hergestellt.

*H*andwerkserzeugnisse aller Art werden auf den Souks des Landes feilgeboten.

Musik und Tanz

*Z*u den Eigentümlichkeiten Marokkos gehört auch die andersartige Musik, an die sich europäische Ohren erst gewöhnen müssen. Oft hat man das Vorurteil, sie sei eintönig und unmelodisch, doch beim genaueren Hinhören lassen sich Feinheiten feststellen, über die man sonst hinweghört. Die Musik und der Tanz gehören zu den wichtigsten Elementen, sich zu entspannen, Gefühle auszudrücken, und haben eine dementsprechende Bedeutung. Für den Mohammedaner ist die Musik göttlichen Ursprungs. So erzählt die Sage, der Mensch habe seine Seele durch göttliche Musik erlangt – was die Liebe zur Musik erklärt.

*D*ie arabische Musik hat sich aus dem bereits in der Antike üblichen Sprechgesang entwickelt, bei dem Berichte, Erzählungen, Märchen rhythmisch untermalt waren. Heute lassen sich in Marokko drei Musikrichtungen unterscheiden: die klassische arabische Musik, die arabische Folklore und die Berbermusik. Alle diese Richtungen haben eigene typische Instrumente. So ist die *Laute* die »Prinzessin« der klassischen arabischen Musik, die sonst nicht verwendet wird. Dasselbe gilt für die Geige, die in der Folklore durch das *Rebab* ersetzt wird, ein ein- oder zweisaitiges Zupfinstrument. Typisch für die berberische Musik ist die *Derbouka,* eine große Standtrommel, und das *Nakous,* das Tambourin. Die klassische marokkanische Musik hat ihren Ursprung in Andalusien. Früher an den Höfen gespielt und gesungen, ist sie auch heute hauptsächlich in den Zentren der andalusischen Flüchtlinge, also in den Königsstädten zu hören. Im Gegensatz dazu ist die Folklore für den einfachen Mann gedacht, sie ist abwechslungsreicher und unterliegt nicht so sehr den strengen traditionellen Grundlagen. Ihre Lieder werden in den einzelnen Dialekten gesungen und zeichnen sich durch viel Phantasie aus. Ähnlich ausdrucksstark ist die Musik der Berber, die ganz eng mit dem Tanz verbunden ist. Beide unterscheiden sich je nach Gebiet und Stamm. Die wichtigsten Tänze sind der Ahouash, der Ahidou, die Guedra (auch Gèdra) und die Gnaoua- und Ghiatatänze.

*D*er *Ahuash,* in den Gebieten des Hohen Atlas beheimatet, wird nur von Frauen getanzt. Mit kleinen, rhythmischen Schritten bewegen sie sich im Kreis um die in deren Mitte musizierenden Männer. Im Gegensatz dazu wird der *Ahidou,* der im Mittleren Atlas zu finden ist, von Frauen und Männern getanzt. Charakteristisch ist das immer schneller werdende Tempo. Die *Guedra,* aus Südmarokko stammend, wird von einer einzigen Frau kniend getanzt. Völlig verschleiert bewegt sie ihren Körper, die Arme und Hände nach dem Rhythmus der Trommeln, oft bis zur völligen Erschöpfung. Die Gnaoua- und Ghiatatänze sind reine Männertänze. Während der der *Gnaoua* ursprünglich aus Schwarzafrika stammt, er wird auch heute meist von Haratin getanzt, und mit sehr viel Akrobatik verbunden ist, stellen die *Ghiatas* Kriegstänze dar, die aus dem Rif kommen. Die Männer sind bewaffnet und imitieren durch entsprechende Schreie die Geräusche nahender Reitertruppen. Nicht selten wird der Tanz durch Gewehrsalven beendet.

Feste

*I*n Marokko bestehen zwei Kalendersysteme nebeneinander: Staat und Wirtschaft richten sich nach der christlichen Zeitordnung, mit Sonntag als gesetzlichem Ruhetag. Auch die staatlichen, d. h. politischen Feiertage (z. B. Thronfest) fallen jährlich auf das gleiche Datum des Gregorianischen Weltkalenders. Hingegen ändert sich das Datum für alle Feste des islamischen Kalenders, dessen Mondjahr nur 354 oder 355 Tage zählt, zu 12 Monaten von 29 oder 30 Tagen.

*D*adurch »wandern« die religiösen Feste der Moslems, die nach unserem Kalender jährlich um 11 bis 13 Tage »früher« fallen. 33 Mondjahre entsprechen 32 Sonnenjahren. Die Jahreszählung der Moslems beginnt mit der Hedschra, der Flucht Mohammeds von Mekka nach Medina, 622 n. Chr.

*W*ie das christliche Kirchenjahr, kennt der Islam zahlreiche große und kleine Feste. Am zehnten Tag des ersten Monats feiert man die *Aschura,* einen Freudentag mit populären, karnevalsartigen Veranstaltungen. Zwei Monate später wird der Geburtstag des Propheten Mohammed, der *Mulud,* sehr feierlich begangen. Höhepunkt des islamischen Kalenders ist der neunte Monat, der Fastenmonat *Ramadan.* Der Sinn dieser Fastenwochen bestand ursprünglich darin, daß jeder Gläubige einmal im Jahr einige Zeit so leben sollte wie der ärmste seiner Glaubensbrüder. Alles, was er während dieser Zeit nicht selbst verzehrt hatte, sollte er den Armen als Almosen geben. Im Ramadan darf der Moslem von Sonnenaufgang bis Sonnenuntergang weder essen noch trinken noch rauchen. Das ist besonders hart, wenn der Fastenmonat in die heißen Sommer fällt; auch die Wirtschaftsproduktion des Landes sinkt in diesem Monat erheblich. Obwohl das Fasten tagsüber streng eingehalten wird – in Marokko steht das Fastenbrechen in der Öffentlichkeit noch unter Strafe –, wird nachts desto üppiger gelebt und mit Freunden gefeiert: der Ramadan gilt als der teuerste

Monat des Jahres, das Gebot des Propheten verkehrt sich damit geradezu in sein Gegenteil.

*G*anz besonders feierlich wird die Nacht vom 26. zum 27. Fasttag als »Nacht des Schicksals« (Offenbarung des Korans) begangen, die der gläubige Moslem in der Moschee verbringt. Am Ende werden die ersten drei Tage des neuen Monats durch das *Aid-es-Seghir* (das kleine Fest) gefeiert, das vor allem ein Fest der Familie und Kinder ist und daher ein wenig unserem Weihnachtsfest entspricht. Genau 70 Tage später ist dann das *Aid-el-Kebir* (das große Fest), im Vorderen Orient als Beiramfest bekannt, das auch drei Tage dauert. An diesem Tag muß jeder Familienvater einen Hammel opfern, eine Tradition, die auf das biblische Opfer Abrahams zurückzuführen ist. Zwanzig Tage später endet das islamische Kalenderjahr.

*E*ine andere Gruppe von Festen, die nicht religiösen Ursprungs sind, aber doch gelegentlich mit religiösen Zeremonien verbunden werden, sind die *Moussems,* die von der berberischen Landbevölkerung als eine Art Jahrmarkt und Erntedankfest begangen werden. Kurioserweise finden sie nach dem christlichen Kalender statt, den die Berber in ihrer Tradition, wohl aus römischen Besatzungszeiten, beibehalten haben. Für den Reisenden ein besonders lohnendes Schauspiel sind die Moussems von Moulay Idriss (September/Oktober) und Imilchil (September/Oktober), verbunden mit dem Heiratsmarkt. Die Moussems werden unter den betreffenden Orten beschrieben. Glanzvoller Höhepunkt der meisten Moussems ist die »Fantasia«, ein Reiterspiel der wehrhaften Männer.

*D*er wichtigste politische Feiertag ist das *Fest der Unabhängigkeit,* das vom 18. bis 20. November gefeiert wird. An diesem Tag wurde 1927 der inzwischen verstorbene König Mohammed V. zum Sultan gewählt, und da er zur gleichen Zeit aus der Verbannung von Madagaskar nach Marokko heimkehrte – was bald die Unabhängigkeit des Landes auslöste –, wird es nun auch weiter als »Fest des Thrones und der Unabhängigkeit« gefeiert.

*A*uch der Tag der *Thronbesteigung* des regierenden Königs Hassan II. wird nun alljährlich am 3. März gefeiert – während der Todestag Mohammeds V. (26. 2. 1961) nach islamischem Kalender, am 10. Ramadan, jährlich etwas früher fällt und kein Feiertag ist. Hingegen wird der Geburtstag König Hassans II., der 9. Juli (1929), als *Tag der Jugend* ebenfalls gefeiert. Weitere Staatsfeiertage sind der 1. 1.; der 1. 5., *Tag der Arbeit;* der 14. 5., *Tag der Armeegründung;* der 6. 11., *Jahrestag des »Marche Verte«,* des Einmarsches der Bevölkerung in die Gebiete der ehem. spanischen Sahara, mit dem der marokkanische Anspruch auf das von Spanien zurückgegebene Land durchgesetzt werden sollte.

*B*anken und europäische Geschäfte schließen auch an den wichtigen christlichen und jüdischen Feiertagen.

Literatur

*N*icht nur die Musik, auch die Literatur gewann durch die Religion des Islam einen neuen Auftrieb. Hatte es sich vorher um »Stammespoesie« gehandelt, einfache Dichtung, die irgendwann einmal niedergeschrieben und dann mündlich überliefert wurde, so änderte sich dies im 7. Jh. tiefgreifend. Die Literatur, auch die Märchen und Erzählungen, entfalteten sich aus dem Wesen des neuen Glaubens, durch den Koran entwickelte sich die Prosa, die einfachen Reimformen wurden anspruchsvoller. Die höfische Poesie entstand im 9. Jh., persischem Vorbild folgend. Erzählungen wurden halb lehr-, halb märchenhaft gestaltet, überall verband sich arabisches Erzähltalent mit Überlieferungen des islamischen Reiches. Überall, gleichgültig ob in Marokko, Ägypten oder im persischen Raum, trifft man auf Märchen, auf Erzählungen mit gleichem Inhalt, die Literatur wanderte wie auch die Wissenschaft von Arabien aus in die Sammelbecken wie »Das Haus der Weisheit« in Bagdad oder nach Fès an die Karaouine-Universität, deren Bibliothek damals an die 300 000 Bände umfaßte. Von Fès aus führte der Weg weiter nach Spanien, wo im 11. Jh. unter der marokkanischen Dynastie der kulturelle Austausch blühte. Im Wallfahrtsort Santiago de Compostela berührten sich die christliche und die islamische Kultur, und die wissenschaftlichen Erkenntnisse der Araber gelangten nach Mitteleuropa. Bedeutend waren sie vor allem auf dem Gebiet der Philosophie, der Medizin, der Mathematik und Physik sowie der Geographie und Geschichte. Auch umgekehrte Einflüsse machten sich in der Literatur bemerkbar, zumindest was die äußere Form anbelangte. Ansätze zu Drama und Epos wurden übernommen.

Unter den Almohaden wurde das in Fès gesammelte Gedankengut wieder nach Osten getragen und nahm wieder über Sizilien, das im 10. Jh. von den Arabern besetzt war, seinen Weg nach Europa.

Entsprechend diesen Entwicklungen war – und ist in gewissem Sinne immer noch – die marokkanische Literatur eine Mischung aus den vielfältigsten Erzählinhalten und Erzählformen, wenn auch ein Grundsatz immer der gleiche blieb: der lehrhafte Charakter und das Verwurzeltsein in der Religion. Oft waren Märchen Antworten auf Fragen, manchmal auch Rügen, jedenfalls waren sie nicht nur als Zerstreuung gedacht. Weitergetragen wurden sie zum Teil durch die Märchenerzähler, die von Dorf zu Dorf, von Stadt zu Stadt wanderten, ihre Märchen erzählten und neue erfuhren. Oft wurden sie wegen ihrer Erzählgabe an die Höfe gerufen, wo sie höfische Poesie und Literatur kennenlernten und später weitergaben.

Eine speziell marokkanische Literatur und speziell marokkanische Märchen gibt es also praktisch nicht, beides muß man immer im Zusammenhang mit der literarischen Entwicklung im ganzen arabisch-islamischen Raum sehen.

Erziehungs- und Bildungssystem

Marokko gibt heute noch die Zahl seiner Analphabeten mit 72% an. Das Unterrichtswesen während der Zeit des Protektorates war ausschließlich auf die Europäer und wenige Elite-Familien ausgerichtet und basierte auf europäischen Lehrplänen. Für die marokkanische Bevölkerung gab es im wesentlichen nur die Koranschulen, und auch diese nur vorzugsweise für Knaben. Heute werden die Koranschulen gleichermaßen von Jungen und Mädchen im Vorschulalter besucht, die hier neben den Suren des Koran auch die Grundsätze der arabischen Schrift erlernen. In vielen Fällen bleibt das leider die einzige Ausbildung, die die Kinder erhalten.

Nach der Unabhängigkeit 1956 bemühte man sich um den Aufbau eines geeigneten Schul- und Hochschulwesens in der richtigen Erkenntnis, daß Bildung zu den wichtigsten Pfeilern der Entwicklung eines Landes zählt. Die allgemeine Schulpflicht wurde 1963 eingeführt, entsprechende Schulbauten und Lehrer wurden bereitgestellt. Infolge der starken Bevölkerungszunahme (3 % Zuwachsrate) sind aber heute erst 50 % der siebenjährigen Kinder eingeschult, wobei ein starkes Gefälle Stadt – Land und Jungen – Mädchen besteht. Eine vollständige Erfassung der Schulpflichtigen hofft man bis etwa 1990 zu erreichen. Die Mindestdauer des Schulbesuches beträgt fünf Jahre.

Als schwierig stellt sich für Marokko das Problem der angestrebten Marokkanisierung bzw. Arabisierung des Unterrichts dar. Es herrscht Mangel an arabophonem Lehrpersonal, d. h. an Lehrern, die in Arabisch unterrichten können. Da diese ihre Ausbildung zum großen Teil in Frankreich erhalten haben und ihre Umgangssprache ein dialektales Arabisch ist, bereitet ihnen die Unterrichtserteilung in Arabisch große Schwierigkeiten. Auch fehlt es an entsprechenden Lehrbüchern in Arabisch. In den Grundschulen ist das Prinzip der Marokkanisierung durchgeführt, geht aber zu Lasten des Niveaus. Der Unterricht ist in den öffentlichen Schulen bis ins dritte Jahr arabisch, erste Fremdsprache ist Französisch, auch in den früher spanischen Gebieten Marokkos. Im Sekundarschulbereich spricht noch heute ein Drittel des Lehrpersonals Französisch. An den Hochschulen unterrichten viele ausländische Professoren aus arabophonen Ländern.

Ein weiteres Problem ist die zunehmende Abneigung, vor allem der ländlichen Bevölkerung, gegen die Schulpflicht, da für Alphabetisierte auf dem Lande keine entsprechende Berufsmöglichkeiten vorhanden sind und die Jugend, die Schulen besucht hat, in die Städte abwandert in der vergeblichen Hoffnung, dort Arbeit zu finden. Durch diesen ständigen Zuzug in die Städt vergrößert sich das Arbeitslosenpotential in den Randbezirken, den sog. »Kanisterstädten«, ständig.

Der große Einfluß französischer Kultur verhinderte bis jetzt ein den Moslems entsprechendes eigenständiges Bildungssystem. Noch heute sind über 6000 französische Lehrer, die z. T. von der französischen Regierung als »Kulturhilfe« bezahlt werden, an marokkanischen Schulen tätig.

Eine vollausgebaute Universität befindet sich in Rabat, Hochschulen mit einzelnen Fakultäten gibt es in Casablanca, Fès, Marrakech und Oujda. Ebenfalls gibt es zahlreiche Fachhochschulen für technische Zweige, um den dringenden Bedarf des Landes an technisch qualifizierten Kräften zu decken. Durch Reformprogramme versucht man den Anteil der Studenten – bisher nur ca. 25 % – in diesem Bereich zu steigern.

Interessant ist die Entwicklung, die die Ausbildung der Mädchen in jüngster Zeit betrifft: Heute werden die höheren Schulen – Sekundarschulen oder Lyzeen – zu 38 % von Mädchen besucht. Der weibliche Anteil der Schulbesucher im allgemeinen wächst ständig.

Zahlreiche Staaten, darunter auch die Bundesrepublik Deutschland, gewähren marokkanischen Studenten Stipendien.

Religion

Der Islam ist in Marokko Staatsreligion. Alle Einwohner des Landes, mit Ausnahme der dort lebenden Europäer und Juden, bekennen sich zu ihm.

Die marokkanische Gesellschaft ist nach wie vor in der Religion tief verhaftet. »Das Reich Allahs ist auch von dieser Welt.« Der religiöse Faktor prägt das öffentliche und das private Leben. Die Lehren des Islam wurden unmittelbar als Rechtsordnung für den Alltag übernommen. Nur wenn man sich diese nahe Verwandtschaft zwischen religiösen und staatlichen Vorschriften und Gebräuchen vergegenwärtigt, werden marokkanische Lebensweise und Mentalität verständlich. Auch der König – als direkter Nachkomme des Propheten (»chérifien«) – wird als Nachfolger Mohammeds in der Herrschaft über die islamische Gemeinde angesehen; er führt den Titel »Amir al Mu'imin«, Herr aller Gläubigen.

Der Stifter des Islam ist Mohammed (Abbu'l Kasum Muhammad Ibn Abd Allah) aus dem arabischen Stamm der Koraisch, im Jahr 570 n. Chr. in der Handelsstadt Mekka geboren. Früh verwaist, verbrachte er eine armselige Kindheit und Jugend. Mit 25 Jahren heiratete er eine wohlhabende, um vieles ältere Kaufmannswitwe und konnte sich nun neben seinen Handelsgeschäften auch geistigen Dingen widmen. Auf seinen vielen Reisen lernte er – neben den diversen Stammesreligionen Arabiens, die meist polytheistisch waren, auch die Lehren des Juden- und Christentums genau kennen. Im Alter von 40 Jahren erlebte er, zurückgezogen auf dem Berg Hira, die Offenbarung des einzigen Gottes und seine Berufung: »Stehe auf und warne« (Sure 96) durch den Erzengel Gabriel. Aus der Erkenntnis der absoluten Einzigkeit Gottes leitete sich die ethische Forderung nach der Verwirklichung des göttlichen Willens ab. Die Predigten Mohammeds brachten ihm jedoch anfänglich nur wenige Anhänger ein. Um so mehr wurde er Verfolgungen und Angriffen ausgesetzt, vor allem durch die Priester anderer Religionen und die in Mekka herrschenden Familien. Diese Auseinandersetzungen führten 622 dazu, daß er mit seinen Anhängern Mekka verließ und nach Yathrib, dem heutigen Medina, zog, wo er die neue Religion erfolgreich verkündete.

Mit diesem Jahr der »Hedschra« beginnt die islamische Zeitrechnung, gleichzeitig markiert es die Gründung des ersten islamischen Staates. In Medina (Madinaten-Nabi, Stadt des Propheten) wirkte Mohammed acht Jahre lang als Lenker eines neuen Gottesstaates und Verkünder der göttlichen Offenbarung. Zwei Jahre vor seinem Tod 632 kehrte Mohammed nach Mekka zurück und verhalf dem Islam zum endgültigen Durchbruch. Kurz darauf war die ganze arabische Halbinsel unterworfen, und Mekka wurde zum religiösen Mittelpunkt des neuen Glaubens, der sich mit rascher Geschwindigkeit bis Spanien im Westen und Pakistan im Osten ausbreitete.

Die Lehre des Islam ist im Koran – dem heiligen Buch des Islam, dessen Wortlaut aus dem 7. Jh. stammt – in 114 Abschnitten (Suren) festgehalten. Hier verbinden sich Elemente der arabischen Traditionen mit jüdischen und christlichen Überlieferungen sowie Regeln für das zu praktizierende Leben. Im Koran (wörtl.: »Qu'ran« – Rezitation) sind die heiligen Bücher der beiden großen monotheistischen Religionen als solche anerkannt, ebenso wie die Propheten. Zu ihnen wird auch Christus gezählt, auf den man im Koran immer wieder besondere Hinweise findet. Für den streng monotheistischen Islam (»Unterwerfung unter den Willen Gottes«) ist die christliche Lehre von der Dreifaltigkeit, besonders die Verehrung Christi als Sohn Gottes, bereits Vielgötterei, und damit steht sie im Widerspruch zur islamischen Glaubensgrundlage. Mohammeds Lehre beruht auf den »fünf Säulen des Islam«: auf dem Glaubensbekenntnis (Sahada) zu dem einzigen Gott; auf dem fünfmal täglichen Gebet (Salat); auf der Pflicht des Almosengebers (Sakat) als einem Gebot individueller Fürsorge und Wohltätigkeit; auf dem Einhalten des Fastenmonats (Ramadan); auf der Pilgerfahrt (Hadsch) nach Mekka, die jeder Gläubige nach Möglichkeit einmal im Leben unternehmen soll.

Besonders im Pilgerzeremoniell, das für alle gleich ist, verwirklicht sich das Ideal einer egalitären Gesellschaft, das für den Islam heute wie immer Anspruch und Ziel ist. Die starke gemeinschaftsbildende Kraft des Islam hat durch die Jahrhunderte hindurch ihre starke Anziehung für die Völker des Orients und Afrikas behalten. Die kluge Aufnahme bestehender Überlieferungen in die islamischen Bräuche ließ den Islam bei den Völkern, die die Araber eroberten und unterwar-

fen, schnell zur anerkannten Religion werden. Zwar gibt es im Islam die Aufforderung zum »Heiligen Krieg« (= djihad), d. h., die Ungläubigen zu bekehren. In der Realität aber waren die Moslems den besiegten Völkern gegenüber in religiösen Dingen recht tolerant. Das hatte auch einen sehr weltlichen Grund: die »Ungläubigen« mußten erhebliche Steuern entrichten.

Der Islam kennt keinen Priesterstand, keine Kircheninstitution, keine kirchliche Hierarchie (außer bei den Schiiten). Es gibt nur den »Imam«, den Vorbeter, der keine besonderen Rechte genießt; denn vor der sittlichen Ordnung von göttlich gesetztem Recht und Gesetz ist jeder gleich. Auch Mohammed wird nicht als göttlich, sondern als Vorbild der Gläubigen verehrt. Im Islam finden wir eine ausgesprochene Prädestinationslehre: Allah hat alles vorausbestimmt, was geschehen wird. (Das vielzitierte »Inch'Allah« heißt nicht etwa »Wie Gott will«, sondern »Wenn Gott es gewollt hat«). Aber für sein Verhalten dem Schicksal gegenüber wird jeder nach dem Tod zur Rechenschaft gezogen. Belohnung und Strafe spielen im Islam eine große Rolle. Die Freuden des Paradieses, die Qualen der Hölle werden weitaus eindringlicher geschildert als in der christlichen Lehre.

Der Koran ist die allgemein verbindliche Richtschnur für das Leben der Moslems. Als Ergänzung gilt die erst im 9. Jh. schriftlich niedergelegte Sunna, eine Sammlung von Lebensgewohnheiten und Aussprüchen des Propheten, die Vorschriften für alle Lebensbereiche enthält. Allerdings ist die Sunna nicht für alle Moslems von Bedeutung, sie wird von den Schiiten nicht anerkannt.

*D*ie Spaltung des Islam in Sunniten (sie machen in Marokko 95 % aus) und Schiiten (hauptsächlich im Iran/Irak zu finden) ist in einer Nachfolgestreitigkeit begründet, die das Amt des Kalifen betraf. Der 4. Kalif Ali, ein Vetter Mohammeds, bestand auf dem Vererbungsgrundsatz und bestritt damit die Rechtmäßigkeit seiner drei Vorgänger. Die Auseinandersetzungen führten zur Ermordung Alis und Flucht der Schiiten (Schia = Partei). Von ihnen spalteten sich die Kharedjiten ab, die jedoch im wesentlichen dem schiitischen Dogma folgen.

*Z*u diesen gehörte seinerzeit auch Moulay Idriss I., der Mitte des 8. Jh. in Marokko einwanderte. Mit der Gründung des Idrissiden-Reiches sammelte er Anhänger für seine Religionslehre. Diese Kharedjiten sind auch heute noch in Marokko vertreten, wenn auch nur zu einem ganz geringen Prozentsatz, der zwischen 2 und 3 % liegen dürfte. Interessanterweise ist ihre Anzahl im Steigen begriffen, was auf eine »Rückkehr zum Konservatismus« zurückzuführen ist. Oft gehören ihre Mitglieder der gehobeneren Gesellschaftsschicht an.

*D*ie Beschneidung ist im Koran nicht vorgeschrieben, wird aber durchgeführt, wenn die Knaben sieben Jahre alt sind, meist an »Mulud«, dem Geburtstag des Propheten. Der Fastenmonat Ramadan wird streng eingehalten; er rückt jährlich, bedingt durch das islamische Mondjahr, um elf Tage vor und lähmt vor allem, wenn er in den Hochsommer fällt, das ganze Wirtschaftsleben Marokkos.

Volksglaube

*A*nders als der streng gesetzlich orientierte Islam hat sich der eigentliche Volksglaube in Marokko entwickelt und verbreitet. So sind hier keineswegs die Ulema, die islamischen Rechtsgelehrten, ausschlaggebend für die Interpretation des Koran sowie die Auslegung der Rechte und Gesetze, sondern »Marabouts«, »heilige« Männer, die im Volk große Verehrung genießen. Grundlegend für diese Entwicklung war ein Mystizismus, der durch die Suffis, einen ursprünglichen Bettelorden (Suff = Wollgewand), ins Land gebracht wurde. Diese Suffis verstanden es, die moslemische Religion mit Elementen des vorislamischen Animismus zu verbinden und so die neue Religion auf einer mystischen Basis zu verbreiten. Sie scharten Anhänger und Bewunderer um sich, es wurden Bruderschaften und Sekten gebildet, die unter der Führung eines Marabouts standen. Diese »Heiligen« werden auch heute noch verehrt, zu ihren Gräbern werden mindestens einmal im Jahr Moussems (Wallfahrten) durchgeführt. Die Macht dieser Marabouts war teilweise so stark, daß sie eine Gefahr für die regierenden Dynastien darstellen konnten, der nur schwer beizukommen war. Der Einfluß dieser Marabouts lag größtenteils darin begründet, daß ihnen die »Baraka«, der Segen und die Kraft Gottes, zugeschrieben wurde. Diese Eigenschaft galt und gilt nach wie vor als erblich und übertragbar. Die Baraka ist jedoch nicht nur Personen, sondern auch Dingen eigen, so dem Korn oder dem Henna. Folglich ist die Sitte, sich die Haare, die Handflächen und die Fußsohlen mit Henna zu färben, weit verbreitet, vor allem unter den Berberinnen. Dies soll zugleich auch einen Schutz vor dem sogenannten »bösen« Blick bedeuten, gegen den auch die »Hand der Fatima« (Tochter Mohammeds) hilft, sowie weitere Amulette. Die Angst vor dem »bösen Blick« bzw. negativen Einflüssen ist es auch, die die Scheu vor dem Fotografiertwerden ausmacht, denn durch eine Abbildung vor allem des Gesichtes und der Augen, so glaubt man, kann eine böse Macht ausgeübt werden. Diese Einstellung sollte, will man nicht in Unannehmlichkeiten geraten, unbedingt respektiert werden.

*W*eit verbreitet ist auch der Glaube an die »djinn«, die bösen oder guten Geister. Vor ihren schlechten Einflüssen werden die Felder durch Steinmännchen geschützt, die Häuser durch spitze Schieferplatten, die an den Dächern angebracht werden. Beides ist vor allem in den Gebieten des Anti-Atlas zu finden. Die eigene Person ist am besten durch die »Baraka« bewahrt, die man durch Wallfahrten zu den Marabouts, den gleichnamigen Grabstätten der »Heiligen«, erlangt. Obwohl die Ablehnung des Maraboutismus durch die Ulema, die konservativen Rechtsgläubigen, immer stärker wird, die in der Heiligenverehrung eine Bedrohung des Monotheismus sehen, läßt sich diese Glaubensrichtung in Marokko nicht untersagen. Sie ist zu tief in der Bevölkerung verwurzelt.

Geschichte

*M*arokko war bereits in der frühen Altsteinzeit besiedelt. Ursprünglich war das Gebiet ein reines Berberland, weshalb es später auch den Namen »Berberei« erhielt. (Das Wort stammt von dem griechischen barbaros = Barbar, mit dem die Griechen alle Nichtgriechen, vor allem die Orientalen, bezeichneten.) Bis zum Einzug der Römer um das Jahr 140 v. Chr. in diesen westlichsten Teil des nordafrikanischen Raumes wurde es von den Karthagern beherrscht, deren Einfluß sich allerdings auf die Küstengebiete beschränkte.

*B*ereits ab 146 v. Chr., nach der Zerstörung Karthagos, hatten die Römer nominell die Oberherrschaft inne; bedeutend für das Land, das vorher in mehr oder weniger unabhängige Berberreiche zerfallen war, wurden sie erst um die Jahrtausendwende. 25 v. Chr. übergab Kaiser Augustus dem Berberfürsten Juba II. die Verwaltung Mauretaniens, der das Land einte und wirtschaftlich förderte. Seinen Nachfolger Ptolemäus ließ Kaiser Caligula ermorden, was zu einem Rachefeldzug und Aufstand der Berber gegen die römischen Besetzer führte. 42 n. Chr. wurde das Gebiet daraufhin als Provinz *Mauretania Tingitana* (Tingis = karth./röm. Siedlung bei Tanger) direkt in das Römische Reich einbezogen. Zwei Jahrhunderte später führten immer heftigere Berberaufstände zum Zerfall der Provinz, so daß sich die Römer ab 285 n. Chr. endgültig nach Tingis zurückziehen mußten.

*A*ber sowohl die karthagische wie die römische Zeit hinterließen nur verhältnismäßig wenige Spuren in Marokko. Das gleiche gilt für die Byzantiner und Vandalen, die im 5. Jh. unter König Geiserich eindrangen und es eroberten. Auch sie vermochten nicht, diesem Lande ihren Stempel aufzuprägen. Erst die islamische Zivilisation und Kultur wurzelten sich tief in den Boden des Maghreb ein.

*G*egen Ende des 7. und Anfang des 8. Jh. fielen die arabischen Heerscharen unter dem Kalifen *Okba Ben Nafi* ein. Sie eroberten das ganze Land im Sturm bis an die Küste des Atlantik und islamisierten es vollständig. Die Kraft der Berber schien gebrochen. Aber nachdem Okba das Land wieder verlassen hatte und nach dem Osten zurückgekehrt war, erhoben sich die Berber wieder und wandten sich von der neuen Religion ab. Der nächste Einfall der Araber folgte einige Jahrzehnte später unter *Moussa Ben Noceir,* der das Land gründlich arabisierte. Er stieß bis ins Tafilalet vor und besetzte den ganzen Maghreb.

*V*on Tanger aus setzte Tarik, ein bekehrter Berber, bereits 709 zum erstenmal nach Gibraltar über. Die von hier mitgebrachte Beute verlockte 711 zu einem zweiten Vorstoß der Araber unter dem ebenfalls Tarik heißenden Führer, der das Gebiet besetzte und von dem Gibraltar (Djebel al Tarik) seinen Namen hat.

*E*in Jahr später zog das arabische Heer unter Moussa Ben Noceir nach, das Westgotenreich wurde gestürzt und Spanien in das arabische Reich eingegliedert. Dieser Eroberungszug kam erst 732 durch die Schlacht bei Tours und Poitiers zum Stillstand, in der das arabische Heer von Karl Martell geschlagen wurde.

*I*n der darauffolgenden Zeit wurde das Reich von Aufständen und Nachfolgestreitigkeiten erschüttert und war schließlich dem Verfall preisgegeben. Der spanische Teil wurde von Damaskus unabhängig und bildete ein eigenes Sultanat mit der Hauptstadt Cordoba am Guadalquivir (»Wadi al Kebir«, der große Fluß), und auch in Marokko entstand ein eigenes Reich. Begründet wurde es durch *Moulay* (Herr, Fürst) *Idriss I.,* der Mitte des 8. Jh. auf der Flucht vor einem gegnerischen Herrscherhaus ins Land kam und sich in der Nähe der heutigen Stadt Moulay Idriss niederließ. Er einte die hier ansässigen Berberstämme, die ihn zu ihrem Oberhaupt wählten. 792 wurde er im Auftrag Harun al Raschids ermordet. Sein Sohn, *Moulay Idriss II.,* der erst nach dem Tod des Vaters geboren wurde, setzte sein Werk fort. Fès wurde als erste Königsstadt und Hauptstadt des Idrissiden-Reiches gegründet und entwickelte sich schnell zum geistig-kulturellen Mittelpunkt. Nach dem Tode Moulay Idriss' II. 828 wurde das Reich unter seine zwei Söhne aufgeteilt, wodurch es erheblich geschwächt wurde und schließlich wieder in verschiedene Berberreiche zerfiel.

*A*nfang des 11. Jh. wurde das arabische Element in Marokko durch den Einfall der Beni-Hillal-Nomaden verstärkt. Einem Auftrag der ägyptischen Fatimiden folgend, zerstörten sie bereits in Tunesien innerhalb eines Jahrzehnts die Kultur und Landwirtschaft des Landes, die sich hier über mehrere Jahrhunderte entwickelt hatte. Weiter nach Westen ziehend, setzten sie das Werk der Zerstörung fort, unter dem auch Marokko zu leiden hatte.

*M*itte des 11. Jh. fiel das Berbergeschlecht der Almoraviden in Marokko ein, ein Geschlecht, das seinen Ursprung tief im Süden, in Mauretanien hatte. Es entstammte den Sanhadja-Berbern (heute Chleuh), die mit den Tuaregs Algeriens in Verbindung zu bringen sind. Erfolgreich durchsetzen konnte sich der kämpferische Stamm durch religiösen Fanatismus, der auf den geistigen Führer und »Heiligen« Ibn Yasin zurückging. Aufgrund der damit verbundenen eisernen militärischen Disziplin wurde nicht nur ganz Marokko erobert, zu dessen Hauptstadt das um 1070 gegründete Marrakech wurde, sondern auch große Teile Spaniens wurden unterworfen. Der Almoravidenführer *Youssef Ben Taschfin* schlug 1085 König Alfons VI. von Kastilien, und damit war Spanien mit dem marokkanischen Reich vereint.

Zu Beginn des 12. Jh. befand sich das Almoravidenreich auf dem Höhepunkt seiner Macht. Es erstreckte sich vom Ebro im Norden bis an den Senegal im Süden und vom Atlantik im Westen bis in die Mitidja-Ebene in Algerien. Trotz Rückeroberungen durch die Christen und damit verbundenen Gebietsverlusten in Spanien und innerem Verfall der Dynastie hielt das Reich bis 1143 stand, brach jedoch dann durch Kämpfe an allen Grenzen zusammen.

Eine zweite große Berberdynastie gewann immer mehr an Bedeutung und eroberte schließlich das gesamte almoravidische Reich: die Almohaden. Ähnlich wie ihre Vorgänger entstammten auch sie einem Berbergeschlecht des Südens, den Massmoudas (heute Beraber), und kämpften für die Errettung des reinen Glaubens unter der geistigen Führung Ibn Tumarts, der, von den Almoraviden vertrieben, als Märtyrer der wahren Religion galt. Die Almohaden breiteten ihre Macht nach Norden und Westen aus und eroberten nicht nur Andalusien, sondern den gesamten Maghreb. Weite Teile Algeriens und Tunesien wurden in das almohadische Reich eingeschlossen.

Das andalusisch-maurische Reich dieser Zeit hat in seinen großartigen Bauten von Sevilla bis Marrakech (Giralda in Sevilla, Hassan-Turm in Rabat, Koutoubia in Marrakech) bewunderungswürdige Zeugnisse seiner Macht und Kultur hinterlassen. Im Jahre 1212 gelang Alfons VIII. von Kastilien der erste entscheidende Sieg über die Mauren, die sich jedoch in Andalusien noch bis 1492 (Fall von Granada) halten konnten. Nicht nur die Mauren, auch die Juden mußten Spanien verlassen und emigrierten nach Marokko, wo sie vor allem der Stadt Fès neuen Auftrieb gaben. Damit war das Schicksal der Araber in Spanien besiegelt. Die Dynastie der Almohaden zerfiel in das marokkanische Meriniden-, das algerische Zianoden- und das tunesische Hafsidenreich.

Die Meriniden, die ab 1269 das gesamte marokkanische Gebiet beherrschten, waren Mäzene der Kunst und Kultur. Unter ihnen entstanden die meisten Medersen (Koranhochschulen) sowie unter den mit den Meriniden verwandten Nasriden die Alhambra in Granada. Marokko erlebte im 14. Jh. eine kulturelle Blütezeit, die es zu einem großen Teil den Flüchtlingen aus Andalusien verdankte. Hauptsächlich an den Gebieten der Wissenschaft und Kunst orientiert, waren die Meriniden jedoch politisch schwach. 1465 wurden sie von ihren ehemaligen Verbündeten, den Beni Ouattas, gestürzt. Diese versuchten vergeblich, die immer stärker werdenden europäischen Einfälle zu vermeiden. In erster Linie waren es die Portugiesen, die die Küstenstädte eroberten und neue gründeten, u. a. Mazagan (El Jadida) und Mogador (Essaouira). Diese portugiesischen Niederlassungen sowie Glaubenskämpfe führten zu großen innenpolitischen Schwierigkeiten. Ein Gegensultan wurde ausgerufen, der, als er sich bedroht sah, den portugiesischen König Sebastian zu Hilfe rief. In der »Dreikönigsschlacht« von Ksar-el-Kebir (1578) fielen sowohl der portugiesische König als auch die beiden Sultane, die Schlacht setzte gleichzeitig den Schlußstrich unter die Herrschaft der Beni Ouattas.

Durch diesen Verlauf der Ereignisse begünstigt, konnte die darauffolgende Dynastie der Saadier (auch Sadiden genannt) ihre Machtstellung sehr schnell ausbauen. Mit ersten Eroberungsfeldzügen hatten sie bereits Anfang des 16. Jh. in der Sous-Ebene begonnen. Nach der Festigung ihrer Herrschaft in Marokko wendeten sie sich – im Gegensatz zu allen vorherigen Herrscherhäusern – nach Süden und drangen bis Timbuktu, im heutigen Mali gelegen, vor, das unter Sultan *Ahmed el Mansour* (1578–1602) erobert wurde. Der daraufhin einsetzende schwunghafte Handel mit Gold, Elfenbein und schwarzen Sklaven führte zur Bereicherung und Verschönerung Marrakechs, das wieder Hauptstadt wurde.

Unter der saadischen Dynastie erweiterten sich die Handelsbeziehungen Marokkos zu den europäischen Staaten ganz beträchtlich. Vor allem mit Frankreich kam es zu lebhaften Beziehungen, die im Jahre 1631 durch den Vertrag von Marrakech gefestigt wurden. In der Folge wurden französische Konsulate in den Hafenstädten errichtet. Die Dynastie der Saadier hielt sich bis zum Jahre 1654 und wurde dann abgelöst von den Alaouiten, die heute noch an der Regierung sind. Ihr erster Herrscher auf dem Thron war *Moulay Reschid,* der von Ostmarokko aus den ganzen Süden eroberte. Sein Nachfolger war *Moulay Ismail,* den man den »marokkanischen

Ludwig XIV.« nannte und der der Begründer einer schwarzen Sklavenarmee war, mit deren Hilfe es ihm gelang, ganz Marokko unter seine Gewalt zu bekommen. Diese Armee setzte er auch erfolgreich gegen die Europäer ein und verhinderte ebenfalls den Einfall der Türken, die von Algerien aus die ostmarokkanische Grenze bedrohten. Er war der Erbauer jener prachtvollen Palastbauten in Meknès (das er zur Hauptstadt auserkor), deren Reste wir heute noch bewundern.

Im 19. Jh. begann Marokko, besonders nach der Eroberung Algeriens durch die Franzosen, sich gegen Europa abzuschließen. Allem Fremden wurde der Kampf angesagt. Das religiöse Moment des Islam blieb Grundbestandteil der innerpolitischen Macht. Marokko gelang es, sich unter seinen nordafrikanischen Nachbarn am längsten dem Machtstreben der europäischen Staaten und ihrer Kolonialpolitik zu widersetzen. Fremde diplomatische Vertretungen wurden nur in Tanger zugelassen und durften das Land nicht bereisen. Dennoch konnte Marokko nicht verhindern, daß es mit der Konvention von Fès vom 30. März 1912 zum französischen Protektorat wurde. Frankreich suchte mit Marokko sein großes afrikanisches Kolonialreich abzurunden. Allerdings gelang ihm dies erst nach heftigen Kämpfen und mancherlei Wirren.

Deutschland war seit 1870 an Marokko wirtschaftlich sehr interessiert. Schon 1873 wurde in Tanger ein deutsches Generalkonsulat eröffnet, dem weitere Konsulate im Landesinnern folgten. Um die Jahrhundertwende waren über 50 deutsche Firmen durch Niederlassungen – vor allem in Essaouira, Safi,

Agadir und später Casablanca – vertreten, und der rege Handelsverkehr, durch zwei regelmäßige Schiffslinien nach Hamburg gefördert, brachte Deutschland um 1900 an die dritte Stelle der marokkanischen Handelspartner nach Frankreich und England. Französische Vorschläge der Aufteilung des Landes blieben jedoch von Kaiser Wilhelm II. unbeantwortet, der für die Unabhängigkeit Marokkos unter seinem angestammten Sultan und für eine Wirtschaftspolitik der »offenen Türe« eintrat. Dies bekräftigte der Kaiser durch seinen Besuch in Tanger im Jahre 1905. Trotzdem bereitete die Konferenz von Algeciras (1906) eine spätere Teilung Marokkos insofern vor, als sie die französischen Ansprüche auf eine Vormachtstellung – gegen den Einspruch Deutschlands und Österreichs – anerkannte und damit der Unabhängigkeit Marokkos ein Ende setzte. Aber auch die wirtschaftliche Gleichberechtigung aller Mächte auf dem marokkanischen Markt wurde damals durch Einführung eines Einheitszollsatzes – der bis 1957 gültig blieb – vereinbart.

Als Frankreich im Jahre 1911 Fès besetzte, entsandte Deutschland das Kanonenboot »Panther« nach Agadir zum Schutze der deutschen Interessen (»Panthersprung nach Agadir«). Dies führte zu einer Verschärfung der Spannungen zwischen Frankreich und Deutschland, die sich erst wieder auflösten, als Deutschland auf seine marokkanischen Interessen verzichtete und als Ausgleich dafür Gebietszuwachs in Kamerun erhielt. Auch Spanien erweiterte sein Gebiet in Nordmarokko. Nach der Übernahme des Landes als Protektorat durch Frankreich erhielt Spanien einen schmalen Streifen an der Mittelmeerküste, der hauptsächlich das Rifgebirge umfaßte. Die Hauptstadt dieses Spanischen Protektorats Marokko wurde Tetouan. In der Konferenz von Fès war Marokkos Unteilbarkeit anerkannt und bestätigt worden, nun aber war das Land unter den Einfluß zweier fremder Mächte geraten, die es unter sich aufteilten und seine Wirtschaft und Verwaltung weitgehend nach den eigenen Interessen ausrichteten.

Indessen hatten die Protektoratsmächte noch lange Zeit um ihre Position zu kämpfen. Theoretisch zwar hatte der französische Generalresident Lyautey (1912 bis 1925) das Land unterworfen, aber Aufstände, die immer wieder aufflackerten, ließen es nicht zur Ruhe kommen. In den Jahren 1921–1924 kam es zu besonders heftigen Kämpfen, und bis zum Jahre 1937 konnte, namentlich im Gebiet zwischen Atlas und Sahara, von einer echten Befriedigung keine Rede sein. Besonders Abd el Krim, der Stammesführer der Rifkabylen, machte den Spaniern sehr zu schaffen und brachte ihnen schwere Niederlagen bei. Abd el Krims Ansehen unter der einheimischen Bevölkerung des Rif war so groß, daß er 1922 sogar zum Gegensultan ausgerufen wurde. Im Jahre 1925 holte er zu einem großen Schlag aus: Er griff die Franzosen an, und es gelang ihm, bis nach Fès vorzudringen. Um seiner Herr zu werden, verbündeten sich die Franzosen und Spanier. 1926 wurde Abd el Krim besiegt, gefangengenommen und auf die Insel Réunion verbannt. Nach seiner Freilassung 1947 erhielt er in Ägypten Asyl. Sein Krieg gegen die Eroberer rief die ganze arabische Welt zur Anteilnahme am Geschick Marokkos auf.

*I*n Marokko formierten sich in den dreißiger Jahren starke Kräfte für die Wiedererlangung der Unabhängigkeit unter Führung von Allal el Fassi, der die Nationalpartei gründete, die 1943 in der Unabhängigkeitspartei »Istiqlal« aufging.

*D*eutschland war von 1919 bis 1940 von den europäischen Mächten aus ganz Marokko ausgeschlossen. Im Jahre 1940 erst konnte das Deutsche Generalkonsulat in Tanger wiedereröffnet werden, 1943 wurde es auf Betreiben des spanischen Staatschefs Franco wiederum geschlossen. Erst 1955 konnte die Bundesrepublik in Casablanca wieder ein erstes Konsulat eröffnen.

*S*eit Präsident Roosevelt im Januar 1943 anläßlich der »Konferenz von ANFA« (Casablanca) – in Anwesenheit von Churchill und de Gaulle wurde hier der »Kampf bis zur bedingungslosen Übergabe« Hitler-Deutschlands beschlossen – dem Sultan Mohammed Ben Youssef seine Unterstützung für die baldige Liquidation der französischen Protektoratsherrschaft in Marokko versprochen hatte, bekam die Unabhängigkeitsbewegung Marokkos starken Auftrieb. Im August 1947 hielt der Sultan in Tanger eine große Rede mit der Forderung nach Unabhängigkeit, die vom marokkanischen Volk begeistert aufgenommen wurde. In den Jahren danach kam es zu zahlreichen Meinungsverschiedenheiten zwischen dem Sultan und der französischen Protektoratsmacht. Die Franzosen wurden immer rigoroser und die Ungeduld der Marokkaner stärker. Allerdings hatten die Franzosen in dem Führer der Atlasberge, Tami-el-Glaoui, einen Verbündeten gegen den Sultan und die von ihm gedeckte Nationalbewegung »Istiqlal«

(arab. = Unabhängigkeit). Am 20. August 1953 verbannten die Franzosen den Sultan nach Madagaskar, setzten seinen Onkel Sidi Mohammed Ben Arafa als neuen Sultan ein und lösten damit den offenen Kampf der Nationalisten gegen die Franzosen aus. Im Frühherbst 1955 sah die Pariser Regierung ein, da auch die Weltmeinung auf seiten der Marokkaner stand, daß Marokko nicht länger gehalten werden könne. So wurde Sultan Mohammed Ben Youssef aus der Verbannung, die ihn seinem Volk als Märtyrer erscheinen ließ, zurückgeholt, kehrte am 16. November im Triumph nach Rabat zurück und feierte zwei Tage danach unter unbeschreiblichem Jubel des Volkes das Fest seiner Thronbesteigung, mit dem Marokko seine Souveränität wiedererlangte. Diese drei Tage werden noch heute als die »drei glorreichen Tage« festlich begangen.

*D*urch Staatsverträge mit Paris (2. 3. 1956) und Madrid (7. 4. 1956) erhielt Marokko seine volle Souveränität zurück und wurde Mitglied der UNO. Sultan Mohammed Ben Youssef führte 1957 die Erbmonarchie ein und nahm die Würde eines Königs an. Das Volk gab ihm den Beinamen »der Befreier«. Er starb 1961, nachdem er über 32 Jahre den scherifischen Thron innehatte. Seither regiert sein ältester Sohn, Hassan II., der 1963 einen Sohn, Kronprinz Mohammed, bekam. Die Monarchie nahm unter Hassan II. mehr und mehr elitäre Züge an, er regierte mit Ausnahmegesetzen; das Volk und die (Oppositions-)Parteien fühlten sich nicht genügend am politischen Geschehen beteiligt. So kam es zu wiederholten Putschversuchen. Zwei Attentate auf den König hatten weltweites Echo: der Putschversuch der Generale am 10. 7. 1971 bei der Geburtstagsfeier des Königs im Sommerpalais zu Skhirat (95 Tote) und ein mißglückter Angriff von Jagdfliegern auf das Flugzeug des Königs, als dieser am 16. 8. 1972 von Frankreich heimflog; hinter diesem Putschversuch, vermutlich auch hinter dem ersten, stand der General Oufkir, der langjährige Vertraute des Königs. Oufkir beging Selbstmord.

Nach dem Mißlingen dieser revolutionären Aufstandsversuche revidierte der König seine Politik. Es gelang ihm durch intensiven Einsatz innen- und außenpolitischer Aktivitäten, sein erschüttertes Prestige wiederherzustellen. 1973 wurde die Rückgabe des noch von Europäern zurückgehaltenen Grundbesitzes bekanntgegeben und dessen Verteilung vorgenommen. Im Herbst desselben Jahres verhalf die Teilnahme marokkanischer Truppen am ägyptisch-israelischen Jom-Kippur-Krieg dem durch den Putsch belasteten Militär zu neuem Ansehen. Und der »grüne Marsch«, das Eindringen der marokkanischen Bevölkerung in das von den Spaniern geräumte Gebiet der ehemaligen Spanischen Sahara im Jahr 1975 ließ eine ungeahnte nationale Einheit aller politischen Parteien und Kräfte hinter dem König erstehen. Diese wird allerdings schweren Belastungen ausgesetzt durch andauernde bewaffnete Auseinandersetzung mit der »POLISARIO«, der Freiheitsbewegung der Saharaoui, die teilweise als Nomaden die frühere Spanische Sahara bewohnen. Die Spannungen mit Algerien, das die Polisario unterstützt, nahmen zu; die diplomatischen Beziehungen mit dem östlichen Nachbarn waren bis Februar 1983 abgebrochen. Mauretanien, mit dem sich Marokko 1975

das Gebiet der Spanischen Sahara, gegen den Spruch des Haager Gerichtshofes und der UN, geteilt hatte, schloß aus finanziellen Gründen Frieden mit der Polisario und verzichtete auf seinen Anteil. Dieses Gebiet hat Marokko 1979 ebenfalls besetzt. Die Staatsgründung der Demokratischen Arabischen Republik Sáhara wurde inzwischen von über 60 Staaten anerkannt. Nachdem Marokko seinen – historisch begründeten – Anspruch auf die Saharagebiete nicht aufgibt, führt dies zu permanenten Schwierigkeiten in der OAU (Organisation of African Unity), die mit knapper Mehrheit das Land anerkannte und dadurch nahezu beschlußunfähig wurde. Im November 1984 trat daraufhin Marokko aus der OAU aus.

Kunstgeschichte

Vorgeschichte

Erst vor wenigen Jahrzehnten wurde man auf die Felsbilder in der Sahara aufmerksam, und die Zahl der weiteren Entdeckungen und Veröffentlichungen wächst sehr rasch. Auch in Marokko, das längere Zeit hindurch, wenn auch zu Unrecht, als vorgeschichtlich unergiebig angesehen wurde, finden wir mehrere künstlerische Spuren. Auf Felswände gemalte bzw. eingravierte Bilder zeigen Tiere, Menschen, Waffen und Gebrauchsgegenstände. Während die reichen, im übrigen Nordafrika liegenden Sahara-Felsbilder, wie etwa die im algerischen Hoggar- und Tassili-Gebirge, nur nach schwieriger Anreise zu erreichen und derzeit überhaupt nicht zu besichtigen sind, hat man es in Marokko bequemer.

*D*ie Felszeichnungen aus der Zeit der Jäger, etwa 8000–5000 v. Chr., zeigen tief eingemeißelte Linien in verblüffend genauer Wiedergabe. An Tieren wurden auch Elefanten, Nashörner, Giraffen, Strauße, Zebras, Antilopen u. a. gezeichnet, ein Beweis dafür, daß damals auch das Gebiet südlich des Atlas noch keineswegs Wüstencharakter hatte. Nach der Zeit der Jäger begann, etwa 4000 v. Chr., die Zeit der Hirten. Deren Bilder sind nicht mehr so elegant wie die ihrer Vorfahren. Sie zeichneten die Umrisse zunächst vor, um sie sodann aus dem Fels auszukratzen. Am Ende der Hirten-Zeit, gegen 1000 v. Chr., finden sich auch schon Darstellungen von Pferden und Wagen. Die Landschaft im Süden Marokkos wurde immer unfruchtbarer, und um Christi Geburt taucht nun auch in Marokko das Kamel auf, das jetzt ebenfalls auf Felsen gezeichnet wird.

*B*edeutende prähistorische Zeichnungen sind bei der Oase Taouz (s. Erfoud) erhalten. Weitere bemerkenswerte Fundstellen dieser Art in Marokko sind im Tal des Drâa, bei Foum el Hassane und zwischen Foum el Hassane und Tisgui el Haratine. Am leichtesten erreichbar sind die Felsgravierungen von Oukaïmeden (s. dort). Die in derselben Gegend, am Hohen Atlas, ferner vorhandenen eindrucksvollen Felszeichnungen am Djebel Yagour (2728 m), östlich von Oukaïmeden, jenseits der Vallée de l'Ourika, sind nur auf beschwerlichem Weg und nur bei ortskundiger Führung zu erreichen.

*A*uch an den Hängen des Anti-Atlas im Süden wurden Felszeichnungen entdeckt; so in der Niederung von Kheneg Tafagount, das allerdings bereits zu Algerien gehört.

Antike

*A*us der Zeit der Phönizier und der Karthager ist in Marokko kaum etwas Nennenswertes vorhanden. Man weiß allerdings, daß Lixus, die Chellah bei Rabat, El Jadida (das alte Mazagan) und Tanger auf karthagische Siedlungen zurückgehen. Aber erst die Römer haben hier einige beachtliche Andenken an ihre Zeit im Maghreb hinterlassen, wobei es sich bei den Plastiken, wenn man von den Porträtplastiken absieht, wie auch in Rom selbst hauptsächlich um Kopien berühmter griechischer Originalwerke handelt; Funde davon wurden u. a. in Volubilis, Banasa und Thamusida gemacht. Triumphbögen und mancherlei Gedenksteine finden sich an allen bedeutenderen Orten der römischen Geschichte, hier und dort sind auch Reste von Wandmalereien oder Mosaikarbeiten vorhanden.

*W*ichtigste Fundorte aus der römischen Zeit sind in Marokko die Ruinenstädte Banasa, Lixus, Tamuda und Volubilis (s. dort), das von allen am besten erhalten ist. Die meisten in Marokko gemachten Funde sind im Archäologischen Museum in Rabat aufbewahrt, so u. a. der »Hund von Volubilis«, der »Einschenkende Dionysos«, der »Ephebe mit dem Efeukranz«, der »Ephebe zu Pferde«, die »Büste des Cato« und eine sehr schöne Bronzebüste Jubas II.

Berber

*D*as eindrucksvollste Zeugnis der Kunst der Berber, deren Kultur weitgehend von den im 7. Jh. eingedrungenen islamischen Arabern geprägt ist, ist deren Architektur; jene eigenartigen burgähnlichen Bauten, die Kasbahs, die zum Schutz gegen Überfälle durch Nomaden angelegt wurden und bei denen Anklänge an babylonisch-assyrische Formen nicht zu verkennen sind. Die Kasbahs sind mehrstöckige Wohn- und Speichertürme, zum Teil aber auch reine Wohn- und reine Speicherburgen, aus denen dann, zusammengeschlossen und von einer Mauer umgeben, ein Ksar, ein befestigtes Dorf entsteht. Das Baumaterial der Kasbahs ist, je nachdem ob im Gebirge oder in der Ebene angelegt, eine Mischung aus Lehm, Bruchstein und/oder Stroh. Die Gebäude sind im allgemeinen auf einer Grundmauer aus Bruchstein aufgebaut. Die Lehmwände, der besseren Haltbarkeit wegen ebenso mit Bruchstein oder Stroh vermischt, werden mit Hilfe eines Holzgerüstes aufgebaut. Dieses sehr einfache Gerüst besteht aus zwei Holzbrettern, oben und unten eingekerbt, die zu beiden Seiten der Wände angebracht werden, gehalten durch Querbalken, die in die Kerbungen gesetzt werden. Der Zwischenraum wird dann mit Lehm aufgefüllt und festgestampft – daher auch die Bezeichnung der Stampflehmarchitektur. Nach Beendigung eines Mauerabschnittes werden die Querbalken einfach herausgezogen und hinterlassen regelmäßige Reihen quadratischer Löcher, die nur teilweise wieder gefüllt werden. Dieses Muster ist also nicht als Ornament gedacht, sondern architektonisch bedingt. Die oberen Stockwerke sind meist aus Lehmziegel erbaut und gewöhnlich reich ornamentiert.

In der Hauptsache lassen sich zwei Techniken der Ornamentierung unterscheiden: Einerseits die Verwendung von dunklen Schieferplättchen, die meist in Rauten- oder

Kasbah

Dreiecksformen zusammengesetzt werden. Die Raute gilt als ein Symbol der Fruchtbarkeit, womit sich die häufige Verwendung vor allem in den Gebieten des Anti-Atlas erklärt. Die zweite Technik ist im Hohen Atlas und an der »Straße der Kasbahs« vorherrschend, hier werden Lehmziegel versetzt angeordnet. Durch die wechselnden Einflüsse von Licht und Schatten ergeben sich sehr schöne Ornamente. Häufig zu finden sind auch weiß angestrichene Turmzinnen oder Fensteröffnungen, was jedoch keine symbolische Bedeutung hat, sondern lediglich dem Zweck der Verschönerung dient. Die Kasbahs stehen hauptsächlich in den Gebieten, in die sich die Berber vor den Arabern zurückzogen, also im Atlasgebiet, besonders jedoch am Rande der Sahara an der »Straße der Kasbahs« entlang der Flußtäler des Drâa und des Dadès. Heute werden Kasbahs kaum noch gebaut, vielfach nicht einmal mehr instandgehalten, da Wehrbauten heute überflüssig geworden sind. Nicht wenige Kasbahs sind verfallen, zumal die aus Lehm errichteten Bauten den Regengüssen nicht standhalten.

Islam

Entwicklung der islamischen Kunst

Die islamische Kunst weist, allgemein betrachtet, drei verschiedene Quellen auf: die römisch-hellenistische, die persisch-sassanidische sowie die christlich-byzantinische. Aus all diesen Kunstrichtungen übernahmen die Araber, für die als Wüstenvolk die Architektur relativ unbekannt war, einzelne Elemente, die ihren Ansprüchen am geeignetsten erscheinen. Dieser Stil veränderte und erweiterte sich in den einzelnen eroberten Gebieten, zumal die besetzten Länder ihre eigene Kultur zum großen Teil beibehielten. Dadurch entstand nun eine vielschichtige universelle Kunst, für die der Oberbegriff »islamisch« im Prinzip unzureichend ist.

Über allen Verschiedenheiten steht jedoch ein Gemeinsames, das einerseits das Verbindungsglied der unterschiedlichen Entwicklungen ist und andererseits die Voraussetzung für die Kunstentwicklung im ganzen islamischen Bereich bildet: der Zwang, einen Weg zu finden, in dem die neue islamische Kultur auch visuell ausgedrückt werden kann. Dies führte zu festgesetzten Kunstelementen, inspiriert durch die neue Religion.

Verfolgt man die Entwicklung der islamischen Kunst chronologisch, so sind starke zeitliche Unterschiede festzustellen. Hierbei erhebt sich die Frage, inwieweit die einzelnen Gebiete sich künstlerisch beeinflußt haben.

Als Zeitabschnitt für eine erste »klassische« Kunstphase der islamischen Welt sind das 9. und 10. Jh. zu nennen. Durch die Übernahme von Kunstelementen aus den eroberten Kulturbereichen wurde gleichzeitig eine gewisse Beziehung hergestellt: die Formen blieben vertraut, die damit verbundenen Vorstellungen wurden jedoch islamisiert. So entwickelte sich beispielsweise das Mirhab aus der allgemein geläufigen Nische, das Minarett aus dem Turm. Die Formen waren also übernommen, deren Bedeutung jedoch entsprechend der islamischen Religion verändert.

Ähnliches gilt für das Dekor: die weitverbreiteten Inschriftentafeln wurden beibehalten, der Text durch Koransprüche ersetzt. Genauso verwandte man Ornamente der früheren Herrscherhäuser oder aber die der religiösen Kunst, z. B. der christlichen, wodurch gleichzeitig die Überlegenheit der islamischen Kultur und Religion ausgedrückt wurde. Für alle Werke der islamischen Kunst gilt also, daß es sich bei ihnen nicht um reine Neuschöpfungen handelt, von der Kalligraphie (s. unten) abgesehen.

Typisch für die Kunstrichtung ist ebenfalls die große Bedeutung der Gipsstukkatur, die bald zu einem grundlegenden Element wurde, nicht zuletzt deshalb, weil der Gips billig und leicht zu verarbeiten ist und sehr viele künstlerische Variationsmöglichkeiten offenläßt.

Neu in diesem Sinne ist also die Verwendung des übernommenen Dekors, gleich ob es sich nun um Holz, Stuck oder Keramik handelt. Die islamische Kunst bedeckt mit diesem Dekor vollständig jede Wand und jedes Objekt, die Unterscheidung zwischen Hintergrund und Ornament entfällt.

Geometrisches Dekor:
»Spinngewebe Gottes«

So hat sich also die islamische Kunst entwickelt aus der Übernahme von gegebenen Kunstformen, die aus den verschiedenen Ländern zusammengetragen und ausgewählt wurden, wobei die früher damit verbundenen Versinnbildlichungen durch islamische Bedeutungen ersetzt wurden. Diesen wurde dann eine kleine Anzahl neuer, charakteristischer Formen hinzugefügt, wie die Arabeske, die Kalligraphie und – begrenzt – auch die Stuckverkleidung.

Darstellungsform und Kalligraphie

Auffällig bei der Betrachtung islamischer Kunstwerke ist, daß so gut wie keine figürlichen Darstellungen zu finden sind. Dies ist jedoch nicht – wie oft angenommen wird – durch einen Koranvers begründet. So war es im 7. Jh. durchaus noch üblich, figürliche Darstellungen in das Dekor miteinzubeziehen. Dies änderte

sich, als Selbstdarstellungen überhandnahmen, Bilder und Figuren zu einem Symbol für Luxus wurden, gleichzeitig ebenfalls von der christlichen Welt dahingehend eingesetzt wurden zu überzeugen und zu bekehren. All dies wurde nun von den gläubigen Moslems als Gefahr für die Reinheit des Glaubens angesehen, und so waren die arabischen Eroberer gespalten in diejenigen, die ein neues Bewußtsein für Reichtum entwickelten, und diejenigen, die dieses verdammten. Nach und nach setzten sich die Ulema (islamische Rechtsgelehrte) durch, und das Prinzip der Bilderlosigkeit wurde verbindlich. Als Zeichen hierfür steht das Edikt des Yazid, der 721 die Zerstörung aller religiösen Bilder anordnete; man wandte sich gegen den »heidnisch-teuflischen« Prunk, der die reine Seele vernichte.

Mangels der Möglichkeiten, die die figürlichen Darstellungen in der Kunst bieten, mußten die Araber nun andere Ausdrucksformen finden. Sie legten den künstlerischen Schwerpunkt auf das Gebiet der Architektur und der ornamentalen Ausschmückung, beides wurde mit der Zeit immer vollkommener. Neben streng geometrischen Figuren werden Schriftzüge als Ornament verwendet, eine Kunst, die sich ebenfalls erst aus den gewöhnlichen Koranabschriften entwickelte. Auch hier bemühte man sich, den Text so schön wie möglich darzustellen, sollte doch die Reinheit des Wortes auch optisch erkennbar sein. Diese Veranschaulichung des Schönen, der auch die Arabeske und weitere Ornamente dienten, führte letztlich zu einer Verschmelzung dieser Kunstelemente. Schönheit und Harmonie als beinahe wichtigster Grundsatz der islamischen Kunst drückten sich so dann auch in der Kalligraphie, der Schriftkunst, aus.

*E*s gibt zwei verschiedene Schrifttypen: Die kufische Schrift, mit sehr eckig anmutendem Schriftbild, ist die ältere; aus ihr entwickelte sich die kursive, die weiche Schrift. Oft sieht man beide Typen gemeinsam an einem Bauwerk, was jedoch nicht unbedingt zu besagen hat, daß die kufische Schrift erst später hinzugefügt wurde. Beide Schriftzüge, die inhaltlich meist Koranverse oder Sprüche aus der Sunna enthalten, sind mit feinem Blätter- und Rankenwerk ausgestaltet, den Arabesken. Auch hier verschwimmen wieder Vorder- und Hintergrund, ein Unterschied zwischen Schrift und Arabeske ist nicht auszumachen, sie laufen fließend ineinander über.

*N*eben der Kalligraphie und den streng geometrischen Mustern, meist auf Holz oder Keramik gearbeitet, ist der Stuck von sehr großer Bedeutung. Hier sind vor allem die Trompengewölbe (persisches Vorbild) hervorzuheben, die wie unzählige an- und ineinandergefügte Waben wirken, Gewölbe, Torbögen, Arkaden und auch Fensteröffnungen sind damit ausgefüllt. All diese Elemente zusammengenommen ergeben die typische Darstellungsform der islamischen Kunst, geschaffen unter religiös bedingten Prämissen.

Maurische Kunst

*I*n den westlichen Ländern des Islam entwickelte sich die »maurische Kunst«. Sie begann in Marokko allerdings erst nach der Vertreibung der Araber aus Spanien und läßt sich besonders deutlich an den Bauwerken des 12. bis 15. Jh. verfolgen. Im Gegensatz etwa zur Gotik neigt der maurische Stil zur Breite, außerdem verzichtet er weitgehend auf die Ausgestaltung der Fassaden. Wichtige Kunstelemente sind Säulen, Hufeisenbögen (von den Westgoten übernommen) und Tropfsteinverzierungen. Charakteristisch sind ferner die Kuppeln mit den Trompen und vergitterte Fensteröffnungen.

*D*as wichtigste sakrale Bauwerk des Islam ist die Moschee, das wörtlich

Kalligraphie mit Arabeske

(aus dem arabischen Wort masdjid) »sich niederwerfen« – nämlich zum Gebet – heißt. Nach dem Willen des Propheten Mohammed ein einfacher Bau, entfaltete sich die künstlerisch hoch entwickelte Moschee erst im Laufe der Zeit.

*T*ypisch für die maghrebinische Moschee ist die klassische T-Form: Das breite Mittelschiff sowie die wesentlich schmäleren Seitenschiffe laufen rechtwinklig auf das parallel zur Qibla-Mauer ausgerichtete Querschiff zu. Aus diesem und dem Mittelschiff ergibt sich dann das T. Die Qibla-Mauer ist in ihrer ganzen Länge nach Mekka ausgerichtet, in sie eingelassen ist das Mihrab, die Gebetsnische, sowie das Minbar, die Kanzel. Zur Moschee gehört das Minarett, der Turm, von dem der Muezzin fünfmal täglich zum Gebet ruft. Meist ist es viereckig, in seltenen Fällen auch rund oder achteckig. In Marokko trägt das Minarett an seiner Spitze mehrere Kugeln in verschiedener Größenabstufung, von denen die oberste die kleinste ist.

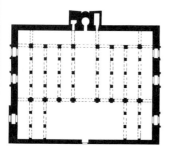

Grundriß einer Moschee in T-Form

*E*in weiteres wichtiges Sakralbauwerk des Islam ist die Medersa. Sie ist theologische Hochschule und Moschee und Kloster in einem, die Studenten wohnten auch hier. Es wurden Theologie, islamische Gesetzeswissenschaft und Rechtspflege gelehrt. Zahlreiche Medersen stammen aus der Merinidenzeit.

Marabout

*C*harakteristische Bauwerke des Islam sind auch die Marabouts, kleine weiße Mausoleen, über das ganze Land verstreut, kubisch geformt und mit Kuppeln bedeckt. In diesen Bauten sind die Marabouts, heilige Männer, die wegen ihres vorbildlichen Lebenswandels verehrt werden, bestattet. Auch der Brunnen spielt im Islam eine wichtige Rolle im Zusammenhang mit dem Kult religiöser Waschungen. Man findet ihn jedoch nicht nur in den Innenhöfen der Moscheen und Medersen, sondern auch in Palästen und auf offener Straße, meist in Hauswände eingelassen und oft mit bemerkenswerter Kunstfertigkeit ausgestaltet.

*A*us der Idrissidenzeit (788–988) haben sich trotz ihrer Gründung von Fès als Hauptstadt des Reiches keine Denkmäler erhalten. Unter den Almoraviden, einem puritanischen Berberstamm, der Marrakech begründete, kam es nicht nur in den religiösen Sitten, sondern auch in der Kunst zu einer Rückbesinnung auf die Zeit des frühen Islam. An den Stadtmauern von Fès und Marrakech zeigt sich noch heute die nüchterne, zweckbedingte Form ihres Bauwillens. Unter diesen Mönchsrittern dehnte sich das Reich auch nach Spanien aus, eine Verbindung, die bis ins 15. Jh. bestehen blieb und reiche Wechselbeziehungen hervorrief. Aber erst unter der nachfolgenden Dynastie der Almohaden (1147 bis 1230) können wir den typisch maurischen Stil erkennen. Im 12. Jh. dürften die beiden Hauptstädte Sevilla und Marrakech die besten Beispiele dafür gezeigt haben. Die Bethäuser sind immer Hofmoscheen mit länglichem, flach gedecktem Betsaal, in dem ein erhöhtes Mittelschiff zum Mihrab führt. Pfeiler tragen die tief angesetzten Hufeisenbögen. Yacoub el Mansour (1184–1199) führte die Medersa ein, die mit ihren zweigeschossigen Bauten um einen Rechteckhof aber stets nur ein Zweckbau war und nicht die zentralistischen Tendenzen wie in Kairo oder Bagdad mitmachte.

*T*ypisch für diese Zeit sind die monumentalen Minaretts, viereckige Türme mit einem kleinen Aufbau, wie sie sich in der Giralda von Sevilla, dem Hassanturm in Rabat und der Koutoubiya-Moschee in Marrakech erhalten haben. Auch die großzügig verzierten Stadttore, das Oudajator in Rabat und das Agnaoutor in Marrakech, gehören in diese Zeit. Typische Dekorationsformen sind das Rautenmuster, die Maureske (die sich aus der Arabeske entwickelte), sparsam verwendete kufische Inschriften. Vereinzelt kommen schon Stalaktiten und türkisfarbene Fayenceplatten vor. Man hat den Almohadenstil wegen seiner schlichten Größe auch schon mit der Romanik verglichen.

*U*nter den Meriniden (1269–1465) waren die Städte Fès und Granada die besten Repräsentanten eines neuen Stils, des sogenannten Merinidenstils. Es war eine besonders baufreudige Zeit, man war bemüht, schön und zweckmäßig zu bauen. So entstanden zahlreiche Medersen, Herbergen, Brunnen, Brücken, Grabmäler u. a. Hauptstadt wurde unter den Meriniden wieder Fès als Erbin der maurischen Kultur nach den spanischen Rückeroberungszügen. Für den religiösen Bau sind die Bou Inania Medersa in Fès und die in Meknès die besten Beispiele. Von der Meriniden-Nekropole in Fès sind nur geringe Ruinen erhalten, die Chellah in Rabat läßt noch zwei Grabmoscheen innerhalb einer eigenen Festungsanlage erkennen. In Marokko selbst ist aus dieser Zeit kein Palast erhalten, aber der der Alhambra in Granada ist typisch für diese Epoche, und möglicherweise ist hier der Ausgangspunkt für diesen Stil zu suchen, denn wir wissen, daß von Granada aus Künstler nach Fès und in andere Städte entsandt wurden. Der Hausteinbau der Almohaden wird vielfach durch den Ziegel- und Bruchsteinbau abgelöst, die Dekoration beherrscht nun die Architektur. Reiche Stuckornamente stehen neben Schnitzereien. Das Rautenmuster zeigt sich oft als Durchbruch an freistehenden Wänden; neben der Maureske, der maurischen Spielart der Arabeske hellenischen Ursprungs, erscheinen Blütenornamente, neben der eckigen Kufi- die weiche Naskhischrift. Auch die Stalaktitendecke wird nun oft verwendet. Man hat diesen zierlichen, überfeinerten Stil auch schon mit der zeitgleichen Hochgotik verglichen.

Mit der Eroberung von Granada durch die Christen reißt die Verbindung zwischen dem Islam und dem Abendland ab. Auch die osmanische Kunst in der Türkei und die des Safavidenreiches in Persien konnten keinen Einfluß auf die marokkanische Kunst gewinnen. Sie stagnierte und wiederholte vorhandene Formen. So läßt sich der Typ des merinidischen Palastes im Badi-Palast aus der Saadierzeit (1510–1659) in Marrakech und in dem Palast Moulay Ismails in Meknès noch erkennen, wenn auch in den Ausmaßen ins Monumentale gesteigert. Leider sind beide Paläste nur noch als Ruinen erhalten. Seit dem 18. Jh. wurden die Dekorationsformen eintönig. Geometrische Muster wurden laufend wiederholt, eine grelle Farbigkeit beherrschte die Schnitzereien wie auch die Fliesenwände und Böden. Anfang des 20. Jh. versuchte man einen neomaurischen Stil künstlich zu schaffen, und etwa ab 1930 kam es zum Anschluß an die internationale Architektur, ohne Bindung an altüberlieferte Formen.

Eine interessante moderne Variante maurischer Kunst in traditioneller Bindung findet sich in der dem verstorbenen König Mohammed V. gewidmeten Anlage von Mausoleum, Museum und Moschee auf dem Gelände der alten, unvollendeten Hassan-Moschee in Rabat. Die Standorte der erwähnten neuen Bauten wurden in Beziehung gesetzt zur Bauachse der Hassan-Moschee und ausgerichtet auf den Hassan-Turm; charakteristische Merkmale der Maghreb-Architektur wurden aus erlesenem Material in altmarokkanischer Handwerkskunst gestaltet. Der von dem Architekten Vo Toan gestaltete Komplex gilt den Marokkanern als Nationalheiligtum.

Die große Zeit der maurischen Kunst lernt man am besten in den Denkmälern der vier Königsstädte Fès, Rabat, Marrakech und Meknès kennen.

Staatsform

Marokko ist der älteste Staat Nordafrikas, der nur ein kurzes Zwischenspiel fremder Herrschaft erlebte. Durch den Vertrag von Fès wurde Marokko im Jahr 1912 französisches Protektorat; ein Siebtel des Landes wurde von den Spaniern verwaltet, Tanger erhielt den Status einer internationalen Zone. 1956, im Jahr der Unabhängigkeit, erhielt Marokko diese Gebiete wieder zurück, nur die Städte Ceuta und Melilla auf der afrikanischen Seite der Straße von Gibraltar blieben spanische Enklave.

Marokko ist seit 1962 eine konstitutionelle, demokratische und soziale Monarchie, nach der im gleichen Jahr vom König erlassenen und vom Volk durch Referendum angenommenen Verfassung. Die Nationalfahne ist rot mit einem grünen, fünfzackigen Stern (Symbol der »fünf Säulen des Islam«) in der Mitte. Marokko ist Mitglied der UNO.

Die letzte, noch gültige Verfassung wurde im März 1972 erlassen, 1980 geändert. Die meist oppositionellen politischen Parteien waren jedoch seit 1965 zu einer Zusammenarbeit mit dem König nicht bereit, da sie die vorgesehenen Reformen als nicht ausreichend bezeichneten.

An der Spitze des Staates, dessen Monarchie seit 1972 erblich ist, steht seit 1961 König Hassan II. Er ist weltliches Staatsoberhaupt und gleichzeitig Führer der Glaubensgemeinschaft des Islam. Er ernennt den Premierminister und die Mitglieder der Regierung. Er präsidiert dem Ministerrat und ist Chef der Streitkräfte. Ihm steht das Recht zu, das Parlament aufzulösen und den Ausnahmezustand zu verhängen. Kritik an der Person des Königs ist gesetzlich verboten. Das Parlament ist ein Einkammer-System, seine Repräsentanten werden für vier Jahre gewählt. Die Sitzungen sind öffentlich. Im Jahr 1977 fanden zum ersten Mal nach vierzehn Jahren wieder freie Parlamentswahlen statt. Die Regierung ist dem König und dem Parlament verantwortlich. Die Regierung wird aus einer Koalition der drei großen königstreuen Parteien gebildet, der »Partei der Unabhängigen«, der »Istiqlal« und der »Mouvement Populaire«.

Marokko hat ein Vielparteiensystem, die Programme vieler Parteien unterscheiden sich allerdings nicht wesentlich voneinander. An den Wahlen beteiligen sich neun große Parteien und etliche kleinere Splittergruppen. Die bedeutendste Oppositionspartei ist die USFP (Union socialiste des forces populaires; Sozialistische Union der völkischen Kräfte), die jedoch nur sehr wenige Sitze innehat. Die Zahl der Abgeordneten richtet sich nach der Bevölkerungszahl. Sie werden zu $2/3$ in direkter Wahl von allen volljährigen Bürgern (ab 18. J.) gewählt und zu $1/3$ von Wahlgremien ernannt.

Es gibt in Marokko verschiedene Gewerkschaften; die bedeutendste ist die UMT (Union Marocaine des Travailleurs; Marokkanische Vereinigung der Arbeiter). Als Besonderheit ist zu erwähnen, daß die Gewerkschaftsbewegung schon maßgeblich am Unabhängigkeitskampf beteiligt war.

Verwaltungsmäßig ist das Land in 28 Provinzen und zwei selbständige Präfekturen (Rabat-Salé und Casablanca) aufgeteilt. Die Provinzen untergliedern sich in verschiedene Kreise (cercles), die oftmals den früheren Stammesgebieten entsprechen.

Das Gerichtswesen wurde zwar in den letzten Jahren vereinheitlicht, doch wirkt sich auch heute noch aus, daß durch Jahrzehnte das (ursprünglich französische) Gerichtswesen und die traditionelle (islamische) Gerichtsbarkeit nebeneinander wirkten. Somit erscheinen auch heute noch die Grenzen der jeweiligen Zuständigkeit für den Laien unübersichtlich, obwohl die Kodifizierung des marokkanischen Rechtes inzwischen abgeschlossen ist.

Die Presse in Marokko ist pluralistisch. Seit 1977 ist die Pressefreiheit, die in Art. 9 der Verfassung zwar niedergelegt war, aber de facto keineswegs ausgeübt wurde, offiziell wieder gewährleistet. Bis zu diesem Zeitpunkt konnten Innenministerium und Informationsministerium jede Zeitung, deren Veröffentlichung geeignet war, »die öffentliche Ordnung zu stören«, beschlagnahmen oder auf unbestimmte Zeit verbieten; dies brachte viele Blätter, vor allem die der Opposition, an den Rand ihrer Existenz. – Rundfunk und Fernsehen sind staatlich.

Marokkos Außenpolitik ist durch Blockfreiheit und größtmögliche Neutralität gegenüber West und Ost gekennzeichnet. Seit Beendigung des Algerienkrieges hat sich das vorübergehend gespannte Verhältnis zu Frankreich nachhaltig gebessert, während mit Spanien verschiedene Probleme noch offen geblieben sind, z. B. die Beanspruchung von Ceuta und Melilla. Das Bestreben Marokkos, mit Tunesien und Algerien einen vereinten Maghreb-Staat zu bilden, ist wegen der gegensätzlichen gesellschaftlichen und politischen Systeme in Marokko und Tunesien einerseits und Algerien andererseits auf Eis gelegt und kann nur fernes Wunschziel sein. Die Beziehungen zwischen Marokko und Algerien waren abgebrochen, und durch den immer härter werdenden Kampf um die spanische Sahara verschärfte sich die latente Kriegsgefahr zwischen den beiden Ländern. Das Treffen der beiden Staatsmänner König Hassan II. und Präsident Bendjedid am 26. Februar 1983 an der algerischen Grenze kann als Vorzeichen für eine positive Entwicklung zwischen beiden Ländern gewertet werden. Bei den Auseinandersetzungen um die West-Sahara zeichnet sich keine Lösung ab. Anfang 1985 besuchte Hassan die vor der Front gelegenen Gebiete, die er mit Hilfe großangelegter Umsiedelungsprojekte bevölkern will – was als »Symbol der Unnachgiebigkeit« verstanden werden soll.

Wirtschaft

Marokko befindet sich seit der Wiedergewinnung seiner Souveränität in einer politischen und wirtschaftlichen Neuordnung. Während der Protektoratszeit war der marokkanische Haushalt zu mehr als der Hälfte durch französische und spanische Subventionen abgedeckt, mit der Abwanderung der Franzosen und Spanier ging eine beträchtliche Kapitalflucht einher. Mit dem Schwund der Kaufkraft setzte schließlich eine erhebliche Arbeitslosigkeit ein. Zugleich traten Produktionsschwierigkeiten infolge des Fehlens französischer Spezialisten auf. Diese Lage hat sich inzwischen gebessert, und die wirtschaftliche Entwicklung wurde durch Pläne, meist Fünfjahrespläne, mit Hilfe internationaler Experten erstellt, richtunggebend und erfolgreich beeinflußt. Der letzte Fünfjahresplan 1978–1982 wurde im Juni 1978 durch einen interimistischen Dreijahresplan ersetzt (1978–1980), da die hohen Rüstungsausgaben eine Budgetänderung notwendig machten. Die Importe wurden eingeschränkt, die Wirtschaftslage war angespannt. Die Pläne haben Schwerpunkte geschaffen, die mit Staatshilfe, aber auch Privatinitiative realisiert werden.

Landwirtschaft. Die Grundlage der marokkanischen Wirtschaft bildet die Landwirtschaft, also Ackerbau und Viehzucht. Über zwei Drittel der Bevölkerung leben auf dem Lande, 61 % der erwerbstätigen Bevölkerung gehören ihr an. Dennoch beträgt ihr Anteil am Bruttosozialprodukt nur knapp über 20 %. Die landwirtschaftlich genutzte Fläche nimmt rund 7 Mill. ha ein. 85 % der ländlichen Kleinsiedler bewirtschaften 35 % des Bodens, meistens nur zur Selbstversorgung. Die übrigen 65 % sind Großgrundbesitz, modern bewirtschaftet und marktwirtschaftlich ausgerichtet. Verschiedene Agrarreformen – die letzte fand 1973 statt – brachten nur wenig

Änderung. Zur Erweiterung der landwirtschaftlich nutzbaren Fläche werden im ganzen Land, zum Teil mit ausländischen Krediten, große Staudämme errichtet, denn bisher flossen etwa 85% der jährlichen Wassermenge ungenutzt ins Meer ab. Eine bessere Bewässerung und Modernisierung der zum Teil noch archaischen Anbaumethoden könnten große Ertragssteigerungen bewirken.

Die Hauptprodukte sind: Weizen, Mais, Hafer, Hirse, Bohnen, Linsen, Erbsen, Zitrusfrüchte (Orangen, Pampelmusen, Clementinen, Mandarinen, Zitronen), Mandeln und Datteln. Die Ernten sind sehr schwankend, und bei Mißernten drohen in verschiedenen Gebieten lokale Hungersnöte, die nur durch Getreideimporte gebannt werden können.

Die Südfruchtpflanzungen nehmen großen Raum in Anspruch, Orangen sind die wichtigste Zitrusfrucht für den Export. Auch Weinanbau findet sich verbreitet. Er wird, angesichts des Alkoholverbots für Moslems, fast ausschließlich exportiert. Einen sehr bedeutenden Anteil hat die Olivenernte. Mit Ausnahme einiger Gebiete (vornehmlich der Hochgebirgszonen) findet sich der Olivenbau fast im ganzen Lande. Die industrielle Aufbereitung findet in Marokko selbst statt: moderne Ölfabriken, Ölraffinerien und mechanische Ölmühlen stehen zur Verfügung. Der Zuckerrübenanbau deckt nur die Hälfte des Inlandsbedarfs, denn Marokko ist pro Kopf der Bevölkerung der zweitgrößte Zuckerverbraucher der Welt. Große Bedeutung besitzt auch der Anbau von Tomaten und Frühgemüse, wichtigen Exportprodukten. Marokko verfügt über Waldbestände, die über 5 Millionen Hektar bedecken. Das Holz wird in erster Linie als Brennmaterial verwendet. Vornehmlich handelt es sich um folgende Hölzer: Koniferen, Korkeichen (in bezug auf Korkherstellung und -ausfuhr hat Marokko die 3. Stelle auf dem Weltmarkt inne), Zedern, Wacholder, Steineichen und Thuya. Die letzteren ergeben eine Gummiart, die zur Herstellung von Firnis dient.

Die Farmen der europäischen Siedler, die früher weitaus bessere Erträge ergaben als die der marokkanischen Landwirte, sind zum größten Teil in marokkanischen Besitz übergegangen. 1973 fand die letzte Enteignung von ausländischem Grundbesitz, die sog. »récupération des terres«, statt.

Marokko bemüht sich, sowohl moderne Produktionsmethoden einzuführen, was vor allem durch landwirtschaftliche Genossenschaften erreicht werden soll, als auch das Ausland für größere Landwirtschaftsprojekte zu interessieren. Neben den sogenannten »Fellah-Wirtschaften« gibt es auch marokkanische Großbetriebe. Auch hier hat sich in den letzten Jahren die Situation gebessert, die Modernisierung und Rationalisierung der Landwirtschaft schreitet gut voran, und die angestrebte oder bereits durchgeführte Bodenreform soll dazu beitragen, Marokkos Agrarproduktion konkurrenzfähig zu machen. Nicht zuletzt ist hierbei die Entwicklungshilfe von Bedeutung.

Durch den Beitritt Spaniens und Portugals zur EG wird Marokko vor ein erhebliches wirtschaftliches Problem gestellt, denn dadurch ist der Hauptabsatzmarkt für Zitrusfrüchte – Mitteleuropa – gesättigt. Dies zieht eine noch unausgewogenere

Die Wasserverkäufer in ihrer bunten Tracht sind aus dem Straßenbild nicht wegzudenken. Sie transportieren das Wasser in großen Ziegenhäuten, worin es angenehm kühl bleibt

Handelsbilanz nach sich. Die Bundesrepublik, als einer der Hauptlieferanten für Industriegüter, wird ebenfalls in Mitleidenschaft gezogen, da Marokko die Kosten für die importierten Waren nicht mehr durch den Export landwirtschaftlicher Produkte ausgleichen kann.

Viehzucht. Marokko ist, im Verhältnis zu seiner Größe, eines der viehreichsten Länder der Erde. Dementsprechend spielt die Viehzucht eine bedeutende Rolle, vor allem die der Schafe und Ziegen. Ihr Bestand wird auf ca. 28 Mio. geschätzt. Ihm folgen in weitem Abstand Rinder (ca. 4 Mio.), Esel und Maulesel. Pferde und Kamele haben nur geringe Bedeutung, Schweinezucht ist verständlicherweise völlig unerheblich.

Fischerei. Dank seiner langen Meeresküste wird der Fischfang in Marokko ein immer wesentlicherer Wirtschaftsfaktor. Die Fischereiflotte zählt über 3000 Einheiten (davon etwa 1000 Motorschiffe). Die Hauptzentren der Fischindustrie sind Agadir, Safi und Casablanca. Der weitaus größte Teil der Fänge wird im Lande selbst verarbeitet. Hier ist am bedeutungsvollsten die Konservierung von Sardinen in Öl. Diese Ölsardinen werden in rund 75 Länder exportiert.

Bergbau und Industrie. Marokko verfügt über sehr beträchtliche Bodenschätze, die dem Lande (neben der Landwirtschaft) eine verhältnismäßig stetige Einnahme verschaffen. Volkswirtschaftlich gesehen nimmt der Bergbau nach der Agrarwirtschaft die zweite Stelle ein. Marokko ist der drittgrößte Produzent von Phosphaten in der Welt nach den USA und der UdSSR. Die Lager befinden sich sämtlich in Küstennähe, es gibt deshalb auch keine Transportprobleme, da die Verarbeitungsstätten und Verschiffungshäfen leicht und schnell zu erreichen sind. Für die Ausbeutung hat das »Office Chérifien des Phosphates« ein Monopol. Die jährliche Förderung beträgt etwa 20 Mio. Tonnen (seit die Vorkommen in der West-Sahara durch Marokko ausgebeutet werden – übrigens der Hauptgrund für die Ansprüche Marokkos auf dieses Gebiet), von denen der größte Teil ausgeführt wird. Um nicht länger nur Rohphosphate zu exportieren, errichtete Marokko mit Kapitalhilfe der Bundesrepublik Deutschland (einem Kredit über 80 Mio. DM) den chemischen Komplex von Safi für hochwertige Kunstdünger und andere chemische Nebenprodukte. Marokko ist heute mit einem Anteil von 32,5% der erste Exporteur der Welt von Phosphat und hat fast Monopolstellung in der Festsetzung der Preise; sein Interesse an den ergiebigen Phosphatvorkommen der West-Sahara ist daher hauptsächlich wirtschaftlich bedingt.

Ebenfalls sehr reiche Vorkommen besitzt Marokko an Manganerzen. Für deren Abtransport ergeben sich allerdings bedeutende Transportschwierigkeiten. Die Vorkommen werden auf rund 8 Millionen Tonnen geschätzt (Metallgehalt 45–50%).

Das Land verfügt ferner über die einzigen Kobaltlager Nordafrikas, es ist zugleich der einzige Lieferant der Mittelmeerländer an Bleierz. Abbauwürdig sind ferner Zinkerz, Eisenerz und Kohle. Auch Ölvorkommen weist das marokkanische Territorium auf, wenn auch nur in geringem Maße. Die derzeitige Förderung reicht nicht aus, um den Inlandsbedarf zu decken; doch suchen ausländische Ölfirmen – bisher jedoch erfolglos – nach neuen Quellen. In Mohammedia arbeitet seit 1962 eine der größten Raffinerien Nordafrikas, die mit italienischer Beteiligung errichtet wurde.

Die *Industrie* spielt in der Wirtschaft Marokkos eine steigende Rolle. Sie war bis 1973 der schwächste Faktor in seiner Sozialstruktur. Günstig hat sich die chemische Industrie entwickelt. Sie arbeitet indes vornehmlich für den eigenen Landesbedarf (Schädlingsbekämpfungsmittel, Explosivstoffe, Farben, Lacke, Gummi und Zündhölzer). Auch die Ölraffinerien und Sauerstofffabriken arbeiten lediglich für das Land selber, wenn auch durchaus noch nicht mit genügender Kapazität. Seinen Papierbedarf hingegen kann Marokko von sich aus dekken.

In der Metallindustrie hat eine moderne Fabrik für Eisen- und Stahlkonstruktionen das Land in den letzten Jahren unabhängig von Importen gemacht. Dieselbe Entwicklung bahnt sich in der Elektrotechnik, der Herstellung von landwirtschaftlichen Geräten und Maschinen und der Metallfabrikation an. Es existieren mehrere hundert mechanische Werkstätten, Fabriken für Blechemballagen und Haushaltswaren, Eisen- und Stahlgießereien. Die verarbeitende Industrie wird seit einigen Jahren weiter ausgebaut, desgleichen die Nahrungsmittel-, Textil-, Schuh-, Möbel-, Glas- und Kautschukindustrien und Gerbereien, die z. T. staatliche Vergünstigungen erhalten. Ein geschlossenes Bild bieten die 25 Korkfabriken, die die im Lande anfallende Ernte an Korkrinde verarbeiten. Weiterhin haben in den letzten Jahren Fabriken die Montage von Personen- und Lastkraftwagen und die Erzeugung von Rundfunkgeräten und Gummireifen aufgenommen. Das größte Projekt im Programm der Industrialisierung Marokkos ist ein in Nador in Angriff genommenes Stahlwerk, das die hochwertigen Riferze verhütten soll. Ob in Tanger eine große Schiffswerft zur Errichtung kommt, erscheint noch unsicher; kleine Werften für Fischereischiffe gibt es seit langem.

Da es an eigenem Kapital mangelt, versuchte man in den letzten Jahren verstärkt, ausländische Investoren zu gewinnen. Bescheidene Erfolge zeichnen sich bereits ab; der Anteil von Industrie und Handwerk von etwa 25% im Jahr 1974 am Bruttosozialprodukt stieg auf 33% im Jahr 1977. Im gleichen Jahr betrug der Anteil der Landwirtschaft 25% und der im Dienstleistungssektor 42%. In letzterem Bereich kommt dem Tourismus ständig wachsende Bedeutung zu.

Die einstige Protektoratsmacht Frankreich ist für Marokko immer noch der wichtigste Wirtschaftspartner; im Handel wickelt sich etwa ein Drittel der Importe und Exporte mit ihm ab. Inzwischen rückte die Bundesrepublik Deutschland an die zweite Stelle der Kunden und Lieferanten Marokkos, und die EG-Länder bleiben als Partner führend, da sie die Hälfte der Einfuhren liefern und 60% der Ausfuhren abnehmen. Marokko ist seit 1978 assoziiertes Mitglied der EG, vorher bestand nur eine Teil-Assoziierung. Auch die Sowjetunion gewann als Handelspartner an Bedeutung; sie schloß u. a. ein Abkommen über die Phosphat-Ausbeutung in der West-Sahara. Dem Warenaustausch mit anderen Ländern des Ostblocks kommt keine größere Bedeutung zu.

*E*in weiterer Wirtschaftszweig ist auch das traditionelle Handwerk (Teppiche, Lederwaren, Kupferarbeiten, Gold- und Silberschmuck, Keramik u. a.), das jedoch durch die Umstellung auf die Produktion in Fabriken im Rückgang begriffen ist.

*T*rotz aufstrebender Industrie kann Marokko sein größtes Problem nicht bewältigen, das der Arbeitslosigkeit. Bedingt durch das Bevölkerungswachstum, das mit fast 3 % außerordentlich hoch ist, setzte eine Landflucht ein, da der Boden die steigende Zahl der Menschen nicht ernähren kann. Oft wanderten ganze Dörfer und Stammesfraktionen in die Städte ab, was wiederum zu Vernachlässigung des ohnehin durch Wassermangel, Versalzung und Versandung gefährdeten Nutzungsgebietes führte, damit zu weiterer Unrentabilität, und wiederum zur Abwanderung. Die Vorstellungen von einem besseren Leben, von leichterer, einträglicherer Arbeit in den Großstädten sind jedoch trügerisch, die Arbeitsplätze nicht ausreichend, die Qualifikationen mangels Schulausbildung zu gering. Die Zuwanderer werden an den Randgebieten der Städte aufgefangen, wo sich überall sogenannte »Bidonvilles«, Blechkanisterstädte, gebildet haben. Hier wird versucht, sich als Tagelöhner durchzuschlagen, die Familien durch Kinderarbeit mitzuernähren. Staatliche Projekte, neue Industrien im Süden des Landes aufzubauen, so in Zagora, und die Leute aus den Bidonvilles dorthin umzusiedeln, setzen sich nur zögernd durch.

Msemrir im Dadès-Tal. Die Szene ist nicht immer so friedlich: während der Regenzeit macht der reißende Dadès solche Wege und Brücken unpassierbar

Reisewege

Die wichtigsten Straßen

**1. Tanger – Rabat – Casablanca,
365 km.** Diese Strecke ist nicht nur
die wichtigste Verkehrsader zwischen der Hafenstadt Tanger, über
die die meisten Autotouristen in
Marokko einreisen, und den beiden
Hafenstädten Marokkos, sondern
normalerweise die Straße, die jeder
Fremde befährt. Sie trägt bis Rabat
die Bezeichnung »2«, dann bis Casablanca »1«. Sie ist in erstklassigem Zustand, zwischen Kénitra und
Rabat mit einer Breite von drei
Fahrbahnen. Zwischen Rabat und
Casablanca ist sie bis auf ein Teilstück von 30 km zwischen Rabat
und Bouznika als Autobahn ausgebaut; diese restlichen 30 km sollen
noch fertiggestellt werden.

Etwa 12 km nach der Ausfahrt von
Tanger beginnt die neue Streckenführung, die in Kürze die Atlantikküste erreicht und diese bis
[44 km] **Asilah** nicht verläßt. Hinter
Asilah verkürzt eine Begradigung
die Strecke nach
[83 km] **Larache.** Kurz bevor wir diese an der Mündung des *Loukkos*
gelegene Städtchen erreichen, liegen (rechts von der Straße) die Ruinen der einstigen Phönizierstadt **Lixus.** Hinter Larache führt die Straße
durch Korkeichenwald über
[119 km] **Ksar-el-Kebir** und
[129 km] **Arbaoua** (früher Zonengrenze zwischen spanischem und
französischem Protektorat) nach
[156 km] **Souk el-Arba du Rharb.**
Dann durchquert man das flache,
fruchtbare Gebiet des Rharb, vom
Sebou-Fluß bewässert, und erreicht
die Hafenstadt
[233 km] **Kénitra.** Eine dreispurige
Schnellstraße führt uns zuerst nach

[263 km] **Salé** und über den *Bou-Regreg*-Fluß zur gegenüberliegenden Landeshauptstadt
[273 km] **Rabat.** Von Rabat ist eine
Autobahn nach Casablanca im Bau,
von der der größte Teil bereits zu
befahren ist. Die »1« führt über
[335 km] **El Louizia,**wo eine Straße
zum Badeort Mohammedia (4 km
westlich) abzweigt, weiter nach
[365 km] **Casablanca.**
Schon von Rabat aus führt parallel
zur »1« in Küstennähe die »222«
über **Témara-Plage** und **Mohammedia** nach Casablanca. Diese Straße
ist zum Teil schmäler, jedoch weniger frequentiert und führt mit schönen Ausblicken zum Meer an zahlreichen Badeplätzen vorbei.

2. Casablanca – El Jadida – Agadir,
431 km. Eine sehr interessante
Strecke, die dem Kraftfahrer den
herrlichen Süden Marokkos leicht
erschließt. Die Straße trägt die
Nummer »8« und befindet sich in
sehr gutem Zustand.
Die »8« führt von **Casablanca** über
[46 km] **Bir-Jdid,** bis wo auch die
sich ständig in Küstennähe haltende
»130« eine Alternative bildet. Auf
der »8« weiter nach
[97 km] **El Jadida** und hier südlich
landeinwärts nach
[147 km] **Sidi Smaïl,** wo die »9«
über Si Bennour nach Marrakech
abzweigt.
Nach 228 km in **Tleta-Sidi-Bouguedra** wird die »12« gekreuzt, die
westlich in 26 km nach **Safi,** östlich
nach **Marrakech** führt. Bei
[257 km] **Essaouira** (früher Mogador) wird wieder die Atlantikküste
erreicht. Von Essaouira an führt die
Strecke z. T. durch Vorgebirge in
weiteren 176 km nach

[431 km] **Agadir**. Auf den letzten 45 km vor Agadir gibt es mehrere schöne Badeplätze mit einfachen Hotels bzw. Campingplätzen.

3. Agadir – Goulimine – Tan-Tan bzw. Tafraout (351 bzw. 202 km).

Agadir ist der Ausgangspunkt für eine der interessantesten Touren, die der Autoreisende in Marokko unternehmen kann.

Auf der »30« überquert man 10 km südöstlich von **Agadir** den *Sous*-Fluß und erreicht

[13 km] **Aït Melloul,** wo sich die Straße nach Süden wendet und

[91 km] **Tiznit** erreicht.

Auf der in Tiznit abzweigenden, sehr guten Straße (7074) gelangt man östlich über den Kerdous-Paß, 1100 m, nach

[202 km] **Tafraout** im Herzen des Anti-Atlas. Eine asphaltierte, aber sehr schmale Straße führt auch von Agadir über Biougra – Aït Baha direkt nach Tafraout.

Von Tiznit führt die Straße weiter nach

[158 km] **Bou Izakarn,** wo die Hauptstraße als Piste nach Mauretanien führt, jedoch nur bis Foumel-Hassanne (269 km) benutzt werden kann, da die Grenze derzeit gesperrt ist. Von Bou Izarkan führt die »512« weiter nach

[201 km] **Goulimine**, bekannt vor allem durch den jeden Samstag stattfindenden Kamelmarkt, zu dem sich die berühmten »blauen Männer« aus der Sahara einfinden. Von Goulimine fährt man auf der asphaltierten Straße 7129 rund 60 km nach **Sidi Ifni,** das bis 1969 eine spanische Enklave war.

Von Goulimine weiter nach

[326 km] **Tan-Tan** auf der »512« durch kaum besiedeltes Gebiet mit wenigen Brunnen und ohne Tankstellen; 20 km vor Tan-Tan durch-

quert man den *Oued Drâa*. Die »512« wendet sich nun westlich der Küste zu, und man erreicht nach

[351 km] **Tan-Tan Plage.** Es handelt sich dabei jedoch nicht um ein Bad, wie die Bezeichnung Plage vermuten läßt. Die nach **Tarfaya** führende Straße kann zwar befahren werden, man sollte sich wegen der politischen Lage in Agadir jedoch noch einmal genau erkundigen.

Die Strecke von Agadir in Richtung Aaioun ist durchgehend asphaltiert, aber schmal. Ab **Sidi Akhfennir**, etwa 120 km nach Tan-Tan, gibt es häufige Sandverwehungen auf der Straße, die die Weiterreise erheblich verzögern können. Aufgrund der politischen Lage im West-Sahara kann die Straße gesperrt werden.

4. Casablanca – Marrakech, 241 km.

Nicht alle Autotouristen werden genügend Zeit haben, die Strecken 2 und 3 voll auszufahren. Manche werden sich begnügen, von **Casablanca** auf der »7« über

[72 km] **Settat** nach

[171 km] **Benguérir** nach

[241 km] **Marrakech** zu fahren, der südlichen Hauptstadt des Landes, die zu besuchen kein europäischer Tourist versäumen sollte. Von Marrakech aus hat man zahlreiche und sehr empfehlenswerte Möglichkeiten, weiterzufahren.

5. Marrakech – Agadir, 305 km.

Diese Strecke führt von Marrakech über den *Hohen Atlas* nach Agadir, zum Teil ist sie jedoch nichtasphaltierte Piste.

Man verläßt **Marrakech** südwärts auf der »501« und erreicht den Ort

[45 km] **Asni**, 1150 m, der schöne Blicke auf den von Oktober bis April verschneiten Gipfel des Hohen Atlas, den **Djebel Toubkal**, 4165 m, bietet. Bis

[61 km] **Ouirgane** ist die Straße noch asphaltiert, dann führt sie als gute Piste über

[93 km] **Ijoukak** hinauf auf den

[135 km] **Tizi-n-Test-Paß**, 2100 m, eine Strecke, die gelegentlich durch Schneefall gesperrt ist. Nun geht es wieder auf asphaltierter Strecke in Kurven abwärts. Bei km 173 erreicht man die aus dem Osten kommende »32«, die nach

[224 km] **Taroudannt** und im Tal des *Sous*-Flusses nach

[305 km] **Agadir** führt.

Die Straße Marrakech – Chichaoua – Agadir ist ebenfalls gut ausgebaut, teilweise sogar mit extra Kletterstrecken für Busse.

6. Marrakech – Fès, 485 km. Von Marrakech führt eine erstklassige Straße, »24«, am Fuße des *Hohen Atlas* entlang und weiter durch den *Mittleren Atlas* mit seinen Zedernwäldern nach Fès. Von **Marrakech** in östlicher Richtung. Über

[85 km] **El Kelâa-des-Srarhna** führt die Straße nach

[194 km] **Beni Mellal**. Ein empfehlenswerter Abstecher: Etwa 174 km nach Marrakech zweigt rechts die »508« zu dem E-Werk von Afourer und weiter zu dem Stausee mit dem Damm von **Bin-el-Ouidane** ab.

Die »24« führt dann über

[226] **Kasba Tadla**, die Provinzhauptstadt für dieses wertvollste Landwirtschaftsgebiet Marokkos, nach

[325 km] **Khenifra**. Dann geht es über

[407 km] **Azrou** und

[424 km] **Ifrane** nach

[485 km] **Fès**.

7. Marrakech – Ouarzazate, 202 km. Auf dieser Strecke hat der Tourist erstmalig Gelegenheit, die der Sahara vorgelagerte *Hammada*

(Steinwüste) kennenzulernen sowie die schöne Kasbah von Taourirt (Wohnburg), typisch für die Baukunst der Berber. Auch sonst ist diese Strecke durch den Atlas landschaftlich eine der interessantesten des Landes. Im Gebirge besteht die Strecke auf 100 km fast nur aus Kurven, die Straße ist jedoch asphaltiert und befindet sich in gutem Zustand.

Von **Marrakech** führt die »31« zuerst durch die *Haouz*-Ebene in

[44 km] zum Fuß des *Hohen Atlas,* wo die Gebirgsstrecke beginnt. Über die Berberdörfer Toufliat und Taddert führt sie auf den

[117 km] **Tizi-n-Tichka-Paß**, 2260 m, dann geht es über Irherm und Amerzgane zu der Provinzhauptstadt

[202 km] **Ouarzazate**, 1100 m, im Drâa-Tal. Zu empfehlen ist ein Abstecher nach **Aït Ben Haddou;** ca. 35 km vor Ouarzazate führt eine Abzweigung links zu dem sehr malerischen Bergdorf.

8. Ouarzazate – Zagora, 185 km. Dem Touristen, der über genügend Zeit verfügt, sei von Ouarzazate die Strecke nach Zagora empfohlen.

Man fährt entweder direkt von **Ouarzazate** nach Agdz oder auf der »31« in Richtung Marrakech zurück bis zur

[8 km] **Kasbah de Tifoultoute**. Hier zweigt eine neue Straße nach

[87 km] **Agdz** ab, von wo ab es im Oasental des *Drâa* abwärts entlang des südöstlichen Stranges der »Straße der Kasbahs« geht.

[185 km] **Zagora** geht. Von dort geht die Piste in weniger gutem Zustand in weiteren 112 km nach Mhamid und führt zum Teil durch Wanderdünen, die am ehesten der Saharawüste entsprechen.

9. Ouarzazate – Taroudannt – Agadir, 373 km. Eine asphaltierte Strekke, die von Ouarzazate die Verbindung zum Atlantik bei Agadir herstellt.

Von **Ouarzazate** fährt man auf der »31« in Richtung Marrakech zur Abzweigung der »32« (26 km), die über

[93 km] **Tazenakht,** dann am Südhang des **Djebel Sirouna,** 3304 m, entlang und über

[180 km] **Taliouine** und

[292 km] **Taroudannt** nach

[373 km] **Agadir** am Atlantik führt.

10. Ouarzazate – Er-Rachidia (früher Ksar-es-Souk), 307 km. Die klassische Tour am Südhang des *Atlas* und durch die *Hammada* führt von Ouarzazate im Tal des *Dadès* über zahlreiche Oasen mit herrlichen Kasbahs in nordöstlicher Richtung nach Er-Rachidia. Die Straße »32« ist asphaltiert.

Von **Ouarzazate** führt die Strecke über

[41 km] **Skoura** und

[91 km] **El Kelâa des Mgouna** nach

[115 km] **Boumalne-du-Dadès.** Von dort läuft eine z. T. schlechte Straße in die Gorges du Dadès, die Schlucht am Oberlauf des Flusses. Die »32« führt als asphaltierte Strecke weiter nach

[168 km] **Tinerhir,** der wohl schönsten Oase des marokkanischen Südens. Empfehlenswert ist ein Ausflug in die gigantische Schlucht der *Todra,* auf allerdings schlechter Piste. Man erreicht nach

[247 km] **Goulmima** und endlich

[307 km] **Er-Rachidia,** Provinzhauptstadt für das *Tafilalet.*

11. Rabat – Meknès – Fès, 199 km. Während die bisherigen Strecken vor allem den Süden Marokkos behandelten, wird nun die Strecke von Rabat ostwärts beschrieben.

Wir verlassen **Rabat** auf der »1« in östlicher Richtung und erreichen durch den Korkeichenwald der *Mamora* zuerst

[82 km] **Khemisset** und dann die Stadt

[139 km] **Meknès,** die einige Jahrhunderte hindurch Sitz der marokkanischen Herrscher war. Von hier empfehlenswerte Ausflüge nach **Volubilis** und **Moulay Idriss.** Die »1« führt weiter nach

[199 km] **Fès,** der ältesten Stadt des Landes, Symbol der jahrhundertealten islamischen Tradition.

12. Meknès – Midelt – Erfoud, 414 km. Die Strecke 21 führt durch den *Mittleren Atlas* bis in den Oasengürtel des *Tafilalet.*

Die Straße führt von **Meknès** aus südöstlich bis

[23 km] **El Hajeb,** wo wir die Ausläufer des Gebirges erreichen. Vorbei am Aussichtspunkt von Ito erreicht man das Städtchen

[69 km] **Azrou,** das man auch von Fès aus auf der »24« (78 km) erreichen kann. Von Azrou geht es in Kurven bergauf durch die Zedernwälder und auf einer im Winter gelegentlich durch Schneefall gesperrten, aber voll asphaltierten Hauptstraße zur Paßhöhe des **Col du Zad,** 2178 m, und weiter zur Kreisstadt

[195 km] **Midelt,** 1488 m. Nach Midelt haben wir erneut einen Paß, den Tizi-n-Talghemt (Kamelstutenpaß), mit 1907 m zu überschreiten, bevor wir

[287 km] **Rich** am Oberlauf des Ziz-Flusses erreichen, welchen wir dann bis ins Tafilalet nicht wieder verlassen. Sehr schön ist die Strecke zwischen Rich und

[337 km] **Er-Rachidia** (früher Ksar-es-Souk), die durch die romantische Schlucht des Ziz führt. Von dort aus geht es, immer auf der asphaltierten Straße, nach

[414 km] **Erfoud,** dem Zentrum des Oasengebietes Tafilalet. Die Straße führt asphaltiert noch weiter bis Rissani (22 km); von dort führt eine allerdings schlechte Piste zur **Kasbah des Tinrheras,** von wo man einen herrlichen Rundblick über dieses wüstenähnliche Gebiet der Vorsahara hat.

13. Fès – Oujda, 343 km. Eine Strecke, die im Anschluß an die unter 11 beschriebene Reiseroute Rabat–Meknès–Fès die Hauptverbindung der Atlantikküste mit der östlichen Provinz Marokkos darstellt.

Die von Rabat–Meknès kommende »1« verläßt **Fès** in östlicher Richtung, wendet sich bei

[40 km] **Bir Tam-Tam** nördlich, um schließlich in nordöstlicher Richtung am Fuße des aussichtsreichen **Djebel Tazzeka** entlang

[119 km] **Taza** zu erreichen. Taza bietet eine sehr schöne Umgebung. Über

[184 km] **Guercif** und

[234 km] **Taourirt** erreichen wir dann die Provinzhauptstadt für Ostmarokko, das nahe an der Grenze nach Algerien gelegene (Grenzübergang)

[343 km] **Oujda.**

14. Tanger – Melilla bzw. **Oujda,** 489 bzw. 592 km. Im Norden Marokkos ist die empfehlenswerteste Tour jene durch das Rifgebirge, die leicht bis Oujda fortgesetzt werden kann. Das Rifgebirge wurde 1959 durch eine moderne Autostraße erschlossen.

Wir verlassen **Tanger** auf der »38« in Richtung Tetouan, biegen jedoch nach 56 km vor Tetouan nach Süden und nehmen die »28«.

[112 km] Abzweigung einer Straße hinauf in die schöne Stadt

[118 km] **Chechaouen,** von dort wieder abwärts zur Straßenkreuzung bei

[126 km] **Derdara.** Während die »28« weiter nach Ouezzane und Meknès führt, beginnt hier die neue Rif-Höhenstraße »39«. In zahlreichen Kurven führt sie über mehrere Pässe hinweg und endlich durch dichte Zedernwälder zum Höhenkurort

[230 km] **Ketama,** 1450 m. In dessen Nähe liegt die höchste Erhebung des Rifgebirges, der **Djebel Tidighine,** 2448 m. Von Ketama führt die »Route de l'Unité« (»302«) in 156 km nach Fès. Über

[270 km] **Targuist** erreicht die »39« die Straßenkreuzung

[322 km] **Aït Kamara,** von wo ab ein Zweig dieser Straße in 8 km zur Provinzhauptstadt **Al Hoceima,** Zentrum des Badelebens an der Mittelmeerküste des Rifgebirges, führt. Ab Aït Kamara steigt die »39« erneut ins Gebirge hinauf. Kurz vor der Ortschaft

[382 km] **Tleta** führt eine neue Straße (»312«) über Arknoul nach Taza, während die »39« nach

[474 km] **Nador** geht, der marokkanischen Provinzhauptstadt kurz vor der spanischen Enklave

[489 km] **Melilla.**

Etwa 13 km vor Nador abzweigend, kann man auf der »27« über

[531 km] **Berkane** nach

[592 km] **Oujda** weiterfahren (Grenzübergang nach Algerien).

Tourenvorschläge

Die Königsstädte:

Rabat–Meknès–Fès–Marrakech–Rabat, 1017 km. Diese Rundfahrt führt durch einige für Marokko typische Landschaften und gewährt einen ziemlich umfassenden Blick in die Geschichte des Landes und in marokkanisches Leben. Leider lassen sich die vier Königsstädte infolge ihrer geographischen Lage mit dem Auto nicht in der Reihenfolge ihrer Gründung besuchen; man kann nur die vorgeschlagene Route (oder in umgekehrter Richtung) wählen.

Rabat–Meknès–Fès 199 km; Fès –Marrakech 485 km; Marrakech –Casablanca 241 km; Casablanca –Rabat 92 km.

Von Meknès aus läßt sich bequem ein Abstecher nach Moulay Idriss und nach Volubilis einschieben. **Moulay Idriss** (34 km von Meknès) ist die heilige Stadt der Moslems, lange durfte sich kein Fremder in ihren Mauern über Nacht aufhalten. Die Fahrt dorthin auf kurvenreicher Bergstraße ist sehr reizvoll, Weinberge und Orangenhaine, Oliven- und Mandelbäume säumen den Weg. Nur 4 km von Moulay Idriss entfernt liegt **Volubilis,** eine wichtige Siedlung des alten Mauretania Tingitana, das von den Römern besonders privilegiert wurde. Ihre Ruinen, die man 1874 entdeckte, vermitteln einen Eindruck der Zeit von vor 2000 Jahren.

In **Meknès** und **Fès** sollte man mindestens je ein bis zwei Tage verweilen. Die Medinas beider Städte vermitteln nicht nur ein anschauliches Bild unverfälschten marokkanischen Lebens, sie sind auch voll prächtiger alter Bauten und Kunstwerke, ehrwürdige Zeugen marokkanischer Geschichte.

Von Fès führt die Fahrt südwärts in den Mittleren Atlas hinein über den vor wenigen Jahrzehnten gegründeten Luftkur- und Wintersportort **Ifrane,** über **Azrou,** das sich aus einem alten Berber-Bergdorf gleichfalls zu einem beliebten Ferienort entwickelt hat, über **Khenifra, Kasba Tadla** und **Beni Mellal.** Die Fahrt führt ständig durch herrlichen alten Zedernwald (es gibt Bäume bis zu 40 m Höhe und 5–6 m Durchmesser). Hier und da schimmert der graue Fels durch das Grün des Waldbodens. Die Straßen sind nicht immer gleich gut, aber das ganze Jahr hindurch überall befahrbar. Auch im Winter versucht man die Hauptstraße mit Schneepflügen freizuhalten. Über El Kelâa-des-Srarhna gelangt man nach **Marrakech.** Für Marrakech sollte man mindestens 2 Tage vorsehen. Von hier läßt sich die Fahrt auf guter Strecke sowohl nach Casablanca als auch nach Agadir fortsetzen.

Marokko südlich von Agadir:

Agadir – Goulimine – Tafraout – Taroudannt – Agadir, 679 km. Die fruchtbare Ebene östlich von Agadir ist das Tal des Sous-Flusses, das bis zum Beginn des 19. Jahrhunderts ein eigenes »Königreich« war, Hauptstadt war Tazerwalt. Auch heute ist dieses Gebiet im Anti-Atlas ein Land für sich und die inmitten der Berge gelegene Oase Tafraout sein Mittelpunkt. Hier lebt die Berbergruppe der Chleuh. Das ganze Gebiet ist in den Sommermonaten sehr heiß, die Temperatur steigt bis zu 50° Celsius an.

Agadir – Goulimine 201 km; Goulimine – Tafraout 221 km; Tafraout – Taroudannt – Agadir 257 km bzw. Tafraout – Agadir 202 km.

Goulimine ist bekannt vor allem durch den jeden Samstag stattfindenden Kamelmarkt, zu dem sich die berühmten »blauen Männer« aus der Sahara einfinden. Es ist ratsam, die gleiche Strecke bis Tiznit zurück zu wählen und von dort ostwärts in das Gebiet des Anti-Atlas vorzustoßen. Tiznit ist bekannt für seine Silberschmiede und einen kurzen Aufenthalt wert. Auf sehr guter Straße erreicht man den *Kerdous-Paß,* 1100 m, und kommt dann hin-

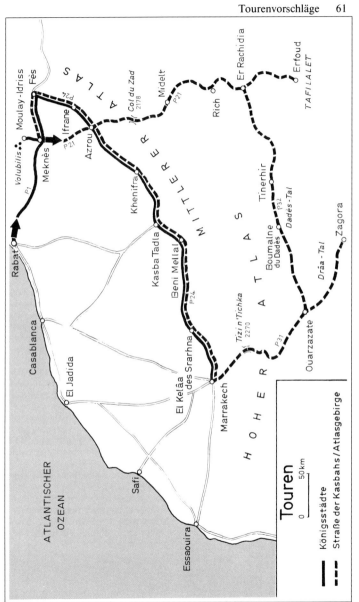

Touren

0   50 km

| Königsstädte
|| Straße der Kasbahs / Atlasgebirge

unter nach **Tafraout**. Von dort führt eine Piste in das schöne Tal der Ammeln (Berberstamm) hinüber. Da der karge Boden die Bevölkerung nicht ernähren kann, gehen die Berber aus dem Gebiet von Tafraout fast alle als Gemischtwarenhändler (épiciers) in die Städte Marokkos. Was sie dort verdienen, bringen sie dann später wieder nach Hause zurück und legen es in meist sehr pittoresken, burgenartigen Wohnhäusern an. Die Landschaft ist von einer grandiosen Schönheit: Gewaltige Massive von Granit geben meist, je nach Sonnenlicht, einen von Blau auf Rot getönten Widerschein. In der Nähe von Tafraout sind in Höhlen zahlreiche Zeichnungen aus der Steinzeit gefunden worden, so daß anzunehmen ist, daß dieses Gebiet schon vor Jahrtausenden besiedelt war.

Wenn man (zu geeigneter Jahreszeit) sich nicht scheut, auf Pisten zu fahren, so kann man über Irherm nach **Taroudannt** und von dort nach Agadir zurückfahren. Die Strecke ist allerdings in schlechtem Zustand. Wer asphaltierte Straßen vorzieht, wählt besser den Rückweg über Tiznit nach Agadir (insgesamt dann nur 624 km). Die Rückfahrt von Tafraout nach Agadir ist auch über Aït-Baha und Biougra möglich.

Über die Straße der Kasbahs:

Marrakech–Ouarzazate–Er-Rachidia (früher Ksar-es-Souk)–*Meknès–Fès–Marrakech,* 1322 km. Von Marrakech aus läßt sich diese klassische Tour über die »Straße der Kasbahs« am Südosthang des Hohen Atlas als sehr zu empfehlende Autotour vorschlagen. Sie führt durchgehend über asphaltierte Fernstraßen erster Klasse. Allerdings muß darauf hingewiesen werden, daß östlich des Hohen Atlas zwischen Mai und September sehr hohe Temperaturen herrschen, die nicht jedem zuträglich sind. Die Rundfahrt wird geschlossen, indem man von Meknès bzw. Fès über Azrou, Kasba Tadla und Beni Mallal nach Marrakech zurückkehrt. (S. auch Übersicht S. 185 und 187).

Marrakech – Ouarzazate 202 km; Ouarzazate – Er-Rachidia 307 km; Er-Rachidia – Meknès – Azrou 69 km; Azrou – Marrakech 407 km.

Diese Rundfahrt kann erweitert werden durch Touren von Ouarzazate nach Zagora (370 km) sowie von Er-Rachidia nach Erfoud (154 km).

Busreisen

Da das Streckennetz der Busse innerhalb Marokkos sehr dicht ist, lassen sich dieselben Routen verfolgen wie für den Autoreisenden. Zu beachten ist, daß viele Busse bei großen Entfernungen nur nachts verkehren. Die Tickets sollten rechtzeitig beschafft werden. (Vgl. Kap. »Verkehrshinweise–Busverkehr«). Im dünn besiedelten Süden und Südosten verkehren viele Linien nur 1–2mal wöchentlich.

Bahnreisen

1. Nord-Süd-Route:

Tanger–Rabat–Casablanca–Marrakech (564 km). In Tanger, über das die meisten europäischen Touristen ins Land kommen, nimmt die große **Atlantikstrecke** über Rabat nach Casablanca ihren Anfang mit Anschluß nach Marrakech.

Die Strecke führt von **Tanger** nach Süden durch sanft gewelltes Hügelland mit »Terra rossa« (roter Erde), die nach Regen intensiv rot leuchtet

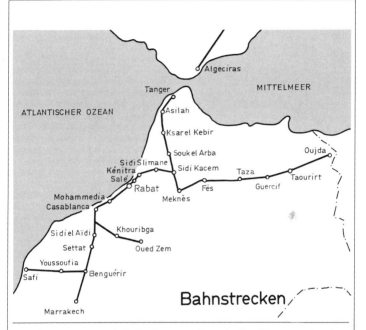

Bahnstrecken

und der ganzen Landschaft einen eigenartigen Zauber verleiht. Die Bahnlinie wendet sich landeinwärts, berührt das Städtchen **Ksar-el Kebir** (Alcazarquivir) und überschreitet einige Kilometer hinter dem Ort den *Oued Loukkos,* der nördlich von Larache in den Atlantik mündet. Rechts und links der Strecke liegen Berberdörfer, oft nur aus wenigen Hütten bestehend, die sich hinter dichten Opuntienhecken (Feigenkaktus) und Agaven verstecken. Ziegen, Schafe, Esel und Rinder weiden auf der spärlichen Grasnarbe der Hänge, die stellenweise massenhaft mit Doum (buschwüchsige Zwergpalme) bedeckt sind.

Bei **Sidi Kacem,** einem Landstädtchen (Erdöl-Raffinerie), zweigt eine Linie über Meknès nach Fès ab, während die Hauptstrecke jetzt nach Westen über die Hafen- und Industriestadt **Kénitra** (Port-Lyautey) nach **Rabat** führt. Zwischen Salé und Rabat kreuzt die Bahn den *Bou-Regreg,*dessen Mündung beide Städte voneinander trennt.

Von Rabat an führt die Strecke bis **Casablanca** fast unmittelbar an der Küste entlang und begleitet auf weite Strecken die Küstenstraße. Hohe Eukalyptusbäume zeigen den Verlauf der Straße an.

Von Casablanca aus führt die Strecke nach **Settat;** kurz vor Settat zweigt in Sidi-El-Aidi die Bahn über Khouribga (Phosphat-Abbau) nach Oued Zem ab.

Von Settat führt die Strecke weiter nach Benguérir – von hier Nebenstrecke über Youssoufia (Phosphat) nach Safi – und folgt immer der Straße ins Landesinnere. Man nähert sich nun dem Vorland des Hohen Atlas, das mit seinen Kuppen und Bergen der Landschaft ihr Gepräge verleiht. Kurz vor **Marrakech** überschreitet die Bahn den großen *Oued Tensift,* der aus dem Hohen Atlas kommt.

2. **West-Ost-Route:**

Casablanca – Rabat – Kénitra – Sidi Kacem – Meknès – Fès – Taza – Oujda (678 km).

Diese Strecke verbindet den Westen Marokkos mit dem äußersten Osten des Landes. Die Bahn verläßt **Casablanca** in nordöstlicher Richtung und führt über **Rabat, Kénitra** nach **Sidi Kacem** (s. Strecke 1), das die Bahn von Tanger (s. Nord-Süd-Route) ebenfalls berührt. Hier biegt sie nach Südosten ab und erreicht über **Meknès** die alte Königsstadt **Fès.**

Die Fahrt führt durch das fruchtbare hügelige Vorland des Mittleren Atlas, vorüber an großen Weingärten und Orangenhainen, durch schöne Berglandschaft über **Taza** und **Taourirt** nach der letzten ostmarokkanischen Stadt vor der algerischen Grenze, **Oujda.** Die Fahrt ist landschaftlich sehr reizvoll. Bereits vor Taza hat man linker Hand die Berge des Rifgebirges im Blickfeld. Unmittelbar in der Nähe Tazas ragen die Berge Rhiata und Beni Ouarain auf.

In der Färbergasse von Marrakech. Die marokkanischen Souks sind nach alter Tradition noch nach den einzelnen Handwerken getrennt

Die Djemaa el Fna, Mittelpunkt der Medina von Marrakech, ist Schauplatz von Tänzern, Akrobaten, Schlangenbeschwörern, Musikern und Feuerfressern

In den engen Gäßchen der Souks von Marrakech fühlt man sich in die Märchen aus »1001 Nacht« versetzt. Hier gibt es wirklich alles, was das Land an Produkten zu bieten hat

Das Tafilalet im Süden Marokkos ist eine der schönsten Oasengruppen. Die Dattelpalme ist hier die wichtigste Kulturpflanze

Südlich von Goulimine reicht die Sahara bis an die Atlantikküste. Die Vegetation ist ab hier sehr karg und besteht fast nur noch aus verschiedenen Sukkulenten

Aït Ben Haddou ist eine der sehenswertesten Kasbahs. Die Kasbahs – meist aus Lehm gebaut – sind das schönste Beispiel berberischer Baukunst

Die Blaue Quelle von Meski bei Er-Rachidia – eine üppige Oase mit Freischwimmbad am Rande der großen Hammada

Dieses Tor aus der Meriniden-Zeit ist der Eingang zur Chellah in Rabat, einer Nekropole aus dem 13./14. Jh., von der noch Moschee, Medersa und einige Marabouts erhalten sind

Die Straße der Kasbahs mit ihren Oasen, Festungen und Schluchten ist eines der Hauptreiseziele. Weiter südlich gibt es nur noch Steine und Sand . . .

Der Moussem von Imilchil ist wohl einer der schönsten Marokkos. Hier findet im September der »Heiratsmarkt« statt, wo sich die Berberfrauen einen Heiratspartner suchen

Die Schlucht des Dadès nördlich von Boumalne ist wohl eine der eindrucksvollsten Naturschönheiten Marokkos

Orte und Landschaften

Die Orientierungsbezeichnungen am Beginn der Beschreibungen, z. B. Agadir (B-4), nennen das Planquadrat des Gitternetzes auf der Übersichtskarte des hinteren Umschlags, in dem der beschriebene Ort zu finden ist.

Agadir

B-4 (arab. Agadir n'Iri). Hauptstadt der gleichnamigen Provinz, 15–50 m, 85 000 Einw. Seebad mit 9 km langem Sandstrand und südlichste marokkanische Hafenstadt an der Atlantikküste. 8 km nördlich der Mündung des Oued Sous, in einer Meeresbucht gelegen, die sich unmittelbar südlich an den Westabfall des Hohen Atlas, an den Fuß des Cap Ghir, eines 360 m hohen Vorgebirges, anschließt.

Das Weiterbestehen der Stadt, die sich insbesondere während des Zweiten Weltkriegs und in den Jahren danach zu einem bedeutenden Handels-, Fischerei- und Fremdenverkehrszentrum entwickelt hatte, schien nach der Erdbebenkatastrophe vom Februar 1960 ernstlich gefährdet; das Erd- und Seebeben, das heftigste in der Geschichte Marokkos, führte zur fast völligen Zerstörung Agadirs, ungefähr 15 000 Menschen kamen dabei ums Leben. Bereits im Sommer 1960 legte König Mohammed V. den Grundstein für ein neues Agadir, das 3 km südlich der ehemaligen Stadt wieder völlig aufgebaut wurde, wobei die Stadtsilhouette allerdings mehr an europäische Satellitenstädte erinnert; leider ist es nicht geglückt, der Stadt wieder echt marokkanisches Gepräge zu verleihen. Dazu mag nicht zuletzt der Umstand beitragen, daß die Häuser zum Schutz gegen erneute Erdbeben u. a. dadurch abgesichert wurden, daß man sie in Ganzbeton-Bauweise errichtete.

Agadir ist heute wieder ein wichtiger Fischereihafen, namentlich für Sardinenfischer. Dank ihres günstigen Klimas ist die Stadt wieder ein viel besuchtes Seebad geworden. Sie hat über 300 Sonnentage im Jahr, die Lufttemperatur beträgt im Winter mindestens 16° C, sie steigt im Sommer kaum über 27° C, die durchschnittliche Wassertemperatur beträgt 19° C; selbst im Dezember kann man im Meer baden.

ℹ️ *Auskunft:* Syndicat d'Initiative et de Tourisme und Office National Marocain du Tourisme, Avenue du Prince Héritier Sidi Mohammed, Tel. 2 28 94.
Verkehr: Straße P 8 (Essaouira – Agadir). – Flughafen Agadir-Inezgane 10 km südöstlich. – Busverbindungen in alle Richtungen.
Unterkunft: Hotels aller Klassen sowie einfache Pensionen und Campingplatz.

Geschichte:
Agadir ist, wie Essaouira, El Jadida, Safi und andere Städte an der Westküste Nordafrikas, eine portugiesische Gründung. Ein portugiesischer Nobler namens Jonho Lopes de Sequiera eroberte die kleine Siedlung, die hier bestand, und nannte sie »Santa Cruz de Aguer«. Wenige Jahre später, 1513, machte er sie dem König Manuel zum Geschenk. Sie wurde in der Folge das Ziel zahlreicher Angriffe der Marokkaner unter dem Scherifen Mohammed El Harrane. 1540 baute der Scherif

Moulay Mohammed die Kasbah als Stützpunkt auf dem nordöstlich gelegenen Hügel. Einige Jahre später gelang es dem Sultan Abou Abdallah Mohammed, die Christen aus Agadir zu vertreiben. Er machte den Hafen zum Umschlagplatz für die Landesprodukte aus dem Sous und dem Sudan. Zuckerrohr, Datteln, Zitrusfrüchte, Mandeln und Gold bildeten die Hauptausfuhrartikel nach den europäischen Ländern. Als jedoch um die Mitte des 17. Jh. die Konkurrenz der Antillen und Brasiliens in diesen Produkten zu stark wurde, schloß Sidi Mohammed Ben Abdallah 1765 den Hafen für jeglichen Handel, zumal er zur selben Zeit die nördlich gelegene Hafenstadt Essaouira und ihren Hafen auszubauen begann.

Agadir sank zu völliger Bedeutungslosigkeit herab. Der französische Reisende Cochelet, der es 1819 besuchte, schrieb, daß nur noch etwa ein Dutzend ihrer Häuser bewohnt seien. Erst zu Beginn des 20. Jh. rückte Agadir wieder in das Blickfeld der Öffentlichkeit. Deutsche Firmen (u. a. Mannesmann) gründeten hier Niederlassungen, um eine Basis für ihre Unternehmungen im Innern des Landes zu haben. Im Juli 1911 erschien das deutsche Kanonenboot »Panther« zum Schutze der deutschen Interessen auf der Reede von Agadir (»Panthersprung nach Agadir«). Deutschland und Frankreich begannen einen Rivalitätskampf um Stadt und Hinterland, die Sous-Ebene, der mit der Übernahme des Protektorats durch Frankreich über Marokko 1912 ein Ende fand. Die deutschen Firmen mußten ihre Positionen aufgeben und das Land verlassen. Aber auch in der Folge blieb Agadir noch ziemlich unbedeutend. 1936 noch hatte es nicht ganz 6000 Einwohner.

Erst in den letzten Jahrzehnten entwickelte sich die Stadt zu einem bedeutenden Handels- und Industriezentrum. Diese Entwicklung fand einen jähen Abbruch, als in der Nacht des 29. Februar 1960, 15 Minuten vor Mitternacht ein zwölf Sekunden langes Erd- und Seebeben den Ort vernichtete. Unter den etwa 15 000 Toten waren auch viele Touristen. Heute hat sich Agadir von dem Unheil erholt.

Sehenswert:
Die **Kasbah,** die in 236 m Höhe das Meer und die Stadt überragt; sie wurde 1540 von Mohammed esch Scheikh errichtet, um die Portugiesen zu bekämpfen. Die Kasbah wurde durch das Erdbeben von 1960 ebenfalls zerstört, sie wurde nur zum Teil wiederaufgebaut. Die Straße hinauf ist seitlich sehr abschüssig und daher mit Vorsicht zu befahren.

Ansonsten besteht die Stadt aus modernen Bauten, wie dem Königspalast, dem Rathaus, dem Hauptpostamt, dem Sitz des Gouverneurs der Provinz Agadir. Infolge der Zerstörungen, die das Erdbeben angerichtet hatte, gibt es in Agadir keine historischen Bauwerke mehr.

Sport: Wassersport (Segeln, Wasserski), Angeln, Tauchfischen, Golf, Tennis, Reiten, Jagd in der Umgebung. Strandbad (9 km langer Sandstrand), Freibäder (z. T. hoteleigen, aber auch für Nichtgäste frei).

In der Umgebung:
Sous-Ebene und **Bani-Gebiet,** südöstlich von Agadir. Hier öffnet sich dem Reisenden eine andere Welt, ein wahrhaft mittelalterliches Marokko. Es gibt keine Eisenbahnen mehr, die Straßen sind teilweise

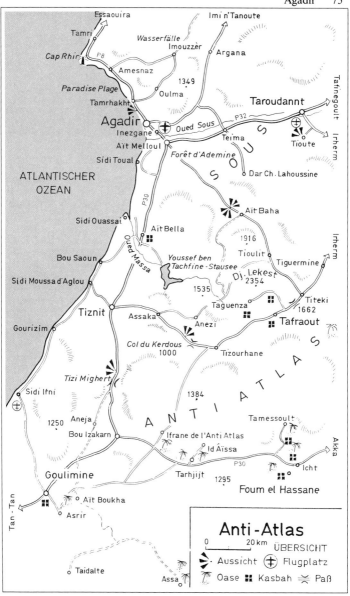

Anti-Atlas
ÜBERSICHT

0 ___ 20 km

◀ Aussicht   ✚ Flugplatz
🌴 Oase   ▦ Kasbah   ⤲ Paß

Pisten, oftmals nur durch Wagenspuren gekennzeichnet. Als Richtungsweiser hat man kleine, oft weiß getünchte Steinpyramiden aufgestellt, die oftmals sehr nützlich sein können, vor allem, wenn der Wind die Piste unter einer Sandschicht begräbt. Je weiter man von Agadir südlich kommt, desto trockener wird das Land, desto spärlicher die Besiedelung. Die Sous-Ebene hat hier eine weite Ausbuchtung nach Süden und führt über die *Massa-Ebene* hinauf nach

Tiznit (s. dort), 78 km südlich von Agadir. Die Ortschaft ist wegen ihres Charakters als typisch vorsaharische Oasenstadt recht interessant.

Imouzzer des Ida Outanane, 58 km nordöstlich, ist ein hübsch gelegenes Berberdorf. In der Nähe befinden sich schöne Wasserfälle.

Taroudannt (s. dort), 68 km östlich, ist die frühere Hauptstadt eines kleinen eigenständigen Reiches. Besonders interessant ist hier die 6–8 m hohe Stadtmauer.

Tafraout (s. dort), 135 km südöstlich ist mit dem in der Nähe gelegenen *Ammeltal* ein beliebtes Ausflugsziel. Fahrten werden von den Hotels und dem Fremdenverkehrsamt angeboten.

Agdz

D-4. Provinz Ouarzazate, 1224 m, am Fuß des Djebel Kissane gelegen. Früher französischer Militärstützpunkt, ist der kleine Marktort heute Hauptort der umliegenden Mezguita-Region.

Verkehr: Straße P 31 (Ouarzazate – Zagora).
Unterkunft: Einfache Hotels.

 Sehenswert: Der **Ksar Tamenougalt,** alter Hauptort der Region, gegenüber dem Ortszentrum. Der Ksar zählt wegen seiner interessanten Ornamentik zu den schönsten des Landes.

In der Umgebung: Zur **Straße der Kasbahs** (s. dort), am Drâa-Tal entlang in Richtung **Zagora** (s. dort).

Ahfir

F-2 (früher Martimprey-du-Kiss). Provinz Oujda, 6000 Einw. Ahfir ist ein 1910 von französischen Siedlern gegründetes landwirtschaftliches Zentrum am *Oued Kiss.* Der Ort selbst ist ohne besondere touristische Bedeutung; er bildete früher eine wichtige Grenzübergangsstelle zwischen Marokko und Algerien.

Verkehr: Kreuzungspunkt der Straße 18 (Saïdia – Ahfir) und der Straße 27 (Berkane–Oujda).
Unterkunft: In Ahfir keine Hotels.

Aïn Benimathar

F-2 (früher Berguent). Provinz Oujda, 3400 Einw. Der kleine, von den Franzosen gegründete Ort ist die letzte größere Ansiedlung vor der großen Ebene von Dahra, die sich nach Süden hin – nahezu bis Bou Arfa – ausdehnt.

Auf manchen Landkarten wird die Ortschaft noch Berguent genannt, allgemein ist heute aber der arabische Name üblich; der Name rührt daher, daß sie von Angehörigen des Stammes der Beni Mathar bewohnt wird. Östlich von Berguent ragt eine etwa 1500 m hohe »Gara«, ein aus der Hochebene emporsteigendes kleines Plateau, empor, von dem aus man eine weite Übersicht auf die Umgebung hat. Unmittelbar in der Nähe von Aïn Benimathar befinden sich mehrere alte Kasbahs, die zum Teil aus dem 18. Jahrhundert stammen sollen.

 Verkehr: Straße P 19 (Oujda-Bou Arfa).
Unterkunft: Keine Hotels.

 Sehenswert:
Quellen von Ras El Aïn, 200 m vom südlichen Ortsrand entfernt. Die handwarmen Quellen sprudeln in einem flachen Teich, dessen größte Tiefe 2 m ist. Dieser Teich stellt für die Kulturen der nahen Umgebung eine ungemeine Kostbarkeit dar, da er die einzige Bewässerung der Anbauflächen liefert. Erddämme sichern das Wasser gegen ein Abfließen, ein »Wasser-Caïd« sorgt für eine gerechte Verteilung des kostbaren Nasses an alle Bewohner. In dem Teich, dem der kleine Oued El Haï, Zufluß des Oued Za, entspringt, leben zahlreiche Schildkröten.

Aïn Diab

C/D-2. Stadtteil von Casablanca und dessen bedeutendster Badestrand. Die am Atlantik gelegenen zahlreichen Schwimmbäder, wie »Tahiti«, »Miami«, »Kontiki«, »Acapulco« u. a., verfügen über Meerwasser-Schwimmbäder, die meist zwischen Felsriffe eingelassen sind, und über sonstige modernste Badeeinrichtungen.

Der frühere Villenvorort Casablancas hat sich besonders in den letzten Jahren zu einem mondänen Badeort entwickelt. Der über 3 km lange Sandstrand ist öffentliches Freibad, doch sind die Strömungen an der Küste sehr gefährlich. Während der Haupt-Badesaison (Mai bis September) wird der Strand von städtischen Rettungsschwimmern auf Beobachtungstürmen überwacht.

Aïn-Diab ist beliebter Erholungsort der Bevölkerung von Casablanca, die sich nach Dienstschluß und an den Wochenenden hier gern aufhält. Sportplätze, Bars, Kabaretts, Cafés und Hotels bieten vielfältigen Zeitvertreib.

Gourmets

können in Aïn Diab ihrer Leidenschaft frönen: am Boulevard de la Corniche gibt es eine ganze Reihe sehr guter Restaurants, die allerdings auch entsprechende Preise verlangen. Neben der französischen Küche ist die spanische hier zu finden, ebenso einige vorzügliche Fischrestaurants. Will man marokkanisch essen, so kann man sich in den meisten Lokalen gleichzeitig durch arabische Tänze und akrobatische Darbietungen unterhalten lassen.

Verkehr: Kreuzungspunkt der Straßen P 1, 7, 8, 35 in Casablanca (7 km östlich). – Nächste Bahnstation Casablanca.
Unterkunft: s. Casablanca.

Sehenswert: Der auf einem Riff im Meer gelegene **Marabout Sidi-Abder-Rahman.**

Aït Melloul

C-4. Provinz Agadir. Großes Dorf 13 km südöstlich von Agadir (s. dort), am *Oued Sous.* Die an sich für den Touristen unbedeutende Ortschaft ist ein Kreuzungspunkt von drei wichtigen Straßen. Hier zweigen von der Küstenstraße Agadir Richtung Tiznit (78 km) die Routen nach Taroudannt und Marrakech ab.

Verkehr: Kreuzungspunkt der Straßen S 509 (Agadir – Aït Melloul), P 30 (Tiznit – Aït Melloul) und P 32 (Ouarzazate – Aït Melloul). – Flughafen Agadir-Inezgane (5 km nordwestlich).
Unterkunft: s. Agadir.

Al Hoceima

E-1 (span. *Alhucemas). Hauptstadt der gleichnamigen Provinz, 60–70 m, 25 000 Einw. Kleine Hafenstadt, die sich in den letzten zehn Jahren zum bedeutendsten Seebad und Fremdenverkehrszentrum an der marokkanischen Mittelmeerküste entwickelte. Bei dem an der gleichnamigen Bucht gelegenen Ort endet die bei Ceuta beginnende, steil aufragende Küste des Rif-Gebirges, das zerklüftet zum Mittelmeer absteigt.*

In den vom Meer in das rot und gelbbraune Gestein gefressenen zahlreichen Buchten und Höhlen fanden in früheren Zeiten Seeräuber Unterschlupf. Der Fischereihafen wird häufig auch von Privatjachten angelaufen. Da von den Spaniern gegründet, erinnert die Stadt mehr an eine spanische als an eine maurische Ansiedlung. Al Hoceima hat mehrere Badestrände, von denen neben dem unterhalb der Stadt gelegenen Hauptstrand vor allem die Playa Lonita (1 km) und die Playa Espalmadero (5 km) nennenswert sind.

Auskunft: Agence de Voyages.
Verkehr: Straße P 39 (Chechaouen – Melilla), Abzweigung bei Aït-Youssef-ou-Ali. – Flughafen »Côte du Rif«, 17 km südöstlich.
Unterkunft: Kein Luxushotel, sonst alle Klassen sowie Campingplatz. – Ferienwohnungen über Maroc Tourist, Rabat zu buchen.

Geschichte:
Seit dem 17. Jh. waren vor allem die Engländer, die Franzosen, aber auch die Spanier bemüht, auf den vor Al Hoceima gelegenen Inseln, namentlich auf der Insel Peñón de Alhucemas, Fuß zu fassen. 1673 bauten die Spanier diese Insel zu einer Festung aus. 1926 wurde von den Spaniern das auf dem Festland gelegene Al Hoceima gegründet, nachdem ein Jahr zuvor der spanische General Sanjurjo den Platz erobert hatte. Das Gebiet, auf dem Al Hoceima entstand, war zur Zeit der spanischen Eroberung völlig unfruchtbar und glich einer Mondlandschaft. Süßwasser mußte mittels Wasserleitungen aus den in der Nähe gelegenen Bergen herangeleitet werden, und fruchtbarer Boden wurde aus anderen Teilen des Landes herangefahren. Zur Zeit des spanischen Protektorats in Marokko war der Ort ein militärischer Stützpunkt für das immer unruhige Zentralrif.

Sport: Segeln, Rudern, Tretbootfahren, Motorbootfahren, Wasserski, Unterwasserfischen. Strandbäder, Meerwasserschwimmbad.

Veranstaltungen: Nationale Meisterschaften im Unterwasserfischen im Sommer. Bootsparties, ganztägige Ausflüge, Festessen.

In der Umgebung:
Die **Felsen von Necor** (arab. Al Houzama oder Hajrat en Nocour), 1,5 km vor der Küste gelegen, erreicht man durch eine ca. ½stündige Überfahrt. Die größte der drei Felsinseln, der *Peñón de Alhucemas* (170 m lang, 75 m breit, 250 m hoch), ist bewohnt. Es besteht die Möglichkeit zur Besichtigung der Festungsanlagen.

Ketama (s. dort), 115 km südwestlich, liegt wunderschön in einer von Wäldern und Bächen umgebenen Ebene des *Rif-Gebirges.*

Die **Tobbogan-Schluchten,** erreichbar auf der Strecke nach *Nador,* bilden wie Ketama einen Tagesausflug.

Arbaoua

D/E-2. Provinz Kénitra, 140 m. Arbaoua ist ein ehemaliger französischer Kontrollpunkt (Paß und Zoll) an der früheren Grenze zwischen Spanisch- und Französisch-Marokko.

Verkehr: Straße P 2 (Larache – Souk-el-Arba-du-Rharb). – Bahnstation. – Busverbindungen.
Unterkunft: Ein gutes Hotel, mehrere einfache Hotels. – Campingplatz.

Asilah

D-1 (span. *Arcila,* frz. *Arzila*). Provinz Tetouan, 10 m, 15 000 Einw. *Alte Stadt mit kleinem Hafen an der Atlantikküste, nahe der Mündung des gleichnamigen Flusses. Die Medina (Altstadt) ist auf drei Seiten von Mauern umgeben, auf der vierten Seite wird sie von der scharf geränderten Meeresküste geschützt.*

Zwei Tore, das **Bab el Bahar** (Seetor) im Nordosten und das **Bab el Djebel** (Bergtor) im Südwesten, das noch ein Wappen der Könige von Portugal trägt, führen in das Innere der Stadt. Man sucht hier vergebens nach den engen, verwinkelten Gäßchen mit ihren vielen Torbogen, wie sie ansonsten für die Medinas charakteristisch sind. Statt dessen zeugen die vielen **Befestigungstürme,** wie etwa der »Turm der Anbetung« oder der Turm Bab el Gola, von der bewegten kriegerischen Vergangenheit der Stadt. Die Mauern engen so sehr ein, daß sogar der *Socco,* der Markt, außerhalb stattfinden muß.

Imposant ist der Blick von den zum Meer gewandten Ecktürmen auf die starke Brandung, die unentwegt an den vorgelagerten Felsen nagt. Hart an den Mauern befindet sich ein **Marabout,** ein Heiligengrab, in strahlendem Weiß, daneben mit Mosaiken verzierte Grabplatten von heiligen Moslems, die von Asilah aus eine Fahrt nach Mekka unternommen hatten. Der kleine Hafen hat nur geringe Wassertiefe und ist ohne Bedeutung für den Seehandel. Während der spanischen Besetzung entstand im Norden Asilahs eine spanisch geprägte Neustadt.

Verkehr: Straße P 2 (Tanger – Larache). – Bahnstation.
Unterkunft: Einfache Hotels und Campingplatz.

Geschichte:
Asilah war ursprünglich die libysch-phönizische, also karthagische Siedlung Zili oder Silis. Unter den Römern hieß die Stadt Colonia Julia Constancia Arsila. Nach dem Arabereinfall kam Asilah in die Hand der Idrissiden. Von Normannen geplündert und zerstört, wurde die Stadt im 10. Jh. neu aufgebaut. Im 14. Jh. wurde Asilah häufig von europäischen, namentlich italienischen Handelsschiffen angelaufen. 1471 machten sich die Portugiesen die Stadt zur Basis für ihre Eroberungszüge in das marokkanische Hinterland. 1578 landete hier der portugiesische König Sebastião, um ganz Marokko zu erobern; er fiel noch im selben Jahre bei der »Dreikönigsschlacht« in Ksar-el-Kebir. Für kurze Zeit wurden die Spanier Nachfolger der Portugiesen, 1691 wurde Asilah endgültig von Moulay Ismaïl (1672–1727), dem »marokkanischen Ludwig XIV.«, genommen. Im Jahre 1829 wurde die Stadt durch eine österreichische Flotte beschossen, am 28. Februar 1860 wurden nach einer schweren Bombardierung durch die spanische Flotte unter Admiral Bustillo bedeutende Teile der Stadt und der Befesti-gungsanlagen schwer beschädigt. 1906 fiel Asilah in die Hand des Freibeuters Moulay Ahmed el Raisouli, der u. a. reiche Europäer gefangennahm, um sie gegen Zahlung eines hohen Lösegeldes freizulassen; 1908 wurde er vom Sultan Abdul Aziz zum Pascha von Asilah ernannt. Während der Zeit des spanischen Protektorats war Asilah eine spanische Garnison und wurde von einem Militärkommandanten verwaltet, nachdem die Spanier Moulay el Raisouli verjagt hatten.

 Sehenswert: Das neumaurische **Palais Raissoul,** erbaut im Jahre 1908, ein zweistöckiger Bau mit Innenhof und reich ausgestatteten Räumen; er erhebt sich unmittelbar über den Küstenbefestigungen.

Sport: Jagen. Sandstrand.

Asni

C-3. Provinz Marrakech, 1150 m. Oasenartiges Berberdorf am Oued Reraia, mit alter Kasbah, ein gern besuchter Luftkurort und angenehme

*Von Asni auf den höchsten Berg Marokkos, den **Djebel Toubkal** (4165 m), im Herzen des Toubkal-Nationalparks, gelangt man über **Imlil,** 17 km südlich, auf einem Saumpfad. Auf dem Weg zum Djebel Toubkal liegen drei Schutzhütten: Imlil, Aremd und Neltner; die Schutzhütte Neltner liegt 3207 m hoch. Zwischen Aremd und Neltner liegt auf dem Grund einer Schlucht der **Marabout Sidi Chamharouch.***

*Ebenfalls über Imlil auf einem Pfad, der rechts vom Weg zum Djebel Toubkal abzweigt, zum **Tazaghaght-Plateau,** eine flache und leere Steinwüste in 3800–3980 m Höhe.*

Sommerfrische auf dem Weg von Marrakech zum Tizi-n-Test-Paß. Asni ist Ausgangspunkt zur Besteigung des **Djebel Toubkal***, mit 4165 m die höchste Erhebung des Hohen Atlas, Marokkos und ganz Nordafrikas. Bergführer findet man in Imlil oder in Aremd.*

ℹ️ *Verkehr:* Verbindungsstraße S 501 (Marrakech – Taroudannt).
Unterkunft: Ein gutes Hotel, einfache Unterkünfte. – Jugendherberge.

Atlas

Der Atlas bildet das Hauptgebirge Marokkos, das aus drei Gebirgsketten besteht: dem *Hohen Atlas,* der das ganze Land von der Küste im Südwesten bis zur algerischen Grenze im Nordosten durchquert und in eine nordwestliche und südöstliche Hälfte teilt; zu ihm gehört auch der höchste Berg Marokkos, der **Djebel Toubkal,** 4165 m. Im Norden ist diesem gewaltigen Gebirgsrücken der *Mittlere Atlas* und im Süden der *Anti-Atlas* vorgelagert.

Marokko verdankt dem Atlas den besonderen Reiz als ein Reiseland der Kontraste: Dem Küstenland, den Wüsten und fruchtbaren Ebenen fügt er waldreiche Gebiete von fast alpenländischem Charakter und Regionen von Eis und Schnee am Rande des heißen Kontinents hinzu. Die alten Karawanenpisten sind größtenteils zu Autostraßen ausgebaut, so daß der Hohe Atlas auch mit dem Auto zu überqueren ist. Die Atlasketten bilden aber auch eine Klimascheide: sie schützen das Land nördlich des Gebirges, das unter der Einwirkung der feuchten ozeanischen Winde liegt, vor den austrocknenden Wüstenwinden

und erhalten ihm so einen vorwiegend mediterranen Charakter, während die Gebiete südlich und östlich der Atlaskette steppen- oder wüstenhaften Charakter tragen.

Das Gebirge erweist sich auch als eine Grenze zwischen der seßhaften (im Norden) und nomadisierenden (im Süden) Bevölkerung Marokkos. Es bestimmt also weitgehend den Charakter des Landes, der sich ja aus dem mediterranen und dem saharischen Element zusammensetzt.

Azemmour

C-2. Provinz Casablanca, 17 000 Einw. Azemmour ist eine von europäischem Einfluß unberührte, fast ausschließlich von Moslems bewohnte Stadt, über dem Südufer des Oued Oum er-Rbia (Mutter der Gräser), dem Hauptfluß des zentralen westlichen Bled. Die strahlend weißen Häuser über den rotbraunen Umfassungsmauern bieten, vor allem wenn sie sich im Fluß spiegeln, ein schönes Bild, und wirklich ist die Stadt ein geschätztes Modell vieler Maler.

Obwohl dicht am Atlantik gelegen, hat die Stadt infolge einer Stromschnelle keine Verbindung zum Meer. Azemmour war in früheren Zeiten eine wichtige Handelsstadt, das 16 km westlich gelegene El Jadida hat ihm jedoch den Rang abgelaufen. Seit der Errichtung der Stauanlagen bei Sidi Saïd Mâachou hat auch der Fischfang keine große Bedeutung mehr. Die Stadt lebt heute im wesentlichen vom landwirtschaftlichen Hinterland, ist sie namentlich ein wichtiger Markt für Gemüse und Zitrusfrüchte.
Eine Europäerstadt gibt es in Azemmour nicht. Die Medina baut sich schneeweiß am felsigen Ufer des Flusses auf.

Ortsansicht von Azemmour

---

i *Verkehr:* P 8 (Casablanca – El Jadida).

Unterkunft: Keine Hotels. Übernachtungsmöglichkeit in El Jadida, 15 km (s. dort).

Geschichte:
Aus der vorislamischen Geschichte der Stadt ist nichts bekannt. Sie wurde gegen 1376 vom Merinidensultan von Marrakech, Abder Rahman, erobert. Seit 1486 gab es zwischen Azemmour und Portugal rege Handelsbeziehungen. Eingekauft wurden von den Portugiesen Getreide, Pferde, Djellabas und Haiks (Kapuzenmäntel); letztere wurden zum Teil in Schwarzafrika gegen Sklaven und Gold eingetauscht. Nach mehreren kriegerischen Auseinandersetzungen mußten die Portugiesen die zur Festung ausgebaute Stadt 1541 endgültig verlassen.

Sehenswert:
Moschee des Moulay bou Chaib, benannt nach dem Stadtpatron, der hier im 12. Jh. lebte.

Kasbah, mit sechs Ecktürmen und zwölf alten portugiesischen Kanonen bestückt, sowie **Mellah.**

Marabout des Sidi Ouadoud in Richtung zur Küste.

Einen schönen Blick auf den Fluß hat man vom **Dar el Baroud,** dem alten Pulverturm aus der Portugiesenzeit. Er erhebt sich in der Mellah, der früheren Kasbah, inmitten alter Ruinen, an denen man noch spärliche Reste gotischer Fenster sehen kann.

Veranstaltungen: Im Mai Pilgerzug zum Grabmal des Rbi Abraham Moul Niss. – Im August ein Moussem (mit Pilgerfahrt verbundene Heiligenverehrung).

In der Umgebung:
Mehioula, 18 km südöstlich, inmitten umfangreicher Zitruskulturen, angeblich portugiesischen Ursprungs. Die hier gedeihenden Orangen, Zitronen, aber auch Granatäpfel sind wegen ihrer Güte begehrt; in Mehioula befindet sich ein gutes Hotelrestaurant.

El Jadida (s. dort), 15 km südwestlich, mit sehenswerter Altstadt, von Portugiesen gegründet. Beliebter Badeort.

Azrou

E-2. Provinz Meknès, 1250 m, 10 000 Einw. Altes Berberdorf des Stammes der Aït M'guild, Luftkurort, Sommerferienort und Wintersportplatz im Mittleren Atlas in ungemein reizvoller Lage in einem weiten Hochtal. Azrou (wörtlich: »Felsen«) ist einer der wichtigsten Straßenknotenpunkte im Mittleren Atlas.

Der Ort eignet sich auch als Standquartier für Touren in das »Gebiet der Zedern«, wenn dafür auch das 19 km nördlich gelegene Ifrane (s. dort) besser geeignet ist. Obwohl es eigentlich die Franzosen waren, die Azrou in den letzten Jahren ihrer Protektoratszeit zum Fremdenverkehrszentrum gemacht haben, und obwohl der Ort auch ein kleines europäisches Viertel mit modernen Einrichtungen hat, nehmen Europäer wegen der abgeschiedenen Lage nur selten einen längeren Aufenthalt. Die Temperaturen liegen im Sommer zwischen 18° und 33° C, im Winter zwischen − 2° und − 13° C. Im »Maison d'Artisanat« werden Erzeugnisse des Kunsthandwerks (Teppiche, Kunstschmiedearbeiten, Schnitzereien u. a.) ausgestellt und verkauft.

Auskunft: Syndicat d'Initiative et de Tourisme d'Azrou.
Verkehr: Kreuzungspunkt der Straße P 21 (Meknès – Midelt) und der Straße P 24 (Fès – Kasba Tadla).
Unterkunft: Einfache bis mittlere Hotels. – Jugendherberge.

Sehenswert:
Berberviertel, ein aus Stampferde erbautes, terrassenförmig am Berghang aufsteigendes Dorf mit Kasbah und Moschee aus dem Ende des 18. Jahrhunderts.

Fischzuchtanstalt (Station de Pisciculture) am nördlichen Ortseingang, die u. a. die Aufgabe hat, für Fischbrut in den Seen und Flüssen des Mittleren Atlas zu sorgen.

Sport: Tennis. Schwimmbad. Skilauf (Skilift und mehrere abgesteckte Skipisten).

Veranstaltungen: Markt jede Woche am Freitag, zu dem sich die Bevölkerung aus der Umgebung in ihren malerischen Trachten zusammenfindet. Die Frauen tragen schwere Wollmäntel und farbige Hosen, die Männer weite Burnusse aus weißer Schafwolle.

---

*Das **Gebiet der Zedern** (Forêt de Cèdres) beginnt am Rande von Azrou und erstreckt sich etwa zwischen Aïn-Leuh, südwestlich, und Ifrane, nordöstlich, ab etwa 1700 m Höhe. Unmittelbar hinter Azrou steigt das Juragebirge des Mittleren Atlas steil zur Hochfläche an. Die Straße in Richtung Midelt führt zunächst durch schönen Steineichenwald. Die Straße erreicht in 1800 m Höhe an dem oberen Rand der Hochfläche. Nach weiterem langsamen Ansteigen genießt man in 2000 m Höhe einen Blick über die weiten Ebenen. Am Rande des Gebirgsabfalls tritt zu den Steineichen – die immergrün sind – prachtvoller Zedernwald. Die Atlas-Zeder ist eine Abart der Libanon-Zeder. Sie wächst bis zu der imposanten Höhe von 40 m und erreicht nicht selten einen Umfang von 9 m. Ihr Holz wird gerne für Schnitzereien verwendet. Dieses Gebiet ist sehr geeignet zum Wandern.*

In der Umgebung:
Azrou bietet Gelegenheit zu zahlreichen schönen Ausflügen und Wanderungen in die Bergwelt des Mittleren Atlas. Da das Land weniger besiedelt ist als vergleichbare Gegenden in Mitteleuropa und vielfach keine gekennzeichneten Wege oder gar Gaststätten aufweist, ist es unumgänglich, den nötigen Proviant sowie Getränke mitzunehmen; auch gute Karten und einen Kompaß sollte man mit auf den Weg nehmen.

Ito, 15 km nordwestlich, an der Straße nach El Hajeb, ein Kranz von erloschenen Kratern am Ufer des *Oued Tigrira* zeigt eine wahre Mondlandschaft, eines der eigenartigsten Gebiete Marokkos.

Aguelmane de Sidi Ali (See des Herrn Ali), 43 km südöstlich; der See liegt in 2100 m Höhe in einer Karstmulde an der Straße nach Midelt; hinter Timahdite, bei Kilometer 121 links abbiegen.

Aïn Leuh, 30 km südwestlich, mit Kasbah, Wasserfällen und, weitere 30 km, zahlreiche salzhaltige Quellen des *Oued Oum-er-Rbia* (Sources de l'Oum-er-Rbia). Diese landschaftlich schöne Strecke ist bis Khenifra (45 km) gut ausgebaut, allerdings schmal.

Benguerir

C/D-3. Provinz Marrakech, 474 m. Kleiner Ort an der Straße von Casablanca nach Marrakech mit vorwiegend marokkanischer Bevölkerung, in der baum- und schattenlosen südlichen Ebene des Bled gelegen.

Verkehr: Straße P 7 (Casablanca – Marrakech). – Bahnstation.
Unterkunft: Keine Hotels.

Beni Mellal

D-3. Hauptstadt der gleichnamigen Provinz, 580 m, 55 000 Einw. Der Ort am Fuße des dem Mittleren Atlas vorgelagerten Djebel Beni Mellal liegt sehr reizvoll inmitten reicher Pflanzungen von Oliven, Aprikosen, Zitrusfrüchten u. a. Er hat ein kleines europäisches Viertel, da er früher ein Kontrollpunkt der französischen Zivilverwaltung war. In der Stadtmitte befindet sich ein ausgedehnter Marktplatz, der große Souk, auf dem außer Feldfrüchten einheimische Gewebe, wie »Hanbels«, große bunte Decken, und Tonwaren feilgeboten werden.

Auskunft: Syndicat d'Initiative et de Tourisme de Beni Mellal.
Verkehr: Straße P 24 (Fès – Marrakech). – Flugplatz 10 km nördlich.
Unterkunft: Hotels aller Kategorien.

Sehenswert:
Kasbah Bel Kouch, die sich auf einem Hügel in 620 m Höhe erhebt. Sie stammt aus dem Jahre 1688 und wurde von Moulay Ismail erbaut, im Laufe der Zeit jedoch mehrmals restauriert.

In der Medina die **Zaouia des Sidi Ahmed Bel Kacem,** deren Minarett unter dem Almoraviden-Herrscher Youssef Ben Tachfine, dem Gründer von Marrakech, erbaut sein soll.

Veranstaltungen: Moussem Aissa Ben Driss in Aït Attat Beni Mellal, im März.

In der Umgebung:
Stausee   Bin-el-Ouidane, 45 km südlich im Mittleren Atlas. Der Stausee wurde von 1948 bis 1955 von französischen Ingenieuren erbaut, er faßt 1,5 Milliarden cbm. Der Staudamm befindet sich am westlichen Ende des Sees.

Afourer, 24 km südwestlich, das größte Elektrizitätswerk Nordafrikas.

Tour de Beni Mellal, eine Piste auf dem gleichnamigen Gebirgszug durch Olivenhaine und vorbei an der *Quelle von Asserdoun* bei dem Ksar gleichen Namens. Schöne Ausblicke.

Ben Slimane

D-2 (früher Boulhaut). Provinz Casablanca, 254 m, 10 000 Einw. Ben Slimane ist ein ehemaliger Kontrollpunkt der französischen Protektoratsverwaltung. Unmittelbar im Norden und Osten der kleinen Stadt erstrecken sich ausgedehnte Wälder.

In der Nähe befindet sich eine – weniger ergiebige – Eisenerzmine. Etwa 500 m in südwestlicher Richtung liegt der **Marabout** (Heiligengrab) des Sidi Ben Slimane, nach dem der Ort seinen Namen trägt. Jeweils im September findet ihm zu Ehren ein moslemisches Fest statt. Für den Touristen bietet das Städtchen keine weiteren Sehenswürdigkeiten, es stellt jedoch ein beliebtes Ausflugsziel für die Bewohner von Casablanca dar.

Verkehr: Straße P 1 (Rabat – Casablanca), Abzweigung bei El Louizia bzw. Bouznika.
Unterkunft: Keine Hotels.

Veranstaltungen: Moussem beim Marabout des Sidi Ben Slimane, September. – Markt am Mittwoch.

Berguent

s. Aïn Benimathar.

Berkane

F-2. Provinz Oujda, 150 m, 39 000 Einw. Berkane ist ein 1908 von französischen Siedlern aus Algerien gegründeter Ort in der fruchtbaren Berkane-Ebene, einem Teil der Moulay-Ebene zwischen dem Nordabhang des Beni Snassene und der Mittelmeerküste. Die Berkane-Ebene wird durch den Oued Moulouya und seine Nebenarme reich bewässert, das Land gleicht einem einzigen Garten, Pflanzung reiht sich an Pflanzung.

Die französischen Siedler haben das Land intensiv kultiviert, ein Bewässerungssystem angelegt und auf 20 000 Hektar sehr ertragreiche Plantagen geschaffen. Es wachsen hier Orangen, Tomaten, Melonen, Artischocken, Salate und Wein, der einen recht guten Ruf besitzt und unter dem Namen »Beni-Snassen-Weine« bzw. »Vins des Beni Snassen« bekannt ist. Am Südwestrand von Berkane befindet sich eine landwirtschaftliche Versuchsstation.

Auskunft: Syndicat d'Initiative et de Tourisme de Berkane.
Verkehr: Straße P 27 (Selouane – Ahfir).
Unterkunft: Einfache Hotels.

In der Umgebung:
Grotte du Chameau (Kamelgrotte), auch Grotte de Tghrasrout oder Tasserakout genannt, 17 km südlich; der Name der Tropfsteinhöhle rührt daher, daß einer der Stalagmiten die Form eines Kamels hat (der Volksglaube meint, eine Frau erwirke durch siebenmaliges Hindurchkriechen Kindersegen).

Grotte de Bou Rebah, wenige Schritte von der Grotte du Chameau entfernt.

Gorges (Schluchten) **du Zegzel,** 10 km südwestlich, an der Straße nach Taforalt, in prachtvoller Gebirgslandschaft.

Saïdia, 24 km nordöstlich (siehe dort).

Bled

Bled, arab. bilad, bedeutet »das Land« und meint damit das bebaute Land, im Gegensatz zur Stadt. Im landläufigen Sprachgebrauch wird aber damit die fruchtbare Ebene zwischen der Atlantikküste und dem Atlasgebirge bezeichnet. Sie ist die am dichtesten besiedelte Region des Landes und verfügt über das bedeutendste landwirtschaftliche Potential. Dementsprechend intensiv ist auch die Nutzung des Gebietes.

Bou Arfa

F-3 (auch Bouârfa). Provinz Oujda, 8000 Einw. Der kleine Ort liegt im äußersten Südosten Marokkos und ist bekannt durch seine nahegelegenen Manganerzgruben am 1827 m hohen *Djebel Bouârfa.*

 Verkehr: Straße P 19 (Oujda – Mengoub), Abzw. P 19 A nach Figuig.
Unterkunft: Einfaches Hotel.

Boulmane

E-2 (auch Boulemane). Provinzhauptstadt, 1700 m, 12 500 Einw. Die Ortschaft, im *Mittleren Atlas* gelegen, weist fast ausschließlich moslemische Bevölkerung auf. Zur Zeit

der französischen Protektoratsverwaltung war sie ein Kontrollpunkt der Zivilverwaltung.

 Verkehr: Straße P 20 (Fès – Boulôjoul).
Unterkunft: Keine Hotels.

Sehenswert: Die alte **Kasbah.**

Boumalne du Dadès

D-3. Provinz Ouarzazate, 1500 m, 3000 Einw. Der kleine Marktort ist hübsch inmitten einer Oase gelegen, die sich am Dadès entlangzieht. Folgt man dem Fluß in Richtung seiner Schlucht (Gorges du Dadès), gelangt man zu einem recht guterhaltenen Ksar.

 Verkehr: P 32 (Ouarzazate – Er-Rachidia).
Unterkunft: Nur ein Hotel. Rechtzeitig belegen.

Sehenswert: Der **Ksar.**

 In der Umgebung:
Dadèsschlucht (Abzweigung an der Dadèsbrücke kurz vor dem Ort). Die Schlucht gehört zu den reizvollsten Landschaften Marokkos. Die vielen verschiedenen Felsformationen bieten bei Sonnenlicht die beeindruckendsten Farbschattierungen. Am Flußlauf entlang ziehen sich schmale Streifen bebauten Bodens, von Silberpappeln gesäumt.

Todra-Schlucht, westlich von Boumalne bei **Tinerhir** (s. dort) gelegen. Sie ist, im Gegensatz zur Dadèsschlucht, sehr eng, begrenzt durch hochaufragende Felswände.

Cap Blanc

s. El Jorf Lasfar.

Casablanca
Dar el Beïda

C/D-2. Hauptstadt der gleichnamigen Provinz, 19 m, ca. 3 Mio. Einw., gelegen an der Mündung des kleinen Oued Bouskoura in den Atlantik. Die Provinz Casablanca ist unterteilt in vier eigenständige Präfekturen, die allein das Stadtgebiet umfassen. Die Einwohnerzahl Casas, wie die Stadt von der Bevölkerung nur kurz genannt wird, läßt sich nicht exakt feststellen. Als Wirtschaftszentrum des Landes zieht sie Zuzügler aus allen Teilen Marokkos an, ein Zuwandererstrom, der nicht abzureißen scheint und nicht mehr zu überblicken ist. So ist Casa nicht nur die größe Stadt Marokkos, sondern auch eine der größten Städte Afrikas. Daneben hat sie auch den größten Anteil an der europäischen und jüdischen Bevölkerung Marokkos, es leben hier etwa 75 000 Europäer, in der Hauptsache Franzosen, und ca. 30 000 Juden. Entsprechend zahlreich sind daher auch – im Vergleich zu anderen Städten des Landes – die Kirchen und Synagogen.

Das Stadtareal erstreckt sich über 1850 qkm. Casa ist eine Hafenstadt von weltstädtischem Charakter, wie man sie in diesem Lande eigentlich gar nicht erwartet. In weniger als einem halben Jh. hat es sich von einer ziemlich unbedeutenden kleinen Stadt zu dieser Größe und zur wichtigsten Stadt des Landes entwickelt. Noch im Jahre 1907 hatte Casa nicht mehr als 25 000 Einwohner, die alle in der sogenannten »alten Medina« lebten. Ihren großen Aufschwung nahm die Stadt allein durch ihren Hafen, doch handelt es sich hierbei keineswegs um einen Naturhafen, der die natürlichen Voraussetzungen für seine spätere Bedeutung geboten hätte. Es mußten im Gegenteil ungeheure technische Schwierigkeiten gemeistert werden, um überhaupt an dieser Stelle einen Hafen zu schaffen, der dem starken See- und Handelsverkehr gerecht werden konnte. So mußten u. a. Molen besonderer Art konstruiert werden. Heute weist der Hafen 6 km Kais mit guten Anlegeplätzen sowie 85 000 qm gedeckter Lagerfläche auf.

Die Stadt mit ihren weißen Hochhäusern – entsprechend ihrem Namen, »das weiße Haus«, wie sowohl Casablanca als auch Dar el Beïda übersetzt wird –, ihren eleganten Boulevards, ihren Geschäftsvierteln und ihrem lebhaften Verkehr hat – zumal nachts – fast das Gepräge einer südamerikanischen Großstadt. Weitere Industrieviertel grenzen an ihre Außenbezirke. Für den Reisenden, der Marokko zum ersten Male besucht, ist Casablanca eine Überraschung, vor allem dann, wenn er zunächst nur das »alte mittelalterliche Marokko« kennengelernt hat.

Dem Touristen bietet Casablanca alle Annehmlichkeiten und jeden Komfort einer Weltstadt – er wird eben nur auf das typisch Marokkanische verzichten müssen. Elegante Hotels in weiten Gärten, ausgedehnte Parks, Gelegenheit zu jederlei Sport (das städtische Meerwasserschwimmbad ist das zweitgrößte seiner Art in der Welt), Nachtleben – alles das findet der Fremde hier in reichem Ausmaß. Feinschmecker kommen in Casa ebenfalls auf ihre Kosten, die Stadt bietet eine bunte Palette internationaler Restaurants. Von marokkanischer Küche über

Casablanca, das »weiße Haus«. Die Stadt nahm erst in unserem Jahrhundert ihren Aufschwung. Heute ist sie Marokkos wichtigstes Wirtschaftszentrum

die französische, spanische, italienische, sogar skandinavische bis hin zu chinesischer bzw. indonesischer Küche ist alles vorhanden.

Casablanca hat zwei Medinas, die »Alte Medina« und die »Neue Medina«, die räumlich voneinander getrennt liegen. Die alte, die auch eine »Mellah«, ein Judenviertel besitzt, liegt oberhalb des inneren Hafens im Westen der Stadt, während die neue im Südosten gelegen ist. Die neue Medina ist eine Schöpfung französischer Architekten, die sich dabei jedoch streng an den typischen marokkanischen Baustil gehalten haben.

Die nähere Umgebung Casablancas, die noch vor nicht allzu langer Zeit wüst und unwirtschaftlich war, ist heute durch Aufforstung, durch die Anlage von Plantagen und die bis heute ständig zunehmende Bevölkerung in ansprechende ländliche Bezirke verwandelt worden. Die *Chaouïa,* das Hinterland Casablancas, ist ein dicht besiedeltes, fruchtbares Gebiet mit Obst- und Feldfruchtanbau sowie Viehzucht.

Auskunft: Syndicat d'Initiative et de Tourisme de Casablanca, Boulevard Mohammed V. 98, Tel. 22 15 24. – Touring-Club du Maroc, 3, Avenue de l'Armée Royale, Tel. 27 92 88 und 27 13 04. – Office National Marocain, Place des Nations-Unies. Tel. 22 09 09. – »La Quinzaine de Casablanca«, Programmheft (14tägig). *Verkehr:* Kreuzungspunkt der Straßen P 1, 8, 35. – Bahnstation. – Schiffsanlegestelle. – Fährverbindung mit Marseille und Málaga. – Internationaler Flughafen Mohammed V. 30 km südlich. Flughafen Anfa 6 km südwestlich; Flugplatz, 15 km südöstlich. – Busverkehr in alle Richtungen.

Stadtverkehr: Autobusse und Taxi.
Wichtige Adressen:

Hauptpostamt, Place des Nations-Unies/Ecke Boulevard de Paris. Zweigstelle im Börsengebäude, Boulevard Mohammed V. 98.

Fremdenpolizei, Boulevard Brahim Roudani (Polizeidirektion).

Nationales marokkanisches Fremdenverkehrsamt, Rue Omar Slaoui 55, Tel. 27 11 77.

Städtisches Fremdenverkehrsamt (ESSI) im Börsengebäude, Boulevard Mohammed V. 98.

Schiffahrtslinien-Vermittlung: Voyages Paquet, Avenue de l'Armée Royale 65, Tel. 26 19 41.

Konsulate: Generalkonsulat der Bundesrepublik Deutschland, 42, Avenue de l'Armée Royale, Tel. 31 43 27. – Österreichisches Honorarkonsulat, 45, Avenue Hassan II, Tel. 22 10 83 und 22 32 82. – Schweizerisches Konsulat, 79, Avenue Hassan II, Tel. 26 02 11.

Kirchen: Katholisch: Notre Dame, Boulevard Zerktouni u. a. – Evangelisch: Eglise réformée française, Rue d'Asilah u. a. –Synagoge: Rue Verlet Hanus.
Unterkunft: Zahlreiche Hotels aller Kategorien. – Jugendherberge. – Campingplätze.

Geschichte:
Über die frühe Zeit Casablancas herrscht Unsicherheit. Es ist nicht genau bekannt, ob die erste Siedlung an der Mündung des Oued Bouskoura eine Gründung der Berber, der Phönizier oder Römer war. Erst ab dem 8. Jh. ist die Siedlung Anfa nachweisbar. Im 12. Jh. wird der kleine Hafen zum ersten Mal als Handelsplatz erwähnt. Der Meriniden-Herrscher Abou Youssef bemächtigte sich seiner im Jahre 1259

für kurze Zeit, aber die Siedlung verstand es, sich ihre Unabhängigkeit zu bewahren. Ein Jahrhundert später gründeten Piraten hier eine kleine Republik, die mit dem marokkanischen Reich, England und Portugal Handel trieb. Im 15. Jh., als die Portugiesen an der Westküste Nordafrikas erschienen, griffen sie die Stadt Anfa (der damalige Name Casas) an und zerstörten sie. Dasselbe Schicksal widerfuhr ihr 1515 noch einmal. 1575 nahmen die Portugiesen die Stadt und den Hafen ein und gaben ihr den Namen »Casa Branca«, das portugiesische Kolonie wurde. Ein schweres Erdbeben, das auch Lissabon 1755 so schrecklich heimsuchte, und eine nachfolgende Sturmflut zerstörten Casablanca so stark, daß die Portugiesen die Stadt kurz danach endgültig aufgaben.

Der Alaonitensultan Mohammed Ben Abdallah baute sie dann neu auf und schenkte ihrer rein berberischen Bevölkerung und damit zugleich den Berbern des Haha, des umliegenden Distrikts, eine Moschee und eine Medersa (Universität); er baute Bäder und installierte eine Artillerie zum Schutze der Stadt. Sie erhielt nun den Namen Dar-el-Beïda, was auf spanisch Casablanca heißt.

Gegen Ende des 18. Jahrhunderts erhielten die Spanier vom Sultan das Privileg, den Hafen für Handelszwecke zu benutzen. Dieses Privileg bestand bis 1830. 1882, unter dem Sultan Sidi Mohammed, ließ sich die französische Schiffslinie Cie. de Navigation Paquet, die auch heute noch regelmäßige Dienste zwischen den nordafrikanischen Häfen der Westküste und Frankreich unterhält, hier nieder. Der Handel begann wieder aufzublühen. Gegen Ende des 19. Jh. zählte die Stadt 20 000 Einwohner.

1907 kam es anläßlich der Ausbauarbeiten im Hafenbereich zu einem Aufruhr, da orthodoxe Mohammedaner fürchteten, der Straßenverkehr würde die Ruhe der auf einem nahe gelegenen Friedhof bestatteten Toten und den Frieden des Marabout Sidi Beliout stören. Am 30. Juli 1907 wurden die Hafenarbeiter überfallen, die im Bau befindliche Eisenbahnlinie, die der Heranführung von Baumaterial diente, wurde zerstört, eine Anzahl Franzosen kam ums Leben. Einen Monat später erschien daraufhin ein französischer Flottenverband und landete 4000 Mann zum Schutze des französischen Konsulats. Die Stadt wurde beschossen und erneute Unruhen brachen aus. Casablanca wurde ein Hauptstützpunkt der französischen Streitkräfte im Westen des Landes, bis Marokko durch den General d'Amade im Jahre 1908 befriedet wurde. Unter dem Generalresidenten Marschall Lyautey (1912 bis 1925) begannen Stadt und Hafen Casablanca ihren Aufschwung zu einem Handels- und Industriezentrum des französischen Protektorats zu nehmen.

Geschichtliche Bedeutung erhielt die Stadt Casablanca auch durch die Konferenz im Anfa-Hotel, wo im Januar 1943 Präsident Roosevelt, Premier Churchill und General de Gaulle beschlossen, den Krieg gegen Hitler-Deutschland bis zur »bedingungslosen Übergabe« fortzuführen.

Im Januar 1961 schlossen hier die Staatschefs von Marokko, Mali, Guinea, Ghana, der Vereinigten Arabischen Republik und der damals noch provisorischen Regierung des kämpfenden Algerien einen Pakt der Zusammenarbeit. Diese Staatengruppe ist seither als die der »Casablanca-Mächte« im afrikanischen Kräftespiel bekannt geworden.

Sehenswert:
Da Casablanca eine »junge Stadt« ist, die ihren raschen Aufstieg vorwiegend dem Handel und der Industrie verdankt, bietet es wenig an baulichen oder sonstigen Sehenswürdigkeiten. Die Große Moschee in der Alten Medina, die im 18. Jh. unter dem Sultan Sidi Mohammed Ben Abdallah erbaut wurde, ist zwar ein dominierendes Bauwerk, bietet aber von außen (da sie, wie alle Moscheen in Marokko, von Nichtmohammedanern nicht betreten werden darf) dem Beschauer nur weiße Mauern. Die moderne Stadt bietet durch ihre großzügige Anlage, ihre schönen, breiten Avenuen und den großstädtischen Verkehr gewisse Reize, die jedoch kaum als »marokkanisch« bezeichnet werden können.

Den besten Blick über die Stadt hat man von dem 50 m hohen Turm der Präfektur (Rathaus, Place des Nations-Unies), dessen Aussichtsterrasse mit Fahrstuhl erreichbar ist. Ein anderer Punkt, von dem sich die Stadt überblicken läßt, ist die Dachbar des Hotel Marhaba (Avenue de l'Armée Royale) bzw. – außerhalb der Stadt – die Dachterrasse des Anfa-Hotels.

Während die westlichen und südlichen Teile der Stadt vor allem Wohn- und Villenviertel sind (mit dem Hügel von Anfa als Schwerpunkt), wurden im Osten und Nordosten der Stadt, die hauptsächliche Windrichtung berücksichtigend, Industrien angesiedelt, zwischen denen sich auch die Wohngebiete der ärmeren marokkanischen Bevölkerung befinden.

Stadtbesichtigung:
Als Ausgangspunkt einer Stadtbesichtigung im Zentrum sollte man den

Hafen wählen. Für die Besichtigung seiner weiten Anlagen braucht man einen Passierschein, der von der Préfecture Maritime ausgestellt wird. Die Anlage wurde zum großen Teil aus den deutschen Reparationslieferungen nach dem ersten Weltkrieg errichtet. Mit einem Jahresumschlag von fast 10 Millionen Tonnen steht er an der Spitze aller Häfen Afrikas, was allerdings auf den jährlichen Export von über 10 Millionen Tonnen Phosphat zurückzuführen ist, die von Khouribga (siehe dort), eine der größten Abbaugruben der Welt, per Bahn hierher gebracht werden. Der Phosphatexport war auch der Grund der Errichtung dieses künstlichen Hafens. Am Hafenausgang befindet sich der Hafenbahnhof (Gare Maritime).

Vor dem Hafen, am Boulevard des Almohades, sieht man einen kleinen Teil der früheren

portugiesischen Festung, die, schön renoviert, aus dem 16. Jh. stammt. Zwischen dem Boulevard des Almohades und dem Boulevard Mohammed el Hansali liegt die

Alte Medina, die wesentlich kleiner und weniger belebt ist als die anderer marokkanischer Städte. Besucht man sie trotzdem, nehme man sich vor Taschendieben in acht!

Folgt man dem Boulevard Mohammed el Hansali, an dem sich ein Souvenir-Laden an den anderen reiht, gelangt man zur verkehrsreichen

Place Mohammed V. Hier stoßen in äußerst kontrastreicher Weise die moderne Großstadt mit ihren Hochhäusern und die alte, winkelige Medina zusammen. Von hier aus führen die wichtigsten Straßenzüge (östlich Avenue de l'Armée Royale,

CASABLANCA

- i Information
- Moschee
- P Parkplatz

0 ———— 200 m

Boulevard Mohammed V; südlich Avenue Hassan II; südwestlich Avenue Moulay-Hassan I) in die verschiedenen Viertel der Stadt. Der Platz ist Ausgangspunkt vieler städtischer Autobuslinien.

Während die Avenue de l'Armée Royale mit ihren Hochhäusern und Hotelpalästen den Beginn der Fernstraße P 1 nach Rabat darstellt, verläuft parallel zu ihr der **Boulevard Mohammed V** als Hauptgeschäftsstraße der Stadt mit zahlreichen Restaurants und Kinos. An ihm liegt auch die **Markthalle** mit ihrem bunten Angebot und an seinem Ende der **Hauptbahnhof** (Gare Principale). Zwischen der Avenue Houmman el Fetouaki und dem Boulevard de Paris liegt eine kleine, moderne

Fußgängerzone, die sich an die Place d'Aknoul anschließt. Mit ihren teuren Boutiquen, guten Speiselokalen, vielen Cafés und optisch aufgelokkert durch moderne Brunnen und künstlich gepflanzte Zier-Bananen, ist sie der Stolz der Stadt und entspricht durchaus ihren europäischen Vorbildern. – Auf der Avenue Hassan II. kommt man zur

Place des Nations-Unies, dem städtebaulichen Zentrum Casablancas, in dessen Mitte ein beleuchteter Springbrunnen steht (die bunt beleuchteten Wasserkaskaden sind mit einer Tonanlage verbunden). Am Platz liegen die **Präfektur** (Rathaus), der **Justizpalast** und mehrere Verwaltungsgebäude, alle in moderner Architektur, die jedoch marokkanische Stilelemente berücksichtigt. Auch das Städtische Theater, die Hauptpost und die marokkanische Staatsbank befinden sich hier. Südlich der

Parc de la Ligue Arabe, eine schöne und gepflegte Gartenanlage, an deren westlichem Rand sich die ehe-

malige katholische Kathedrale **Sacré-Cœur** erhebt. – Etwa 3 km südöstlich der Place des Nations-Unies liegt die

Neue Medina, durch die ein kurzer Spaziergang durchaus empfehlenswert ist. Dieses Stadtviertel wurde erst seit 1923 für die Unterbringung der arbeitsuchenden Landbevölkerung errichtet, wobei die Gesichtspunkte moderner Hygiene mit den marokkanischen Lebensgewohnheiten in Einklang zu bringen waren; es ist eine für diese Zeit interessante städtebauliche Leistung. – Hier liegt inmitten eines schönen Parks der

Palast des Königs, der jedoch nur selten zu längeren Aufenthalten nach Casablanca kommt. In nächster Nähe, am Boulevard Victor Hugo steht das schöne Gebäude der

Mahakma (islamisches Gericht, jetzt Appellationsgerichtshof), das zwischen 1926 und 1954 errichtet wurde, mit prächtigen Stuckdecken in bester marokkanischer Tradition. Dahinter, auf der Place de Kairouan, die große

Moulay-Youssef-Moschee und die neuen Wohnviertel der islamischen Bevölkerung.

Aquarium und **Messegelände** erreicht man, vom Hafen ausgehend, über den Boulevard des Almohades, der in den Boulevard de la Corniche übergeht. Das Aquarium, dicht neben dem Messegelände, zeigt eine Reihe exotischer Wassertiere. Gegenüber liegt das große städtische Schwimmbad (Piscine Municipale).

 Sport: Tennis, Reiten, Golf, Wassersport.   Schwimmbäder, Strandbäder.

Unterhaltung: Stadttheater (auch Oper), Konzerte, Kabaretts, in den Kinos französische Filme.

In der Umgebung:
Rundfahrt, vom Hafenausgang in westlicher Richtung. Über den Boulevard de la Corniche, vorbei am Messegelände und neuen Wohnbauten zur Landspitze **El Hank,** wo der stärkste Leuchtturm der Antlantikküste (43 m hoch) steht. Rund um diesen befinden sich mehrere (gute) Restaurants mit schönem Blick auf die Küste. Die breite Küstenstraße (Corniche) erreicht dann, 6 km vom Hafen, **Aïn Diab** (s. dort).

Für den Rückweg zur Stadt wähle man die Straße, die über den **Anfa-Hügel** (im Anfa-Hotel fand 1943 die »Konferenz von Casablanca« statt) durch die weitgestreckten Villenviertel mit schönen Avenuen und am Rennplatz vorbei ins Zentrum zurückführt.

Tamaris, 31 km südlich auf der Strecke nach *Azemmour* gelegen, ist die Sommerfrische der reichen Einwohner Casablancas und der Europäer. Das Bungalowdorf selbst ist uninteressant, aber sehr schön sind die verschiedenen Badebuchten.

Auf dem Weg dorthin liegt

Dar Bouazza, 24 km südlich, das einen großen Mittwochsmarkt unterhält.

Azemmour, 67 km (s. dort), ein kleines Städtchen portugiesischer Gründung. Vom Tourismus noch recht unberührt, hat es seinen ursprünglichen Charakter behalten.

El Jadida, 89 km (s. dort) ist ebenfalls von den Portugiesen gegründet. Sehr gut erhalten ist die *Festungsanlage,* sowie die *portugiesische Zisterne,* die 1541 erbaut wurde.

Mohammedia, 28 km (s. dort), nördlich auf der Strecke nach *Rabat,* ist neben Agadir der bekannteste Badeort Marokkos. Im Hafen täglich ein kleiner Fischmarkt.

Rabat, 98 km (s. dort), Hauptstadt des Landes und eine der Königsstädte, bietet sehr viele interessante Baudenkmäler und Sehenswürdigkeiten.

Ceuta (span. Enklave)

E-1 (arab. Sebta). Provinz Cádiz, 10–60 m, 95 000 Einw. Ceuta ist der Europa am nächsten gelegene afrikanische Hafen. Wichtiger Fischerhafen. Ausgeglichenes Klima mit einem Jahresdurchschnitt von mehr als 300 Sonnentagen. Die Stadt bietet einen ausgesprochen andalusischen Anblick, in dem die afrikanische Note keineswegs fehlt.

Eine Brücke führt über einen Graben zur eigentlichen Stadt (Zitadelle und Mauern aus dem 17. Jh.), die auf einer Landenge zwischen Festland und der *Halbinsel Acho* mit dem Monte Acho liegt. Die Straße dorthin gewährt eine großartige Aussicht auf den Hafen und über die Meerenge nach Gibraltar. Auf dem Gipfel des *Monte Acho* befinden sich ein seltsamer jüdischer Friedhof und die *Ermitage San Antonio* mit schönem Panoramablick. – Sehenswert in der Stadt sind die ehemalige portugiesische **Festung** und die Plaza de Africa mit zwei Kirchen aus dem 18. Jh.

Auskunft: Información y Turismo, Avenida del Cañonero Dato, Tel. 51 13 79.
Verkehr: Straße 28 (Tetouan – Ceuta). – Schiffsanlegestelle (Fährverbindung mit Algeciras/Spanien).
Unterkunft: Hotels aller Kategorien.

Geschichte:
Die felsige Halbinsel El Hacho, auf der die Stadt gebaut ist, ist das antike Abyla, eine der Säulen des Herkules (die europäische war der Calpe-[Gibraltar]Felsen). Die Insel Peregil am Westende der Enklave gegenüber Punta Leona galt als die Insel der Kalypso. Die Stadt ist eine phönizische Gründung auf einem zuvor von den Tartessiern besiedelten Gebiet. Ihr griechischer Name war Heptadelfos (nach den sieben Bergen, die sie umgeben). Der byzantinische Gouverneur von Ceuta und Tanger, der Berber Iulan, lieferte 711 den arabischen Invasoren des westgotischen Spanien die Schiffe zur Überfahrt über die Meerenge. Die Stadt wurde 1415 von Johann I. von Portugal erobert, kam unter Philipp II. zusammen mit Portugal an Spanien und blieb auch nach Trennung der beiden Kronen (1656) spanisch.

 Sport: Wassersport, Tiefseefischerei, Segeln. Strandbäder.

Veranstaltungen: Segelregatten, Sommerfeste im Juli, Meeresprozession am 16. Juli und 5. August.

Chechaouen

E-1 (auch Chauen oder Xauen, spr. schauēn). Provinzhauptstadt, 610 m, 15 400 Einw. Arabische Stadt am Djebel ech-Chaou (»Hörnerberg«), an dessen Hängen es wie angeklebt wirkt. Sie besteht aus einer von den Spaniern erbauten Neustadt und der etwas höher gelegenen Altstadt, der Medina. Auch hier ähnelt der Ort in vielen Teilen in der Bauart der Häuser mit ihren rotbraunen Ziegeldächern, in den Gesimsen über Türen und Fenstern, einer andalusischen

Stadt. In Chechaouen wird vor allem die Teppichknüpferei gepflegt; es gibt hier auch eine Teppichfabrik und eine Fachschule für Teppichknüpferei.

Bis zum Jahre 1920 war Chechaouen eine »verbotene Stadt«, kein Christ durfte sie betreten, und kein Nichtmoslem wußte bis dahin, wie die geheimnisvolle Stadt aussah. Heute zieht sie zahlreiche Touristen wegen ihrer reizvollen Lage und ihrer eigenartigen Schönheit an. Blühende Gärten prägen das Bild der Stadt, von den Mauern hängen dichte Vorhänge von roter und blauer Bougainvillea herab. Zahlreiche Quellen und Brunnen spenden frisches, gesundes Wasser, das blühende Kulturen ermöglicht. Das Wasser ist so reichlich, daß eine große Talsperre mit einem Kraftwerk gebaut werden konnte, welches das ganze umliegende Land von Tetouan bis nach Tanger hin mit elektrischem Strom versorgt. Chechaouen ist Ausgangspunkt für Exkursionen ins *Rif.*

Verkehr: Straße P 28 (Tetouan – Ouezzane).
Unterkunft: 6 Hotels aller Kategorien außer Luxushotels.

Geschichte:
1471 unter Scherif Moulay Ali Ben Rachid von Berbern als Stützpunkt gegen die immer bedrohlicher werdenden Portugiesen gegründet, wurde die Siedlung nach dem Fall des Kalifats Granada im Jahre 1492 von den aus Andalusien zurückströmenden Mauren, die sich im Westrif festsetzten, besetzt und in andalusischer Art weiter ausgebaut. Chechaouen wurde zu einer für Nichtmoslems verbotenen Stadt; einer der wenigen Europäer, die, als Berber verkleidet, die »heilige Stadt« dennoch aufsuchten, war der späte-

re Sahara-Missionar Pater Charles de Foucauld, der hier im Jahre 1883 weilte. Chechaouen spielte eine besondere Rolle während der Rifkämpfe unter Abd El Krim, der in den zwanziger Jahren (1925/26) die Mohammedaner zum »Heiligen Krieg« gegen die verhaßten Christen aufrief. Er machte die Stadt, die erst 1920 von den Spaniern besetzt worden war, wieder zu einer für Nichtmohammedaner verbotenen Zone. Erst 1926 konnten sich die Spanier dort wieder festsetzen.

 Sehenswert:
Medina mit der Kasbah und der großen Moschee. – **Teppichmuseum.**

Medina

Quelle Ras el-Ma im Osten der Stadt; sie dient der Bewässerung der schönen Gärten, die den Ostteil Chechaouens umgeben.

Dar El-Beïda

s. Casablanca.

Demnate

D-3. Provinz Marrakech, 961 m, 10 000 Einw. Kleine, rein berberische Bergstadt mit starker jüdischer Minderheit an der Nordseite des Hohen Atlas, wo Hoher und Mittlerer Atlas zusammenstoßen. Das Gebirgsland, das flachliegende Kalkschichten hier gebildet haben, erscheint flach, selbst in Höhen über 1000 m, obwohl die Täler z. T. tief eingeschnitten sind. Hoher und Mittlerer Atlas unterscheiden sich hier an der Berührungsstelle in ihrem Relief kaum voneinander.

Das ganze Gebiet ist sehr niederschlagsarm. Das zeigen die um Demnate weit ausgedehnten Felder von Euphorbien: stachlige, kakteenartige Pflanzen, die sonst nur im Südwesten Marokkos, vornehmlich in der Steppe im Bereich der Atlantikküste, wachsen. Zwischen den Euphorbien findet man den Dornstrauch (Zizyphus lotus), dessen mit Dornen besetzte Zweige die Bewohner als künstliche Hecken um ihre Hütten und Kulturen aufschichten.

Unweit östlich des Ortes steht eine **Kasbah,** die früher während der Sommermonate vom Kalifen el Glaoui von Marrakech und seiner Familie bewohnt wurde. Man sollte auch die sehr armselige und enge **Mellah** besuchen, in der die etwa 1600 Juden des Städtchens wohnen. Für den Reisenden, der rein berberische Lebensweise studieren möchte, ist Demnate ein geeigneter Ort. Mangels Unterkünften wird es allerdings schwer sein, dort längeren Aufenthalt zu nehmen.

ℹ️ *Verkehr:* Straße P 24 (Marrakech – Kasbah Tadla), Abzw. 5 km östlich von Tamelelt auf die S 508.

🏔️ *In der Umgebung:*
Grotte de Imi-n-Ifri, 7 km südöstlich, zu erreichen auf einer befahrbaren Piste. Über diese Grotte gibt es eine Legende, die der griechischen Sage von Perseus und Andromeda gleicht.

Tizi-n-Tirlist, mit etwa 6000 Jahre alten Steinzeichnungen auf dem Paß (schwer, nur mit Führer!).

Tamda und **Aït Mohammed,** 90 km östlich. In Tamda, einem alten Militärposten, befindet sich noch ein altes Fort.

Tannant, 28 km nordöstlich, mit einer Kasbah und einem Wasserfall. Weiter nach **Aït Taguella,** 24 km nördlich, mit den *Wasserfällen von Ouzoud.*

El Aouïnate

F-2. Provinz Oujda. Der Ort liegt rund 48 km südwestlich von Oujda. In seiner Nähe befinden sich die berühmten Anthrazitgruben von Jerada. Die Kohle, die einen vorzüglichen Heizwert besitzt, lagert hier in mächtigen Schichten von 15 zu 5 km. Dank der modernen Förderanlagen und der fortschrittlichen Arbeitersiedlung El Aouïnate gilt das Bergwerk als das bedeutendste des Landes. Die Landschaft, in der die Gruben liegen, ist trotz der Förderanlagen sehr reizvoll.

ℹ️ *Verkehr:* Straße P 19 (Oujda – Aïn Benimathar, ehem. Berguent), Abzweigung bei Col de Jerada.
Unterkunft: Keine Hotels.

El Hajeb

D/E-2. Provinz Meknès, 1044 m, 8000 Einw. Kleine Stadt im *Mittleren Atlas.* Sie war früher Sitz eines französischen Kontrolloffiziers der Zivilverwaltung und verfügt aus diesem Grund noch über ein kleines Europäerviertel. Die meisten marokkanischen Bewohner lebten bis zum Jahre 1913 in den Höhlen und Grotten der umliegenden Berge.

ℹ️ *Verkehr:* Straße P 21 (Meknès – Azrou).
Unterkunft: Keine Hotels. Übernachtungsmöglichkeit in Azrou.

 Sport: Freibad (geöffnet April bis Oktober).

🏔️ *In der Umgebung:*
Ito, 17 km (s. Azrou). Mit seinen Kratern erloschener Vulkane wirkt das Gebiet wie eine Mondlandschaft.

Azrou, Ifrane und in das **Gebiet der Zedern** (s. Ifrane und Azrou).

El Jadida

C-2 (früher Mazagan). Provinzhauptstadt, 4 m, 66 000 Einw. Hafenstadt und beliebtes Seebad am Atlantik, eine Gründung der Portugiesen. Diese waren es auch, die den kleinen Hafen anlegten (die Franzosen bauten dann später einen neuen Hafen mit weit ins Meer vorspringenden Molen) und eine europäische Stadt errichteten. Der innere Kern der Stadt, die sogenannte Cité Portugaise, zeugt noch von dieser Zeit. Wuchtige, dicke Festungsmauern mit Ecktürmen, einige Kirchen und die Heilig-Geist-Festung sind Erinnerungen an die portugiesische Zeit. Die marokkanische Stadt breitet sich um diesen Teil und das alte Hafenbecken herum aus.

Der Hafen – auch der neue – hat seit Errichtung des künstlichen Großhafens von Casablanca, nur 100 km nördlich, keine große Bedeutung mehr, und auch Safi, die zweite Hafenstadt des Landes, liegt nicht sehr viel weiter im Süden. So muß sich El Jadida mit dem Umschlag der Erträge aus dem lokalen Fischfang und der landwirtschaftlichen Produkte aus dem nahen Hinterland bescheiden. Dazu kommen noch gelegentliche Ladungen an Getreide, Gemüse, Wolle und Felle aus dem Gebiet um Marrakech. Dagegen hat sich das Badeleben an dem prachtvollen Strand der Stadt gut entwickelt.

El Jadida hat ein mildes Klima; während im Winter die Temperaturen 10° bis 20° C betragen, steigt das Thermometer im Sommer kaum über 28° C an.

Auskunft: Syndicat d'Initiative et de Tourisme d'El Jadida (in der Handelskammer/Chambre de Commerce).
Verkehr: Straße P 8 (Casablanca – Essaouira). – Flugplatz. – Busse in alle Richtungen.
Unterkunft: Hotels aller Kategorien. – Campingplatz.

Geschichte:

El Jadida steht heute an der Stelle der ehemaligen punisch-karthagischen Handelsniederlassung Rusibis, die später von den Römern übernommen wurde. Nachdem diese sich im 3. Jh. in den Norden nach Tingis (Tanger) zurückzogen, war die Siedlung dem Verfall preisgegeben und blieb bis ins 16. Jh. völlig bedeutungslos. Dies änderte sich, als 1502 die Portugiesen hier erstmals an Land gingen und in der Hafenbucht ein Kastell und eine Zitadelle errichteten. Wenige Jahre später bauten sie die Befestigungsanlagen zu einer Stadt aus, der sie den Namen Mazagão gaben. Der Ort wurde die wichtigste portugiesische Handelsniederlassung am Atlantik. Trotz häufiger Versuche der Araber, die Stadt zurückzuerobern, blieb sie über 260 Jahre in portugiesischer Hand.

Erst 1769 wurde sie als letzter marokkanischer Stützpunkt aufgegeben und von Sultan Mohammed Ben Abdullah eingenommen. Bevor jedoch die Portugiesen die Stadt räumten, setzten sie Sprengladungen in die Festungsanlage, die nach dem Einmarsch der Araber zündeten und Hunderte von Todesopfern forderten. Der Ort blieb daraufhin fast 50 Jahre völlig unbewohnt. Erst gegen 1815 wurde er von Sultan Moulay Slimane unter dem Namen El Jadida (= die Neue) wieder aufgebaut, nachdem sich zuvor einige jüdische Familien hier niedergelassen hatten, ohne ein neues Unglück herbeizurufen.

Sehenswert:
Cité Portugaise, die alte Portugiesenstadt am Alten Hafen, mit einer **Zisterne** aus dem 16. Jh. in der Rue de Carreira 19, ein gewaltiges unterirdisches Wasserreservoir, das durch eine runde Öffnung in der Decke erhellt wird. Die Zisterne hat eine Ausdehnung von 34 m × 33 m und wird durch Pfeiler und Säulen in fünf Schiffe geteilt. Besonders gut erhalten ist das spätgotische Kreuzrippengewölbe.

Die **Festungsanlagen,** die die Cité Portugaise umgeben, sind rundum begehbar. Von den vier Bastionen hat man einen schönen Blick auf die Stadt.

Medina, mit dem **Minarett** der Großen Moschee El Khaldounia.

Sport: Strandbad mit langem Sandstrand, einem der schönsten Marokkos.

In der Umgebung:
Moulay Abdallah, 11 km südwestlich, kleines Fischerdorf und Wallfahrtsort. In der letzten Augustwoche findet hier ein Moussem statt. – In unmittelbarer Nähe die Überreste der Stadt **Tit,** die im 12. Jh. errichtet wurde und später verfiel.

Azemmour (s. dort), 15 km nördlich, ein sehr reizvolles kleines Städtchen an der Mündung des Ohm-er R'bia. Der Ort hat seinen ursprünglichen Charakter vollständig bewahrt.

El Jorf Lasfar

C-2 (früher Cap Blanc). Provinz Casablanca. Ein ins Meer vorspringender Felsrücken mit einer kleinen Bucht an der Atlantikküste, 19 km südlich von El Jadida, an schmaler, aber guter Küstenstraße gelegen.

Früher war diese Stelle ein ertragreiches und bekanntes Langustenfanggebiet, vor kurzem wurde der Ort jedoch zu einem der größten Phosphathäfen des Landes ausgebaut (nach Safi an 2. Stelle), der noch erweitert wird. Gleichzeitig entstand hier eine Phosphatverarbeitungsanlage. Die Besichtigung des Hafens ist nicht möglich, doch bietet sich von der höher gelegenen Küstenstraße aus ein guter Blick über die Anlage.

Verkehr: Küstenstraße 121 (El Jadida – Safi).
Unterkunft: In El Jadida (s. dort).

El Kelâa des Mgouna

D-3. Provinz Ouarzazate, 1467 m. Dem kleinen Ort vorgelagert liegt eine der reizvollsten Kasbah-Siedlungen an der Straße der Kasbahs (s. dort) am Ufer des Asif M'goun (Asif ist ein Berberwort, das dem arabischen »Oued« entspricht), einem Nebenfluß des Oued Dadès. Das halbkreisförmig angelegte Großdorf liegt in zu großer Höhe, als daß hier noch Palmen gedeihen können; statt dessen wachsen um die Ortschaft Obstbäume. Hinzu kommt der Anbau von Gemüse.

Der Name der Kasbah setzt sich zusammen aus dem arabischen Wort für Festung (Kelâa) und dem hier ansässigen Stamm der M'goun. Die Gegend um El Kelâa des Mgouna wurde von den Berbern bis 1937 erfolgreich gegen die Franzosen verteidigt. Noch bis 1952 war es für Fremde militärisches Sperrgebiet. Bekannt ist die Gegend heute in erster Linie wegen ihrer Rosenzucht; alle Felder sind von Rosensträuchern umgeben, was zur Blütezeit im Frühsommer ein sehr schönes Bild ergibt. Rosenwasser kann man sehr preiswert in jedem Café des kleinen Ortes kaufen.

Verkehr: Straße P 32 (Ouarzazate – Tinerhir).
Unterkunft: Ein gutes Hotel, rechtzeitige Voranmeldung!

Sehenswert: Die Ruine der **Kasbah** des Paschas von Marrakech, El Glaoui, am rechten Ufer des Asif M'gouna, auf einem die Oase überragenden Felsen.

In der Umgebung:
Boumaine du Dadès (s. dort), 2 km nordöstlich, ein kleiner Ort mit

Kasbah von El Glaoui

schön gelegenem Ksar. Von hier aus ein sehr zu empfehlender Ausflug in die landschaftlich reizvolle Dadès-Schlucht (25 km).

Tinerhir (s. dort), 66 km nordöstlich, Marktort mit alter Kasbah. Von hier aus Weiterfahrt in die Todra-Schlucht. Die Strecke von Boumalne du Dadès nach Tinerhir führt entlang des nordöstlichen Stranges der »Straße der Kasbahs« (s. dort; Karte S. 187).

Erfoud

E-3. Provinz Er-Rachidia, 802 m, 5400 Einw. Bekannteste Stadt des Tafilalet, des großen Oasengebietes im Südosten des Landes, dessen Bedeutung gegen Ende des europäischen Mittelalters weit größer war als heute (s. Übersichtskarte S. 187). Vor allem die Hauptstadt Sijilmassa

(vgl. In der Umgebung) besaß wegen ihres Reichtums einen legendären Ruf.

Die Tafilalet-Ebene ist das Herkunftsgebiet der Alaouiten-Dynastie, der auch der jetzige König angehört. Das 1917 von den Franzosen gegründete Erfoud liegt am Fuße des 937 m hohen *Djebel Erfoud,* der die Stadt überragt und von dessen Anhöhe man eine umfassende Aussicht auf den Ort und die Umgebung genießt. Die zu nur geringem Teil aus Europäern bestehende Bevölkerung verringert sich ständig, da viele Oasenbewohner ins nördliche Marokko abwandern, wo sie bessere Lebensbedingungen zu finden hoffen. Da die Temperaturen in den Sommermonaten hier sehr hoch ansteigen, ist von einem Aufenthalt in dieser Zeit abzuraten.

Verkehr: Straße 21 (Er-Rachidia – Oase Tafilalet).
Unterkunft: Gute bis einfache Hotels. – Campingplatz.

Sehenswert:
In Erfoud sollte man unbedingt sonntags den **Souk,** den großen Markt, besuchen, der ein buntes Bild nordafrikanischen Lebens bietet. Neben den Marokkanern des Südens in Djellabah, Burnus und Turban sieht man Saharaouis, Bewohner der Westsahara, deren Frauen phantastisch anmutende Kleider tragen: weite rote Tücher, die den ganzen Körper verhüllen, und eine eigenartige Kopfbedeckung, die wie eine Haube mit hochgedrehten Enden anmutet.

Die auf dem Souk angebotenen Lederwaren sind mit einem besonderen Gerbmittel, dem »Takaout«, behandelt. Dies bewirkt, daß das Leder seine Naturfarbe behält.

Rissani, einer der südlichsten Marktorte Marokkos, von zahlreichen Oasen umgeben

Im Tal des Ziz bei Rich, eines der schönsten Täler Marokkos

Sanddünen bei Merzouga, die einzigen auf marokkanischem Territorium. Sie erreichen eine Höhe bis zu 140 m

Veranstaltungen: Ende Oktober findet in Erfoud jährlich das »Dattelfest« statt.

In der Umgebung:
Djebel Erfoud, 3 km östlich der Stadt. Von hier aus hat man einen schönen Rundblick über die Stadt und die Palmenhaine. Früher befand sich hier eine Befestigungsanlage, deren Reste noch zu sehen sind. Ein Teil der Anlage wurde zu einem Stützpunkt für das marokkanische Militär ausgebaut, deshalb kann die Anlage zeitweise gesperrt sein.

Rissani, 23 km südlich. Man kann für die Tour in das sehr schöne Oasengebiet der saharischen Siedlung zwischen zwei Straßen wählen oder auch beide zu einer Rundfahrt verbinden. Wenn man für die Hinfahrt die westliche asphaltierte Straße wählt, die in einiger Entfernung dem *Oued Ziz* folgt, gelangt man nach 10 km nach *Sifa,* dem Zentrum für den Eintritt ins eigentliche Palmengebiet des Tafilalet. Nach weiteren 5 km sieht man zur Rechten am Fuße einer Erhebung die Dörfer Djebil und Beni Fareh. Nachdem man nach weiteren 4 km den winzigen Flecken Moulay Abdalla De-

kak passiert hat, gelangt man nach *Rissani,* einer früher befestigten Saharaortschaft aus dem 17. Jh. Hier befindet sich das Mausoleum von Moulay Ali Scherif, dem Begründer der Alaouitendynastie (17. Jh.).

Sijilmassa, ganz in der Nähe von Rissani gelegen. Sijilmassa war die erste große städtische Siedlung Marokkos, die zwischen 800 und 1400 n. Chr. mehrere tausend Einwohner gehabt haben soll. Früher spielte es einmal eine Rolle als Ausgangspunkt der Karawanen in den Süden Marokkos und als Zentrum des Karawanenverkehrs in den Sudan. Dadurch war auch der ungeheure Reichtum dieser Stadt begründet. Heute jedoch ist bis auf einige Ruinen nichts mehr von Sijilmassa zu sehen, selbst die sind fast ganz vom Sand verweht.

Kasbah de Belkassem-n-Gadi, ebenfalls in der Nähe von Rissani. Sie ist die Kasbah des letzten Rebellenführers im Tafilalet. Besonders schön und sehenswert ist ihre Ornamentik.

Fort Tinrheras, 25 km südwestlich von Rissani, auf schlechter Piste erreichbar. Herrlicher Rundblick.

Taouz, 75 km, im algerischen

Der **Palmenhain von Tizimi,** *2 km westlich von Erfoud, etwa 15 km lang und 2 bis 5 km breit, zählt mit einem Bestand von ca. 350 000 Dattelpalmen zu den größten Oasen des Landes. Interessant ist hier das Bewässerungssystem: schmale Wasserrinnen, die sich durch den ganzen Hain hinziehen. Diese moderne Anlage löste das alte Khettara-System ab, trotzdem sieht man noch sehr oft die langen Reihen der künstlich aufgeworfenen Hügel der Khettaras, in deren Mitte ein Schacht zu dem parallel zum Grundwasser verlaufenden Kanal führt. Die Schächte sind bis zu 20 m tief. Mangels Arbeitskräften für die schweren Instandhaltungsarbeiten – früher von Sklaven ausgeführt – ist der größte Teil dieses alten Systems heute stillgelegt.*

Grenzgebiet. Ein etwas schwieriger, aber empfehlenswerter Abstecher auf guter Piste. In der Nähe, am rechten *Ziz-Ufer,* wurden prähistorische Felszeichnungen entdeckt.

Merzouga, eine Oase 50 km süd-östlich in Richtung Taouz. Die Fahrt führt zunächst durch schwarze Steinwüste (Hammada), deren Farbe durch Ausscheidung von Manganoxiden (Luftspiegelungen!) bewirkt wird, und dann unvermittelt zu den gelblichen **Sanddünen des Erg Chebbi** bei Merzouga.

Diese Sanddünen, die einzigen Marokkos, erreichen eine Höhe bis zu 140 m. In der Nähe zeugt ein *Korallenriff* davon, daß dieser Teil der Sahara vor etwa 4 Mill. Jahren von Wasser überspült war. Ebenfalls auf der Strecke zum Erg hin sind sehr schöne *Fossilien* zu sehen, es ist allerdings nicht gestattet, sie aus dem Stein herauszuschlagen. Man kann sie aber käuflich erwerben. Für die Tour nach Merzouga gibt es die Möglichkeit, Landrover samt ortskundiger Fahrer zu mieten, will man die Strecke im eigenen Wagen fahren, sollte man einen Führer mitnehmen. Diesbezügliche Auskunft kann man in den großen Hotels erhalten.

Er-Rachidia
Ksar-es-Souk

E-3. Provinzhauptstadt, 1060 m, 16 800 Einw. Die Stadt liegt am Ausgang des wohl eindrucksvollsten Oasentals Marokkos, des Oued Ziz, der sich, aus dem Atlas kommend, bis weit über Erfoud hinaus in den »Großen Süden« hinunterwindet, um schließlich in der Wüste zu versiegen.

Wie ein schier nicht endendes Band zieht sich auf über 100 km (etwa von Rich an) ein Palmenhain das Flußtal entlang. Bis zu 60 m, steil und abrupt, hat sich der Fluß in die weichen Gesteinsschichten des südöstlichen Atlasvorlandes eingefressen. Dieser Oued Ziz ist die wichtigste Wasserquelle für die Großoase des Tafilalet, er ist geradezu die Lebensader in der Wüstensteppe Südmarokkos. Der Oasenmarkt Ksar-es-Souk, was soviel heißt wie »Marktort«, besteht genau genommen aus sechs verschiedenen Siedlungen, wobei das neuzeitliche, schachbrettartig angelegte Oasenzentrum auf eine von der französischen Fremdenlegion gegründete Militärstation zurückgeht.

Die wenigen Europäer leben in einem kleinen Europäerviertel auf der rechten Seite des Flusses Ziz, die Moslems, Berber des Stammes Aït Izdeg und zahlreiche Farbige und Berber mit negroidem Einschlag, in den saharischen Dörfern Mouchkellal, Ksiba Aït Moha Oui Ali, El Haratine, Agaouz und Azrou; die Juden in ihrer Mellah. Angebaut wird in diesen Oasendörfern hauptsächlich die Dattelpalme, aber auch Getreide, das für die Lebenshaltung der Bevölkerung wichtig ist, obwohl Datteln hier oft das Hauptnahrungsmittel bilden. Die Markttage Er-Rachidias sind Sonntag, Dienstag und Donnerstag.

Verkehr: Straße P 21 Meknès – Erfoud (Oase Tafilalet). – Flugplatz.
Unterkunft: 3 Hotels. – Campingplatz.

In der Umgebung:
Tinerhir (s. dort), 140 km südwestlich. Lohnender Ausflug wegen seines Marktes und seiner Kasbah.

Gorges du Todra, Todraschluchten, über Tinerhir (s. dort) zu erreichen.

Erfoud (s. dort), 80 km südlich, besonders interessant wegen seines Sonntagsmarktes und der Ausflugsmöglichkeit in die Palmenoase und zu den Sanddünen (vgl. Erfoud, in der Umgebung).

Ziz-Tal (s. dort), auf der Strecke nach Erfoud, sehr schöne Palmenoasen.

Essaouira

B/C-3 (früher Mogador). Provinzhauptstadt, 10 m, 31 000 Einw. Essaouira ist die südlichste marokkanische Hafenstadt am Atlantik, bevor das Atlasgebirge an die Küste herantritt. Vor einigen Jahren nannte man sie noch die »Stadt der Juden«, weil der jüdische Bevölkerungsteil fast ebenso groß wie der mohammedanische war. Der größte Teil der Juden ist jedoch inzwischen abgewandert. Die ganze Stadt wirkt fast wie eine Festung, weil sie auch heute noch von einer Mauer umgeben ist. Sobald man sie durch eines der Tore betritt, empfängt den Besucher das lebhafte und laute Treiben einer nordafrikanischen Hafenstadt. Lange Bogengänge begleiten die Straßen, und hinter diesen Bogengängen liegen die Bazare und Läden. Eine Besonderheit des lokalen Hand- und Kunsthandwerks sind die typischen marokkanischen Tischchen und sonstigen Gegenstände mit Holzeinlegearbeiten sowie die schönen Juwelierarbeiten.

Die alte Hafenfestung mit ihren zahlreichen Scharten, aus denen noch heute die alten Kanonen der Portugiesen und Spanier herausragen, bietet ein ausgesprochen mittelalterliches Bild. Der Hafen hat keine große Bedeutung mehr, seitdem europäische Schiffe ihn nicht mehr anlaufen; er dient praktisch nur noch der Fischerei. Sehr schön ist der Strand; er ist infolge seiner Einbuchtung und der davorliegenden *Iles de Mogador* vor größerem Seegang geschützt. Der weiter nördlich gelegene Strand, die »Plage de Safi«, besteht zwar ebenfalls aus Sand, doch können hier größere Brandungen auftreten.

Dank seiner Lage im Windschatten des Atlas hat Essaouira ein sehr ausgeglichenes gutes Klima, so daß man

---

Die Blaue Quelle von Meski

(source bleue de Meski), 23 km südöstlich von Er-Rachidia, ist ein von Soldaten während der Kolonialzeit angelegtes großes Schwimmbecken, mitten unter Dattelpalmen – eine phantastische Bademöglichkeit am Rande der Hammada im fruchtbaren Tal des Ziz. Man kann hier unbesorgt baden: Das Becken ist mit ständig frisch fließendem Wasser gefüllt. In der Nähe ist ein Campingplatz eingerichtet. Es gibt allerdings kein Lebensmittelgeschäft hier.

Strand bei Mohammedia, einer der beliebtesten Badeorte an der Atlantikküste unweit von Casablanca

Hafenfestung von Essaouira, im 16. Jh. von den Portugiesen angelegt

hier fast das ganze Jahr über im Meer baden kann. Die Temperaturen liegen im Winter bei 16° bis 18° C, auch nachts sinken sie nie unter 10° bis 12° C. Im Sommer ist es in Essaouira nicht zu heiß, die Höchsttemperatur liegt bei 28° C.

Sehr eigenartig ist die Umgebung von Essaouira. Gleich außerhalb der Stadt glaubt man sich in die Wüste versetzt. Mächtige Wanderdünen erheben sich drohend und verschlingen allmählich alles, was sich ihnen entgegenstellt. Große Gebäude mußten verlassen werden, weil sie vom Sand zugedeckt wurden, und weite Wälder mit Arganenbäumen sind unter dem ständig wehenden Sand verschwunden.

Auskunft: Syndicat d'Initiative et de Tourisme, Sahat Moulay Abdellah.
Verkehr: Straße P 8 (El Jadida – Agadir). – Flugplatz, 15 km südöstlich.
Unterkunft: Hotels aller Kategorien. – Campingplatz.

Geschichte:
Bodenfunde haben bewiesen, daß schon im 7. Jh. v. Chr. phönizische Seefahrer auf den der Stadt vorgelagerten Inseln Station gemacht haben. Nachdem der von den Römern eingesetzte mauretanische König Juba II. im 1. Jh. v. Chr. eine Purpurmanufaktur angelegt hatte, erhielten sie den Namen Insulae Purpurariae. Im 11. Jh. erwähnt der Geograph El Bekri auf dem Felsvorsprung des Festlandes einen Ankerplatz namens Amogdoul, der auf mittelalterlichen Seekarten des 14. Jh. als Mogador bezeichnet ist. 1506 wurde an der Stelle der heutigen Stadt eine kleine portugiesische Festung errichtet, die in den folgenden Jahrzehnten hauptsächlich als Pira-

tenschlupfwinkel diente. Erst 1760 wurde Essaouira in seinem heutigen Erscheinungsbild von dem Alaouitensultan Sidi Mohammed Ben Abdallah (1757–1790) gegründet und nach Plänen des französischen Gefangenen Théodore Cornut aus Avignon erbaut, weshalb sie, in Marokkos Altstädten eine große Seltenheit, nach Art europäischer Städte verhältnismäßig breite und oft rechtwinklig zueinander verlaufende Straßenzüge aufweist. Die Stadt sollte als Stützpunkt für die Freibeuterfahrten gegen europäische Schiffe und als Handelsniederlassung dienen. 1764 hob der Sultan die Zollpflicht auf, um den Handel mit Europa zu erweitern. Unter seiner Regierung wurde auch eine starke jüdische Kolonie angesiedelt, die dem Handel, vor allem mit England, zugute kam. Den bedeutendsten Aufschwung erlebte Essaouira durch die Schließung des Hafens von Agadir. Als gegen Ende des 19. Jh. der Saharahandel unterbrochen wurde – die Franzosen hatten Timbuktu besetzt –, nahm die Bedeutung immer mehr ab, nicht zuletzt durch die Wiedereröffnung des Agadirhafens Anfang des 20. Jh. Heute ist Essaouira lediglich als Fischereihafen von Bedeutung.

Sehenswert:
Stadttor **Porte de la Marine,** am Hafen, daneben die »**Scala du Port«,** von deren Turm man eine schöne Aussicht hat.

»**Scala de la ville«,** eine 200 m lange, hochgelegene Terrasse, die zum Meer hin mit zinnengekrönter Mauer abschließt. Die »Scalas« dienten den Portugiesen als Batteriestellungen, deren Kanonen, teilweise mit Wappen von Aragon versehen, noch stehen.

Museum Sidi Mohammed Ibn Ab-

dellah, Derb el Oulouj, Volkskunst-
ausstellung (alter Schmuck, Waffen, Holzschnitzereien u. a.) aus
dem Raum Essaouiras und des Ber-
berstammes der Haha (geöffnet:
9–12 und 15–17.30 Uhr).

Sport: Kleingolf, Wassersport, Tauchfischen, Tennis,
Jagd. Strandbäder.

In der Umgebung:
Inseln von Essaouira, 800 m
vor der Küste gelegen, Felseilande
von insgesamt 1 Hektar Größe,
auch Purpurinseln genannt. Hier
lassen sich Segel- und Motorboot-
fahrten unternehmen. Die Hauptin-
sel beherbergt das frühere Staatsge-
fängnis, daneben eine alte Moschee.

Diabat, 12 km südlich, erreichbar
über die P 8 Richtung Agadir, Abzweigung nach 6 km auf die Piste
nach Tangaro. Am Ufer des *Oued
Ksob,* hinter dem Dörfchen Diabat
(herrlicher Blick auf Essaouira,
Bucht und Hafen) liegen die größtenteils versandeten Ruinen des alten **Sultanspalastes** von Mohamed
Ben Abdellah, in der 2. Hälfte des
18. Jh. erbaut. Im Zentrum des In-
nenhofes gewahrt man noch Reste
von Wohnräumen. In der Nähe stehen die Ruinen eines **Rundforts,**
vom gleichen Sultan zur Überwa-
chung der Bucht von Essaouira errichtet. Die Anlage hat einen Durchmesser von 50 m, auf ihrem oberen
Stockwerk standen früher Kanonen.
Zu Fuß erreicht man den Palast mit
einem 4,5 km langen Spaziergang,
der in südlicher Richtung am 22 m
hohen Leuchtturm und dem Heiligtum des Stadtpatrons Sidi Megdoul
vorbeiführt. Den Oued Ksob überquert man auf einer zerfallenen, ursprünglich 18bogigen Brücke, von
denen nur noch 13 Bögen stehen.

Die Brücke ist in der Mitte auf einer
Länge von 15 m eingebrochen, man
kann sie hier nur noch auf einem ca.
50 cm breiten Brückenrest überschreiten.

Arganenwald, 15 km östlich der
Stadt beginnt er und bedeckt ein
weites Gebiet. Man verläßt die Stadt
auf der Straße, die nach Marrakech
führt. Der Arganenbaum kommt
sonst nur noch in Südamerika vor.
Seine Früchte werden von den Marokkanern gesammelt und entweder
als Kamelfutter verwendet oder zu
Öl (schlechte Qualität) gepreßt. Oft
erlebt man ein eigenartiges Bild:
Ziegen klettern munter auf den
schwankenden Ästen der Bäume
herum und knabbern das saftige
Grün ab. Man wundert sich, wie
sich diese großen Tiere auf den dün-
nen Ästen zu halten vermögen.

Fedala

s. Mohammedia.

Fès

*E-2. Hauptstadt der gleichnamigen
Provinz, 260–400 m, 426 000 Einw.
Alte Königsstadt und Hauptort des
marokkanischen Nordens inmitten
des fruchtbaren Sebou-Beckens an
der uralten Handelsstraße Rabat –
Oujda – Oran, nicht weit vom Zusammenfluß des Oued Fès mit dem
Oued Sebou. Das europäische Element ist völlig zurückgetreten.*

*Fès kann man nicht an einem Tage
kennenlernen. Dieses Zentrum ma-
rokkanisch-islamischer Kultur und
Kunst, islamischer Geistigkeit und
Tradition birgt eine Fülle von Sehens-
wertem, das typisch ist für Marokko,
ja für die gesamte islamische Welt.
Allein schon das Schlendern durch*

die Gassen der großen alten Stadt und das Beobachten des wimmelnden Lebens in diesen alten Mauern und auf den Souks ist ein Erlebnis.

Aus zwei großen Stadtteilen besteht die alte Königsstadt: **Fès-el-Bali** (Fès der Alten) und – westlich anschließend – **Fès-el-Djedid** (Fès der Neuen). Hohe alte Sandsteinmauern, zinnengekrönt, umgeben beide Städte. Fès-el-Bali ist der bei weitem wichtigere Stadtteil. Hier finden wir alle die alten ehrwürdigen Gebäude, die die Stadt auszeichnen: die bedeutendsten Moscheen, wie das Grabmal Moulay Idriss' II., die alten Medersen (islamische Religionshochschulen), von denen nur die größte, die »Karaouyine«, den Rang einer Universität für sich beanspruchen darf: diese ist allerdings, 859 n. Chr. gegründet, eine der ältesten Universitäten der Welt und besaß im Mittelalter die größte Bibliothek, der das Abendland auch die Erhaltung unzähliger klassischer Texte verdankt; ferner sind hier die zahlreichen bedeutenden Souks und die schönen alten Gärten. Kurz: das eigentliche Zentrum dessen, was Fès für die islamische Welt ausmacht, ist Fès-el-Bali. Fès-el-Djedid wirkt dagegen schmutzig und armselig. Es enthält wohl den Sultanspalast, aber sonst ist es das Viertel sozial tieferstehender Volksschichten. In der Nähe befindet sich auch die Mellah, das Judenviertel.

Die »Ville Nouvelle«, die Europäerstadt, ist ohne besonderen Reiz. Sie ist verhältnismäßig jung: ihre Planung wurde erst im Jahre 1916 vorgenommen, und sie scheint nach reinen Zweckmäßigkeitsgründen als regionaler Verwaltungssitz der französischen Protektoratsbehörden gebaut zu sein. Außer dem Stadtpark im Süden und der Avenue Hassan II., der breiten, baumbestandenen Prachtstraße, bietet sie dem Fremden nichts Besonderes: man besucht Fès des alten marokkanischen Stadtteils wegen.

An Industrie ist in Fès vor allem die Nahrungsmittel-, die Textilindustrie und das Kunsthandwerk zu nennen.

Auskunft: Syndicat d'Initiative et de Tourisme de Fès, Place Mohammed V., Tel. 2 47 69. – Office National Marocain du Tourisme, Place de la Résistance, Tel. 2 34 60.
Verkehr: Kreuzungspunkt der Straßen P 1, 20, 24, 26. – Bahnstation. – Internationaler Flughafen Saiss (10 km südlich); Flugplatz, 5 km südöstlich.
Unterkunft: Zahlreiche Hotels aller Klassen. – Jugendherberge. – Campingplatz.

Geschichte:
Nach alten islamischen Chroniken wurde Fès 791 von Moulay Idriss I., dem Begründer der berühmten Herrscherdynastie der Idrissiden und Abkömmlinge des Propheten, gegründet. Idriss II., sein nachgeborener Sohn, machte 809 zur Hauptstadt seines Reiches. Es gibt allerdings einige, die eine Mitwirkung von Moulay Idriss I. bei der Gründung von Fès leugnen. Fest steht jedoch: die erste Besiedlung geschah im 9. Jh. in zwei durch hohe Mauern streng voneinander getrennten Quartieren: auf der linken Seite des Oued Fès richteten sich die Araber, die in der Hauptsache aus Kairouan (Tunesien) gekommen waren, mit ihren Familien ein. Sie benannten daher ihr Viertel entsprechend »Adonat-el-Kairouan«; auf der rechten Seite siedelten Berber und etwa 8000 Familien, die aus

Spanien geflüchtet waren, es entstand der Ort »Adonat-el-Andalous«. Neben dem Sultanspalast entstand die Mellah, das Judenviertel, das sich ebenfalls mit hohen Mauern und Türmen umgab.

Fès wurde das kulturelle und religiöse Herz Marokkos, die Hüterin der Tradition, und nennt sich heute noch stolz die »intellektuelle Hauptstadt Marokkos«. Rabat konnte ihr bis heute nicht den Rang ablaufen.

Die nachfolgende Dynastie der Almoraviden wandte nicht sehr viel an die Ausgestaltung der Stadt. Ihre Sultane bevorzugten das gegen Ende des 11. Jh. gegründete Marrakech als Residenz. Wichtig für die Weiterentwicklung der Stadt war jedoch, daß nun die Mauern zwischen den beiden Teilen fielen und sie zu einer Stadt, nun Fès genannt, vereinigt wurden. Unter Youssef Ben Tachfine erlebte die Stadt einen abermaligen Aufschwung. Er holte aus Spanien zahlreiche Künstler herüber, baute Wasserleitungen und gründete verschiedene Industrien. Sein Sohn, Ali Ben Youssef, vollendete die Moschee Karaouyine in einer Größe für 20 000 Gläubige: sie gehörte zu der bereits seit 859 n. Chr. bestehenden Universität, dem Zentrum des Geisteslebens um die Jahrhundertwende.

Unter der Dynastie der Almohaden, die im Jahre 1145 die Herrschaft antraten, begann Fès sich zu einem weit über Marokko ausstrahlenden Zentrum des religiösen, geistigen und künstlerischen Lebens zu entwickeln. Darüber hinaus wurde es Mittelpunkt eines weitverzweigten Handels. Im 13. Jh. besaß Fès 785 Moscheen (heute sind es noch 130), 42 Waschplätze, 80 Brunnen, 93 öffentliche Bäder, 472 Mühlen, Fabriken usw. Es war jetzt die Dynastie der Mereniden, die das Gesicht der Stadt prägte. Im 13. und 14. Jh. erreichte sie den Höhepunkt ihrer Blüte. Zahlreiche neue Medersen entstanden, die Studenten aus allen islamischen Ländern anzogen. Die bedeutendsten Lehrer des Islam lehrten in ihnen arabische Literatur, islamische Religion, Philosophie und Recht, Musik und die Schönen Künste. In Fès lebten und lehrten Ibn Kaldoun, Leo Africanus und Maimonides, und die Bibliothek, die größte ihrer Zeit, bewahrte die wertvollsten Handschriften des klassischen Altertums. Unter den Mereniden wurde der zweite Teil von Fès gegründet, Fès-el-Djedid. Im 15. Jh. besaß die Stadt bereits 200 000 Einwohner. Sie war die bedeutendste Stadt des damaligen Marokko, und ihr Glanz strahlt weit hinaus in die arabische Welt und bis nach Europa. Die größten Kaufmannsfamilien des Maghreb ließen sich hier nieder und bildeten eine Dynastie von Kaufleuten, die heute noch einen bedeutenden Einfluß auf das Wirtschaftsleben und die Politik Marokkos ausübt.

Um die Mitte des 15. Jh. begann sich der Glanz der Stadt zu verdunkeln. Die saadischen Scherife kamen an die Macht und begannen die Stadt Marrakech als Residenz zu bevorzugen. Im Jahre 1672 verließen die Sultane endgültig Fès, trotzdem blieb es kulturelles Zentrum. Moulay Ismail, einer der bedeutendsten Herrscher des Landes, bestieg im 18. Jh. den Sultansthron und ging nach Meknès. Er konzentrierte sein ganzes Interesse auf seine neue Königsstadt, und Fès verlor an äußerer Bedeutung. Zwar kehrten die Sultane mit Ende des 18. Jh. nach Fès zurück, doch zwangen die Franzosen Sultan Moulay Hafid bei der Unterzeichnung des Protektorats-

Gesamtansicht von Fès mit Blick auf das Gassenlabyrinth der Altstadt Fès-el-Bali

vertrages (1912), seine Residenz nach Rabat zu verlegen. Fès blieb trotzdem eine der »großen« Städte des Reiches, ein Zentrum des kulturellen Lebens des Landes, auch wenn sie ihre überragende Stellung als Handelsstadt zum großen Teil an die großen Küstenstädte des Westens abgeben mußte.

Im Jahre 1911 besetzte Frankreich Fès, und Deutschland schickte zum Schutz der deutschen Interessen in Marokko das Kanonenboot »Panther« nach Agadir. Am 30. März 1912 wurde in Fès die Konvention zwischen dem französischen Minister in Tanger, Regnault, und Moulay Hafid unterzeichnet, die das Protektorat Frankreichs über Marokko besiegelte. Am 15. April brach hier eine Rebellion der Marokkaner gegen die Fremden aus, in der zahlreiche Europäer getötet wurden. Wenig später erschien der französische Generalresident Lyautey, um die Stadt zu befrieden, die heftig von den Berbern angegriffen wurde. Aber erst am 1. Juni 1912 wurde der endgültige Friede geschlossen.

🏛 *Sehenswert:*
Kein Besucher der Stadt sollte versäumen, sich einen Überblick über Fès durch die berühmte 16 km lange **Tour de Fès** zu verschaffen, eine Rundfahrt, die um die ganze Stadt führt und von deren Aussichtspunkten man herrliche Blicke über die ganze Stadt genießen kann. Man sollte sich, von der Neustadt kommend, auf der Umgehungsstraße in Richtung des **Bordj Sud** wenden, das bereits einer der Aussichtspunkte ist. Wie sein Gegenstück, das Bordj Nord, auf der anderen Seite von Fès, direkt gegenüber gelegen, wurde es Ende des 16. Jh. als Zwingburg errichtet. Dahinter liegt das

Bab Ftouh gegenüber dem gleichnamigen Friedhof. Hier sind eine Reihe berühmter islamischer Professoren beigesetzt, sowie sieben Marabouts, die »Nothelfer« der Stadt, zu deren Gräbern die Bevölkerung heute noch pilgert. Im weiteren Verlauf überquert man den Oued Fès, der zum Teil unterhalb der Gebäude verläuft und dadurch die Räume im Erdgeschoß kühlt, was im Sommer sehr praktisch ist. Im Winter zieht man in die oberen Etagen. Auf der anderen Seite der Stadt kommt man zuerst am

Palais Jamai vorbei, ein Wesirpalast, Ende des 19. Jh. errichtet, und heute zu einem Hotel umgebaut. Oberhalb des Palastes liegen die

Meriniden-Gräber aus dem 14. Jh., von deren sagenumwobener Schönheit heute nur noch wenige Ruinen erhalten sind. Ihre Zerstörung wird Sultan Moulay Ismail zugeschrieben, was aber nicht erwiesen ist. Die Grabanlage, 100 m über der Stadt gelegen, bietet einen der schönsten Ausblicke auf die Stadt, breit in das Tal gelagert, mit ihrem ockergelben Häusermeer, den Minaretten und den grünen Dächern der Heiligtümer und Moscheen.
Im Anschluß daran fährt man am

Bordj Nord vorbei, das eine recht interessante Waffensammlung beherbergt. Weiter stadteinwärts befindet sich die

Kasbah des Cherara, die 1670 von Moulay Rachid errichtet wurde, und bis in das 19. Jh. als Kaserne für eine Art Leibgarde (Guich) diente. Heute ist hier zum Teil das Militär stationiert, außerdem enthält die Anlage das größte städtische Krankenhaus sowie einige Schulen. Der

Königspalast ist die letzte Sehenswürdigkeit auf der »Tour de Fès«. Mit ca. 80 ha nimmt er fast ein Vier-

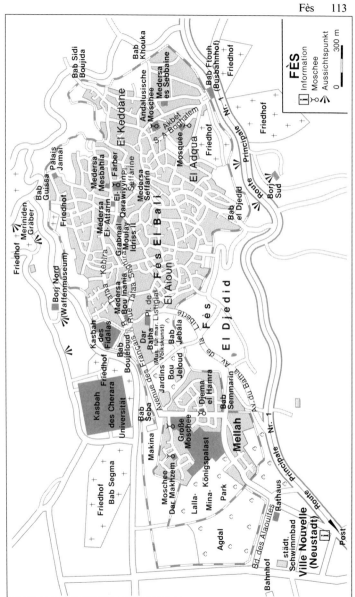

FÈS

i Information
Moschee
Aussichtspunkt

0   300 m

tel des ehemaligen Stadtbezirks ein. Der älteste Teil der Anlage wurde von den Meriniden Anfang des 14. Jh. errichtet und unter König Hassan II. wieder sehr schön renoviert. Die Palastanlage selbst ist nicht zu besichtigen, einen sehr guten Eindruck kann man aber von dem Haupttor bekommen, in dessen unmittelbarer Nähe dann die

Mellah beginnt. Die Häuser der Hauptstraße des ehemaligen Judenviertels sind mit schönen andalusischen Balkons ausgestattet. Marschall Lyautey veranlaßte wegen der unhygienischen Zustände in den Mellahs, wie in einigen anderen Orten Marokkos, auch in Fès deren Auflösung. Doch auch heute noch findet man in diesem Viertel mehrere jüdische Gold- und Silberschmiede, u. a. kann man hier die Synagoge Serfati und Fassin besichtigen.

Diese Rundfahrt sollte man am besten gegen Abend unternehmen, wenn die Konturen sich schärfer abheben und die untergehende Sonne die Stadt in ihr rotes Licht taucht. (Jedes Taxi und jeder Mietwagen unternimmt diese »Tour de Fès« für einen festgesetzten Preis.)

Für einen planmäßigen Rundgang durch die Stadt lassen sich schlecht Empfehlungen geben. Der Besucher würde Gefahr laufen, sich in den verwinkelten, sich überkreuzenden Gassen und Gäßchen mit ihren zahllosen Durchlässen zu verlaufen, zumal viele Gassen keine Namensbezeichnung tragen. Es empfiehlt sich, für die Stadtbesichtigung einen der einheimischen Führer zu engagieren, die ihre Dienste jedem Fremden sofort beim Betreten der Medina (gewöhnlich am Bab Boujeloud; Preis vorher aushandeln) anbieten oder von jedem Hotel oder Reisebüro vermittelt werden können.

Fès besteht eigentlich aus drei Stadtvierteln: der **Neustadt** (Ville Nouvelle), aus **Fès-el-Djedid** (Das neue Fès), zu der auch die Mellah, das jüdische Viertel, zählt, und aus **Fès-el-Bali** (Das alte Fès), gewöhnlich »Medina« genannt. Die in der Zeit des französischen Protektorats erbaute Ville Nouvelle ist zwar großzügig angelegt, bietet jedoch kaum etwas Sehenswertes. Es stehen hier die hauptsächlich von Europäern aufgesuchten Hotels, der Bahnhof, ein großes Krankenhaus, neuzeitliche Wohnviertel, moderne Geschäfte.

Fès-el-Djedid

Die von der Place du Commerce ausgehende Grande Rue führt durch die *Mellah* (s. oben), die sich direkt an den *Königspalast* (s. oben) anschließt. Diese benachbarte Lage ist damit begründet, daß die Mellahs ursprünglich unter dem persönlichen Schutz des Sultans standen. Nördlich vom Palastbezirk liegt im gleichnamigen Viertel die

Moulay Abdallah-Moschee mit einem 25 m hohen Minarett. In dieser Moschee sind mehrere Mitglieder des Scherifengeschlechts (Nachfahren des Propheten) bestattet. – Unweit von dieser Moschee erhebt sich die **Große Moschee** von Fès Djedid aus dem Jahre 1276; sie wird heute noch vom König zum Freitagsgebet aufgesucht, wenn er sich in Fès aufhält. – Auf der Nordseite des *Oued Fès* liegt der

Vieux Méchouar, ein von hohen Mauern umgebener großer Platz, früher ein Ort mit Gauklerdarbietungen, heute dient er in erster Linie als Parkplatz. Die auf der Westseite dieses Platzes gelegene **Makina** aus dem Jahre 1886 war ehemals eine Waffenfabrik, jetzt befindet sich dort eine Teppichweberei. Man erreicht den Vieux Méchouar nach Durchschreitung des **Bab Seba,** ei-

Fès-el-Bali. Die Medina ist vollständig von einer Mauer umschlossen. Heute stehen die Tore jedem offen

Fès-el-Bali, Friedhof mit den Grabstätten heiliger Marabouts, zu denen die Bevölkerung noch heute pilgert

nes Monumentaltors, das in einem Hof steht, in den die *Grande Rue de Fès el Djedid* mündet. Auf diesem Tor wurde 1437 der nackte Leichnam des in maurische Gefangenschaft geratenen Sohnes des Königs João I. von Portugal, Prinz Ferdinand, 4 Tage lang aufgehängt, der nach 6jähriger grausamer Gefangenschaft gestorben war. (Das Schicksal des Prinzen wurde von Calderón 1629 in der Tragödie »Der standhafte Prinz« dargestellt.)

Fès-el-Bali (Medina)

Vor allem in Fès-el-Bali wird man sich ohne einen Führer schwer zurechtfinden. Wenn man nicht beabsichtigt, jede Einzelheit zu erfahren, oder wenn man selbst genügend Sachkenntnis mitbringt, genügt es, sich anstelle eines offiziellen Führers eines ortskundigen jungen Burschen zur Führung zu bedienen.

Vom Bab Seba in Fès Djedid gelangt man über die Avenue des Français zur *Place Bab Boujeloud,* einem sehr belebten Platz, an dem das

Bab Boujeloud, ein sehr schönes Doppeltor, steht. Erst 1913 erbaut, entspricht es vollständig den alten Vorbildern. Interessant ist die Zwei-

Das Bab Boujeloud

farbigkeit des Tores, auf der einen Seite ist es mit blauen, auf der anderen Seite mit grünen Fayencen reich geschmückt. Links vom Bab Boujeloud befindet sich die

Kasbah des Fidalas, eine Festung aus dem 18. Jh. In der Nähe liegt das

Dar Batha mit dem Museum für marokkanische Volkskunst (s. Infokasten, S. 118).

Medersa Bou Inania, an der *Rue Tala Kebira* gelegen, der Hauptstraße der Medina. Die Medersa ist die bedeutendste islamische Religionshochschule von Fès, aus dem 14. Jh.; sie wurde 1961–63 restauriert. Zu beachten ist hier das herrliche Dekor der Innenfassaden, sowie der Decken der Unterrichts- und Gebeträume, die sich um den Innenhof gruppieren. Es handelt sich um ein charakteristisches System der Ausschmückung: unten Kachelfayencen, dann Gipsstukkatur, oben geschnitztes Zedernholz.

Bemerkenswert ist das zu dieser Medersa gehörende »Haus des Glockenspiels«, an dessen einer Wand 13 Bronzehammerglocken zu sehen sind; sie sind Teil eines Sonnenuhrwerks aus dem 14. Jh. Die Medersa kann, außer Freitagvormittag, auch von Nichtmohammedanern täglich von 8 bis 18 Uhr besichtigt werden; vom Dach aus hat man einen schönen Ausblick. – Am Ende der *Rue du Souk el Attarin,* die durch das Viertel der Gewürzhändler führt, befindet sich die

El-Attarin-Medersa, 1323–1325 von Sultan Abu Said errichtet; sie ist, neben der Bou Inania, das bedeutendste Werk der Meriniden-Architektur in Fès. Von der Dachterrasse (zeitweise gesperrt) der Me-

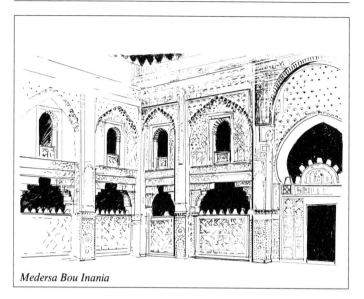

Medersa Bou Inania

dersa aus hat man Gelegenheit, in den Hof der El-Qarawiyyin-Moschee (auch Karaouyine, Karaouine oder Karouine geschrieben) zu blikken.

Der **Qarawiyyin-Moschee** stammt aus dem 9. Jh., 1135 wurde sie unter dem Almoraviden Ali Ben Youssef vergrößert. In dem gewaltigen Bauwerk mit 16 Schiffen, das von 270 Säulen getragen wird, finden 22 000 Personen Platz. Diese Moschee ist die größte Marokkos und gleichzeitig eine Hochschule, an der vor allem Theologie und die eng mit dem Koranstudium zusammenhängenden Rechtswissenschaften gelehrt werden. In den vergangenen Jahrhunderten wurden hier auch Vorlesungen über Mathematik, Geographie und Astronomie gehalten. Während im 14. Jh. etwa 8000 Studenten eingeschrieben waren, sind es heute nur noch etwa 500. Das

Betreten auch dieser Moschee ist Nichtmohammedanern verboten. – Fast am (östlichen) Ende von Fès-el-Bali liegt die

Moschee der Andalusier, ein Bauwerk aus dem 13. Jh., mit bemerkenswertem Nordtor. – Westlich von der Qarawiyyin-Moschee, am Rande der *Kissara,* dem Geschäftszentrum von Fès, steht die

Zaouïa des Moulay Idriss. Hier ist Moulay Idriss II., der als Gründer von Fès gilt (einige meinen, Moulay Idriss I. habe die Stadt gegründet), bestattet. Es handelt sich bei dieser um 1437 erbauten Zaouïa um eines der bedeutendsten islamischen Heiligtümer in Marokko. Der Bestattete gilt als Wundertäter und Nothelfer. An der Fassade hinter dem Tor, durch das die Frauen das Heiligtum betreten, befindet sich unter einem Gitterfenster ein Loch in einer Kupferplatte, in das Vorübergehende die Hand stecken, um sich den Segen des hinter der Platte ruhenden Heiligen zu holen. Das Betreten dieser Zaouïa ist Nichtmohammedanern streng verboten, doch man hat vom Eingang aus die Möglichkeit, einen Blick hineinzuwerfen.

Unweit südlich der Qarawiyyin-Moschee befindet sich die

Es-Seffarin-Medersa, die vom Merinidensultan Abu Youssef 1280 am Ufer des Oued Fès errichtet wurde; u. a. studierte an dieser Hochschule Abd el Krim, der Führer der Rifkabylen. – Ganz in der Nähe liegt die Place Nejjarine, eine Anlage von besonderem Reiz, benannt nach der

Fontaine Nejjarine, einem der schönsten Beispiele der arabisch-maurischen Brunnenarchitektur. Sie wurde Ende des 17. Jh. erbaut und ist mit einem grün geziegelten Zedernholzdach und Kachelmosaiken ausgestattet. – Gleich links daneben steht der

Nejjarine-Fondouk, eine ehemalige Herberge für Kaufleute und Lasttiere. Sein Arkadenhof ist von mehrstöckigen Fluren mit kleinen Schlafzimmern umgeben.

Sport: Tennis, Reiten, Jagen in der Umgebung (Hasen, Wildschweine, Rehe). Freibad. – Maurische Bäder, für Europäer in der Mellah.

Unterhaltung: Folklore-Abende im Palais Jamai. Außerdem werden in den meisten marokkanischen Restaurants Tänze und Akrobatik dargeboten, auch der übliche Schlangenbeschwörer fehlt nicht. Die aufgeführten Berbertänze vermitteln die unterschiedlichen Stammesbräuche in den verschiedenen Regionen Marokkos.

In der Umgebung:
Sidi Harazem, 15 km südöstlich. Zu den heißen Quellen gelangt man auf der Straße Richtung Taza, am *Bab Ftouh* vorbei. Die Route führt durch das fruchtbare Hügelland des *Sebou* mit Olivenkulturen. Mandelbäumen und Feldfrüchten. Nach 13 km überquert eine Brücke den Oued Sidi Harazem. Nach einem Kilometer Abbiegung nach rechts. Man gelangt zu einer Grotte, die der hier entspringende Sidi Harazem gebildet hat. Nach einem wei-

Volkskunstmuseum Dar Batha

Das Dar Batha, ein ehemaliger Wesirpalast aus dem 19. Jh., beherbergt heute das Museum für marokkanische Volkskunst. Das Gebäude erinnert an die maurischen Bauwerke in Andalusien, wie z. B. an den Generalife in Granada. Das Museum selbst bietet einen hervorragenden Überblick über die Volkskunst in den verschiedenen Regionen Marokkos. Unter den vielen Objekten sind besonders erwähnenswert die geschnitzten Holztore, Minbars (Gebetskanzeln), Waffen und eine Keramiksammlung mit Kacheln aus Fès, Mosaiken und alte beschriftete Keramiken. Das Museum ist geöffnet von 9 bis 18 Uhr, außer dienstags.

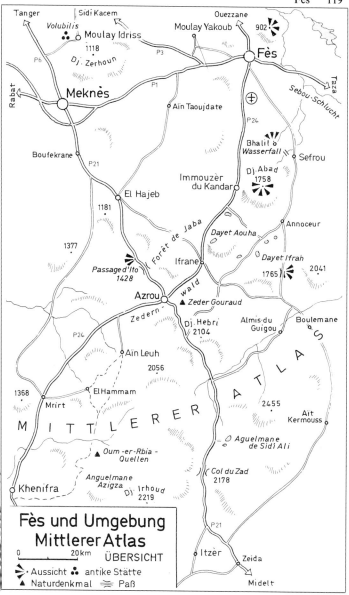

Fès und Umgebung
Mittlerer Atlas
ÜBERSICHT

0   20 km

➤• Aussicht   •• antike Stätte
▲ Naturdenkmal   ≋ Paß

teren Kilometer auf der Piste erreicht man die kleine Thermalstation Sidi Harazem neben einem Berberdorf. In einem Badebassin kann man zu jeder Jahreszeit Thermalbäder (31° C) nehmen. Der Ort entwickelt sich immer mehr zu einem Kurzentrum. Hotel. *Heilanzeigen:* Blutkreislaufleiden, Darmstörungen, Blasen- und Verdauungsstörungen, Gicht, Fettsucht, Leber- und Nierenleiden.

Moulay Yakoub, 25 km. Hier befinden sich weitere heiße Quellen (Chlor-Schwefel-Soda, radioaktiv, 42 bis 54° C). Man folgt zunächst der Ausfallstraße nach Meknès, westlich, und biegt nach 5 km rechts in eine Nebenstraße ein, die über eine Anhöhe führt. Schöner Blick über die *Ebene von Sais* und die sie im Süden begrenzenden Berge. Im Westen steigt das Gelände zum Massiv des *Zerhoun* (1100 m) an. Moulay Yakoub liegt 404 m hoch und hat etwa 900 Einwohner (marokkanisches Hotel). *Heilanzeigen:* Hals-, Nasen- und Ohrenleiden, Haut- und Frauenkrankheiten. Auch dieser Ort entwickelt sich immer mehr zu einem Kurzentrum. – Am linken Ufer des *Oued El Hamma* hat man Reste einer römischen Thermenanlage gefunden.

Ifrane, 61 km südlich (s. dort). Im Mittleren Atlas gelegen. Vom Kurort aus kann man schöne Spaziergänge in die Zedernwälder unternehmen.

Azrou (s. dort), südlich von Ifrane.

Figuig

F-3. Provinzhauptstadt, 900 m, 15 000 Einw. Figuig liegt in einem der romantischsten Oasentäler Marokkos, hart an der Grenze zu Algerien. Es umfaßt ein eiförmiges Becken mit einem Umfang von rund 20 qkm, das in die ostmarokkanische Hochebene eingetieft ist. Die Oase besteht aus einem Dattelwald, dessen Bestand auf 20 000 Stämme geschätzt wird. Um ihn gruppieren sich neun Ksour, wüstenhafte, ummauerte Siedlungen, mit insgesamt 15 000 Einwohnern: Zenaga, das Hauptksar, El Oudaghir, El Abidat, El Maïz, Ouled Slimane, El Hammam Foukani (Hammam auf der Höhe) und El Hammam Tahtani (Hammam im Tal). Einen weiten Ausblick hat der Besucher von einer im Zentrum der Oase gelegenen Plattform.

In früheren Zeiten haben sich diese Ksour ständig befehdet; es ging meist um den Besitz der Datteln. Besonders reizvoll für den Fremden ist das Hauptksar **Zenaga** mit etwa 7000 Einwohnern – darunter recht vielen Juden – dessen enge Gassen zum Schutz gegen die starke Sonnenbestrahlung mit Schilfmatten gedeckt sind, was ein eigenartiges Spiel von Licht und Schatten hervorruft.

In der Nähe der Oase wurden vorgeschichtliche *Felsbilder* entdeckt. 1963 kam es in dem Gebiet um Figuig zu Kämpfen zwischen Marokkanern und Algeriern, da die Grenzfrage ungelöst war. 1970 wurden die Zwistigkeiten beigelegt; Figuig gehört jetzt zu Marokko.

Die beste Reisezeit ist die Zeit zwischen Oktober und April; in den übrigen Monaten ist es hier sehr heiß.

Verkehr: Straße P 19 (Oujda – Bou Arfa), Abzweigung P 19 A bei Bou Arfa. – Die Grenze nach Algerien ist für Ausländer nicht passierbar.
Unterkunft: Keine Hotels. Einfache Übernachtungsmöglichkeit beim Verwaltungszentrum.

Figuig, bis vor kurzem aufgrund von Grenzstreitigkeiten gesperrt, eine große Oase im äußersten Südosten Marokkos

In der Umgebung:
Eine Rundfahrt von 25 km Länge, die um das ganze Oasengebiet herumführt, ist sehr empfehlenswert.

Schöner Ausflug zum **Taghla-Paß** und **Djebel Maiz,** einem fast 2000 m hohen Berg der Oase (ca. 50 km).

Goulimine

B-4. Provinz Tiznit, 6000 bis 8000 Einw. Ort am Rande der großen Hammada mit fast ausschließlich berberischer Bevölkerung. Die genaue Einwohnerzahl ist unklar, da in diesem Gebiet viele Nomaden leben. Etwas weiter östlich beginnt die Kette der Oasen, die sich in lockerer Folge am Fuße des Djebel Bani hinziehen. Die Menschen dieses Gebietes sind in ganz Marokko unter dem Namen »blaue Menschen« bekannt (s. Infokasten).

Eigenartig sind die Stammestänze (Gedra, vgl. Kap. »Musik und Tanz«) dieses Volkes, das von einigen berühmten berberischen Nomadenfamilien abstammt (den Aït Oussa, den Mribet und Ida): diese Tänze werden kniend getanzt. Nicht ein einziges Mal erheben sich die Tänzer dabei. Man vermutet, daß dieser Tanz aus der Nomadenzeit stammt, als die Zelte so niedrig waren, daß man sich nur auf den Knien darin bewegen konnte. Die Gèdra (auch Guedra geschrieben) ist eigentlich ein großes Gefäß, über das eine Ziegenhaut gespannt wird und das man als Tamburin benutzt. Die Tänzerinnen beginnen den Tanz dicht verschleiert. Im Verlaufe des Tanzes legen sie einen Schleier nach dem anderen ab, bis die Oberkörper völlig entblößt sind. Am Schluß des Tanzes brechen sie in Ekstase zusammen.

Verkehr: Straße P 30 (Tiznit – Bou Izakarn), Abzweigung bei Bou Izakarn.
Unterkunft: Nur ein besseres Hotel (rechtzeitige Reservierung!), sonst einfache Unterkünfte.

Veranstaltungen: Jeden Samstag (früher sonntags) ein berühmter Kamelmarkt, zu dem sich häufig saharische Karawanenführer aus der weiten Umgebung einfinden. – Alljährlich im Juli der »Große Markt«.

Die **Blauen Menschen** *aus der Gegend von Goulimine wurden lange Zeit für eine eigene Rasse gehalten, da ihre Haut einen deutlichen Blauschimmer aufweist. Heute weiß man, daß diese bläuliche Färbung durch Abfärben der mit Indigo gefärbten Kleider auf die Haut entsteht und ihr damit diesen eigenartigen Schimmer verleiht. Häufig tragen die blauen Männer auch blaue Turbane. Die Frauen haben oft ihren silbernen Schmuck angelegt – meist Armreifen und Spangen. Sie sind bekannt als ausgezeichnete Tänzerinnen, ähnlich den Oulad Nail in Algerien.*

In der Umgebung:
Tan-Tan, 133 km südwestlich, auf der bis Tan-Tan-Plage an der Küste (150 km) asphaltierten Straße. Die nach *Tarfaya* (385 km) führende Piste kann wegen der derzeitigen politischen Lage in der West-Sahara nicht immer befahren werden. Die Besuchsmöglichkeit von Tan-Tan ist unsicher, man sollte sich vorher erkundigen. Ein Besuch dort im Mai ist lohnend, da in diesem Monat dort das Fest der »Blauen Männer« stattfindet. Man erlebt unter schrillen Jihi-Schreien der Frauen packende Reiterspiele auf Kamelen und Pferden; getrocknete Schlangenhäute oder Gürteltiere werden angeboten, seltene Sahara- oder Wüsten-Rosen (vom Wind zerzauste Sandsteingebilde) und vor allem Kamele. Es gibt in Tan-Tan keine Unterkunft. Wenn das Große Moussem stattfindet, muß auch der Fremde mit einem Zelt vorliebnehmen.

Foum-el-Hassane, über *Bou Izakarn,* 155 km östlich, ein Ksar am Oued Tamanart. In der Nähe, am Zusammenlauf des *Oued Tamanart* und des *Oued Tasseft,* sind viele prähistorische Felszeichnungen vorhanden. Noch mehr davon liegen weiter östlich, in Richtung **Tisgui el Haratine.**

Guercif

E/F-2. Provinz Taza, 362 m, 6000 Einw. Landwirtschaftszentrum in der *Oberen Moulouya-Ebene,* vor den nordöstlichen Ausläufern des Mittleren Atlas. Es wird vermutet, daß der Ort, an der Mündung des *Oued Melloulou* in den *Oued Moulouya,* auf die römische Stadt Gelafa zurückgeht, die bereits bei Ptolemäus Erwähnung fand.

Verkehr: Straße P 1 (Oujda – Fès). – Bahnstation.
Unterkunft: Nur einfache Unterkunft. Weitere in Taza, 65 km westlich.

Ifrane

E-2. Provinz Meknès, 1664 m, 12 000 Einw. Europäisch anmutende Siedlung mit Hotels, Restaurants, zahlreichen Villen und Ferienhäusern (Chalets), meist im savoyardischen Stil, in den Bergen des Mittleren Atlas, südlich von Meknès und Fès. Der Ort wurde erst 1929 als Ferienort für Europäer errichtet und erlebte seinen wesentlichen Aufschwung in den Jahren zwischen 1940 und 1950, als die Franzosen keine Möglichkeit hatten, nach Europa auf Urlaub zu fahren. Ifrane wurde nicht nur ein sommerlicher Luftkurort, sondern gewann auch als Wintersportort Bedeutung.

Während heute die Franzosen nur mehr ein kleines Kontingent der Urlauber stellen, ist Ifrane die bedeutendste Sommerfrische der gehobenen Klasse der Marokkaner geworden. Viele Bewohner der Großstädte haben hier ihr Sommerhaus. Auch der König weilt oft in seinem Sommerschloß, das an eine europäische Burg erinnert. Im Hochsommer ist oft auf Wochen hinaus kein Hotelzimmer erhältlich.

Ifrane liegt günstig als Standquartier für Ausflüge in die herrlichen Zedernwälder des Mittleren Atlas. Die vielen fischreichen Bäche und kleinen Seen (Daiet) geben Gelegenheit zum Forellenfang. Der Wintersportler wird vor allem den »Skizirkus« am Michlifen, 1950 m (19 km südlich, auf guter Autostraße erreichbar), besuchen, ein von Zedern umstandener einstiger Vulkankrater.

Vor allem aber ist Ifranes trockenes Klima sehr erholsam, und die schönen, bequemen Spazierwege längs des Ifrane-Baches und im Zedernwald machen es zu einer geradezu »europäischen Sommerfrische«. Die Temperaturen betragen im Sommer 11,5° bis 30° C, im Winter − 5° bis 8,7° C.

Auskunft: Syndicat d'Initiative et de Tourisme d'Ifrane (Pavillon am Park), Tel. 1 71.
Verkehr: Straße P 24 (Fès – Azrou).
– Flugplatz, 5 km südwestlich.
Unterkunft: Gute bis durchschnittliche Hotels. – Campingplätze.

Sport: Tennis, Golf, Angeln. Freischwimmbad. Skilauf (2 Skilifte, Skiklub).

In der Umgebung:
Die **Mondlandschaft Ito** (s. Azrou).
El Hajeb, in die 8 km entfernt gelegene »Menzeh-frane« bis zu der **Zaouia d'Ifrane**. Hier leben die Mitglieder einer religiösen Sekte in Höhlen am Ufer des Oued Ifrane. Sie bezeichnen sich als »Chorfa«, Nachkommen Mohammeds. Bei Wahrung des nötigen Taktgefühls und Überreichung einer kleinen Gabe können die Höhlenwohnungen besichtigt werden.

Tizi-n-Teghettene, der Berg ist mit seinen weiten Hängen im Winter ein ideales Skigebiet.

Azrou (s. dort) ist ein beliebtes Ausflugsziel, bequem nach 17 km auf guter Waldstraße zu erreichen.

Imouzzer du Kandar

E-2. Provinz Fès, 1345 m, 3000 Einw. Ferienort in den Vorbergen des *Mittleren Atlas* auf einem vorspringenden Felsplateau, 36 km südlich von Fès und 25 km nördlich von Ifrane an einer guten Straße. Hier befindet sich eine Station und Forstschule der Forstverwaltung. Die natürlichen **Grotten** von Immouzzer du Kandar sind von der Bevölkerung zum Teil zu Wohnzwecken hergerichtet worden, auch Verkaufsläden der Berber findet man in den Höhlen. Immouzzer ist das beliebteste Ausflugsziel der Bevölkerung von Fès.

Verkehr: Straße P 24 (Fès – Azrou).
Unterkunft: 2 Hotels.

Kasba Tadla

D-3. Provinz Beni-Mellal, 725 m, 15 800 Einw. Die Stadt, deren Name etwa Korn- oder Weizengarbe bedeutet, liegt am Oum-Er-Rbia, vor den letzten Ausläufern des Mittleren Atlas, im mittleren Teil des westlichen Bled. Der Ort ist ein Zentrum der Schafzucht. Die hier gezüchteten Schafe sind sowohl wegen der Qualität ihres Fleisches als auch wegen ihrer besonders feinen Wolle begehrt.

Kasba Tadla wurde im Jahre 1687 von Moulay Ismaïl, dem Schöpfer der berühmten »Schwarzen Garde«, gegründet, der hier 1000 seiner Neger zur Verteidigung des Landes ansiedelte, bzw. als Festung gegen die aufrührerischen Berberstämme. Der negroide Einfluß ist auch bei der heutigen Bevölkerung unverkennbar. Da Kasba Tadla früher ein Stützpunkt der französischen Protektoratsverwaltung war, besitzt die Stadt auch ein kleines Europäerviertel mit einem Boulevard und einem öffentlichen Garten.

Verkehr: Straße P 24 (Azrou – Marrakech).
Unterkunft: Keine Hotels. Übernachtungsmöglichkeit in einfachem Hotel in El Ksiba, 30 km östlich.

Sehenswert:
Kasbah, ein ockerfarbenes und sehr eindrucksvolles Bauwerk, früher eine der sehenswertesten Zitadellen ganz Marokkos, heute leider sehr zerfallen. Das Innere beherbergt das ärmere Viertel des Städtchens. Zur Kasbah gehört eine Moschee mit Minarett. Sie wurde im 18. Jahrhundert von Ahmed el-Dehbi, einem der Söhne Moulay Ismails, erbaut.

Zehnbogige **»Portugiesische Brükke«,** ein Werk Moulay Ismails (1672–1727); von dieser 150 m langen Steinbrücke genießt man einen herrlichen Blick auf die Kasbah. – Etwa 1 km entfernt ein großes Gefallenendenkmal mit schöner Aussicht auf die Stadt.

In der Umgebung:
Boujad, 24 km nordwestlich, eine heilige Stadt, in der u. a. farbig gestreifte Wolldecken (Bizaras) hergestellt werden. Im September findet hier alljährlich eine Wallfahrt statt. Der Souk (Markt am Mittwoch und Donnerstag) ist von Arkaden eingefaßt.

El Ksiba, 30 km östlich. Von hier führt eine nicht ganz einfache, aber gut befahrbare Piste durch eine großartige Berglandschaft ca. 105 km über das Plateau der **Seen Isli** und **Tislit** (Bräutigam und Braut) nach **Imilchil,** wo im September eines der schönsten Volksfeste Marokkos, der sogenannte **»Heiratsmarkt von Imilchil«,** stattfindet (s. auch Beschreibung von Rich). Hier feiert der Berberstamm der Aït Had-

didou einen Moussem zu Ehren eines Lokalheiligen, verbunden mit einem großen Souk und Viehmarkt. Die Frauen dieses Stammes sind frei und selbständig und suchen sich hier ihren Ehepartner.

Kénitra

D-2. Hauptstadt der gleichnamigen Provinz, 10 m, 180 000 Einw. Obwohl eine Hafenstadt, wo auch Hochseeschiffe anlegen können, liegt der Ort 17 km vor der Mündung des Oued Sebou in das Meer. Im Gegensatz zu den meisten anderen Städten am Atlantik ist Kénitra keine portugiesische Gründung, sondern neuen Ursprungs. Dort, wo früher nur eine Kasbah stand, errichteten die Franzosen unter Marschall Lyautey, nach dem die Stadt bis 1956 benannt war, 1913 den Ort und bauten einen Flußhafen, da die Sebou-Mündung günstig für den Umschlag der Landesprodukte aus dem reichen Hinterland lag.

Heute wird in erster Linie der Kork aus dem nahegelegenen Mamora Wald (s. In der Umgebung) verschifft. Marokko liegt in der Korkproduktion an dritter Stelle auf dem Weltmarkt. Am Nordufer der Seboumündung steht ein Leuchtturm, der sein Blinkfeuer bei Nacht weit über die See strahlen läßt. Nördlich des Hafens steht die Ruine der Kasbah, des ältesten Gebäudes der Stadt. Kénitra ist seit 1943 Stützpunkt der US-Kriegsmarine. Die Temperaturen liegen im Januar zwischen 3,5° bis 18° C, im Sommer zwischen 17° und 33° C.

Auskunft: Syndicat d'Initiative et de Tourisme de Kénitra, Avenue Mohammed V.

Verkehr: Straße P 2 (Rabat – Ksar-el-Kebir). – Bahnstation. – Flugplatz, 5 km westlich.
Unterkunft: 5 Hotels. – Campingplatz.

 Sport: Reiten.

 *In der Umgebung:*
Mehdia, 10 km westlich von Kénitra, an der Küste des Atlantik, liegt der kleine Badeort auf uraltem Siedlungsboden. Schon im 6. Jh. hat Hanno hier eine karthagische Kolonie, Thermaterion, gegründet. Se-

Haupttor der Kasbah von Mehdia

henswerte alte Bauwerke sowie der Badestrand lassen einen Ausflug hierher als lohnend erscheinen.

Nach wechselvoller Geschichte (u. a. diente Mehdia den Seeräubern als Schlupfwinkel) errichteten die Spanier im 17. Jh. hier Festungsanlagen, die zum Teil noch erhalten sind. 1681 wurden sie von Moulay Ismail vertrieben, der hier ein Truppenkontingent stationierte, das Haupttor der nunmehr Kasbah genannten Festung (das »Bab Ismail«) errichten und die Bastionen aus spanischer Zeit verstärken ließ. Die Ruinen der Kasbah sind sehenswert.

Tamusida, 30 km von der Flußmündung entfernt liegen am rechten Ufer des Sebou die Ruinen der alten römischen Siedlung mit einem Flußhafen aus der Zeit des Kaisers Antonius. Erhalten sind allerdings nur noch die Grundmauern.

Banasa, ca. 50 km nördlich von Kénitra, ist ebenfalls eine römische Gründung. Die Ruinen des Hafenstädtchens aus der Zeit Kaiser Augustus' liegen am linken Ufer des Sebou (s. auch Souk el-Arba).

*Ein lohnendes Ausflugsgebiet von Kénitra ist der **Mamora-Wald** (Forêt de la Mamora), der sich südlich und südöstlich zwischen Kénitra, Sidi Slimane, Khemisset und Salé erstreckt. Das über 13 000 km² große Gebiet ist hauptsächlich mit Korkeichen bewachsen und hat einen parkähnlichen Charakter. Für die Korkherstellung hat der Wald eine große wirtschaftliche Bedeutung. Weitere häufig hier anzutreffende Pflanzen sind Eukalyptus, Hyazinthen, Narzissen und Iris. Die hier lebende Bevölkerung vom Stamm der Zemmour-Berber ist bekannt für ihre Teppiche und schön geflochtenen Matten.*

Ketama

E-2. Provinz Al Hoceima, 1500 m, 500 Einw. Luftkurort im Herzen des Rif-Gebirges, der nur aus wenigen Häusern besteht und in landschaftlich sehr schöner Lage inmitten der »Marokkanischen Schweiz«, am Rande des weiten Llano amarillo, der 1600 m hoch gelegenen »Gelben Ebene«, liegt. Der Name »Gelbe Ebene« rührt von gelben Blumen her, die hier im Frühjahr wachsen. Das ringsum von Zedern umgebene Ketama wird trotz der etwas schwierigen Anfahrt gern von Europäern aufgesucht, die sich vom Klima des marokkanischen Tieflandes erholen wollen. Das Klima ist sehr angenehm. In letzter Zeit hat der Ort auch Bedeutung als Wintersportplatz erlangt, wozu die meist günstigen Schneeverhältnisse während der Wintermonate gute Voraussetzungen schaffen. Die marokkanische Regierung hat die weiten Zedernwälder um Ketama zum Naturschutzgebiet erklärt.

Sehr schön ist der Ausblick über die Ebene und (nach Südosten) auf das Massiv des *Djebel Tidighine*, 2452 m. Die Berge von Ketama gehören zu den schönsten Teilen des Rif. Hier sammelte General Franco 1936 seine Truppen, bevor er nach Spanien übersetzte. Es ist das Gebirge der Rifkabylen. Auf der Gebirgskette südlich von Ketama, der Tidighine-Kette, liegen die höchsten Gipfel des Rif. In den Längstälern rings um Ketama haben die Ketama-Berber und die des Tagzut-Stammes sehr hübsche Siedlungen angelegt und die Hänge mit Bewässerungsterrassen ausgestattet. Hie und da sieht man vereinzelte Ansiedlungen an den Hängen, von oft nur 3 bis 5 Hütten, vornehmlich um eine Quelle gruppiert, die von einer einzigen Sippe bewohnt und »Azibs« genannt werden (daher auch der Name Azib Ketama). Leider sind die großen Schaf- und Ziegenherden, die man überall antrifft, die ärgsten Feinde des Waldbestandes, andererseits sind diese Viehherden für die Rifbewohner lebenswichtig. Nur die Zeder bleibt von den gefräßigen Tieren verschont.

Das Gebiet um Ketama ist ebenfalls das größte Anbaugebiet von indischem Hanf (Cannabis) in Nordafrika. Im Ort und den umliegenden Straßen hüte man sich vor Haschischhändlern, die nicht nur sehr aufdringlich, sondern auch bedrohlich werden können. Es ist bereits vorgekommen, daß kaufunwilligen Touristen unbemerkt Haschisch (Kif) zugesteckt und anschließend die Polizei gerufen wurde, was zu großen Schwierigkeiten führt.

Verkehr: Straße P 39 (Al Hoceima – Chechaouen).
Unterkunft: Nur ein gutes Hotel (rechtzeitige Reservierung).

Sport: Wildschweinjagd im Winter. Skilauf (Skilift).

Wanderungen: Auf den **Djebel Tidighine**, 2452 m, den höchsten Berg des Rif; er ist völlig mit Zedern bewachsen, vom Gipfel hat man eine sehr schöne Rundsicht; 10 km südöstlich.

In der Umgebung:
Taounate, 79 km südlich, auf der von Ketama nach Süden abzweigenden »Straße der Einheit« (Route de l'Unité), S 302. Die Straße wurde nach der französischen Protektoratszeit 1956 bis 1961 ausgebaut, um eine Verbindung nach Fès zu schaffen. Diese Straße ist streckenweise zwar sehr steil, aber landschaftlich überaus reizvoll.

Khemisset

D-2. Provinzhauptstadt, 447 m, 21800 Einw. Khemisset, zwischen Rabat und Meknès gelegen, ist Zentrum eines bedeutenden Agrargebietes (Landwirtschaft und Viehzucht) und wichtiger Marktort. Die Bevölkerung besteht vorwiegend aus Berbern der alten religiösen Bruderschaft der Zemmour. Neben der Agrarwirtschaft hat die Handwerkskunst des Städtchens und seiner Umgebung eine gewisse Bedeutung; ihre hauptsächlichen Produkte sind Teppiche, Webwaren und Raffia-Arbeiten, also Flechtarbeiten (Körbe, Schalen, Taschen, Hüte) aus den aufbereiteten Blättern der Palmitas, der buschwüchsigen Stechpalme.

Verkehr: Straße P 1 (Meknès – Rabat).
Unterkunft: Keine Hotels.

In der Umgebung:
Staudamm El Kansera, 40 km nordöstlich. In dem gleichnamigen See von 12 km Länge und 4 km Breite können 225 Millionen cbm Wasser gestaut werden. Diese Wasservorräte dienen zur Bewässerung des umliegenden Landwirtschaftsgebietes von rund 30000 Hektar und zur Erzeugung von ca. 12 Mio. Kilowattstunden/Jahr elektrischen Strom. Man fährt von Khemisset 19 km auf der P 1 in Richtung Meknès bis an die großartige Brücke, die in einem einzigen Bogen von 42 m Spannweite den Oued Beth überspannt, und biegt hier in die (beschilderte) Straße links ein, die nach abermals 21 km nach dem Staudamm und an den See führt. Der See bietet Möglichkeiten zum Baden, Bootfahren und für Wasserski.

Khenifra

D-2/3. Provinzhauptstadt, 830 m, 25500 Einw. Lebhafte Stadt auf der dem Westabfall des Mittleren Atlas vorgelagerten Hochebene, zu beiden Seiten des Oum Er-Rbia. Der bedeutendere Stadtteil ist der auf der rechten Seite des Flusses gelegene; beide Stadtteile sind durch eine Brücke miteinander verbunden. Die **Medina** *(auf der rechten Seite) hat einen ganz anderen Charakter als ihn gewöhnlich eine Medina zeigt, sicherlich ein Charakteristikum der fast reinen Berbersiedlung. Sie wirkt nüchtern und eigenartig farblos. Man findet hier einen Marktplatz, Soukgassen, die Kasbah des Caïds (des Bürgermeisters) und einige Heiligengräber, dazu eine Kechla (Kaserne). Sonntags und mittwochs, an den Markttagen, belebt sich das Stadtbild, Markt und Soukgassen bieten dann das übliche faszinierende Bild eines marokkanischen Marktes.*

Verkehr: Straße P 24 (Fès – Marrakech).
Unterkunft: Ein gutes, sonst einfache Hotels.

Geschichte:
Ursprünglich verbrachten hier die Aït Attas den Winter, im 17. Jh. legte Moulay Ismail einen Militärstützpunkt an. Von Sultan Moulay el-Hassan (1873–1894) wurde Moha ou Hammou ez-Zaiane zum Caïd des Gebietes der Zaiana (Zaiane ist ein Zusammenschluß einiger Berberstämme) ernannt. Moha ou Hammou legte in Khenifra mehrere Fondouks (= Karawansereien, heute: Gasthäuser) an, machte den Ort zu einem Markt, regierte recht selbstherrlich, überfiel schließlich vorbeiziehende Karawanen und machte selbst die Gegend dicht vor

Meknès unsicher. Nach der Besetzung der Chaouia (wörtlich die Mehrzahl von »Schäfer«, eigentlich eine Landschaft der Küstenmeseta bei Casablanca und Rabat) durch die Franzosen rief Moha ou Hammou den Heiligen Krieg aus und leistete den Franzosen bis zu seinem Tod im Jahre 1921 erfolgreich Widerstand. Zwar besetzten die Franzosen Khenifra bereits 1914, sie erlitten jedoch in der Schlacht von El Herri (10 km südlich von Khenifra) im November 1914 ihre größte Niederlage in Marokko. Auch nach der Besetzung Khenifras wurde die Garnison viele Jahre hart bedrängt.

Sehenswert:
Kasbah Moha ou Hammou, im 19. Jh. von Moha ou Hammou errichtet. Um die ganze Anlage führt außen ein Fußweg herum, der es ermöglicht, die Befestigung, heute eine Ruine, in ihrer ganzen eindrucksvollen Ausdehnung zu umschreiten.

Moulay-Ismail-Brücke.

Kasbah d'Amaroq, Wohnsitz der Nachfahren von Moha ou Hammou.

Sport: Schwimmbad am Fluß.

In der Umgebung:
Quellgebiet des Oum Er-Rbia (Sources de l'Oum Er-Rbia), 45 km nordöstlich. Die vielen leicht salzhaltigen Quellen des Oum Er-Rbia bilden einen kleinen von Felswänden umschlossenen See, in dem zahlreiche kleine Schildkröten und Forellen leben. Gern sind die Bewohner um den See bereit, gegen ein kleines Entgelt Forellen zu fangen und im Freien zuzubereiten. Dazu gibt es Brotfladen und Minztee.

Khouribga

D-2/3. Provinzhauptstadt, 799 m, 73 700 Einw. Zentrum der größten Phosphatvorkommen ganz Nordafrikas. Die aus einer 1921 angelegten Bergbausiedlung erwachsene Stadt liegt auf dem Plateau des *Oued Abdoun.* Die Phosphatlager wurden 1916 entdeckt, sie erstrecken sich auf einer Fläche von rund 2000 qkm und werden im Tage- und Untertagebau abgebaut. Mit vorher eingeholter Erlaubnis des »Office Chérifien des Phosphates« in Rabat, die gern erteilt wird, kann man die Gruben besichtigen. Die Besichtigungsdauer beträgt etwa einen halben Tag.

Verkehr: Straße P 13 (Kasba Tadla – Berrechid). – Nächste Bahnstation Sidi-Bou-Lanouar (2 km).
Unterkunft: Hotels aller Kategorien.

Ksar-el-Kebir

D-1/2 (früher Alcazarquivir), Provinz Tetouan, 25 m, 48 300 Einw. Die Stadt liegt auf einer weiten Hochfläche des nördlichen Bled, am Ufer des Loukkos. Ksar-el-Kebir, das früher spanische Garnison war (der Name Alcazarquivir bedeutet »große, befestigte Stadt«) liegt inmitten schöner, fruchtbarer Kulturen, da dieses Gebiet noch zum niederschlagsreichen Norden gehört.

Während der Zeit des spanischen Protektorats war die Stadt – dank ihrer günstigen Lage am Loukkos und als Bahnstation – eine lebhafte Landstadt. Heute ist ein starkes Abwandern der Bevölkerung in die großen Städte zu beobachten. Sehr interessant ist die Medina, vor allem ihr ältester Teil im Süden um das

Bab-el-Qued herum, mit ihren zahllosen kleinen Läden, maurischen Kaffeehäusern und den wimmelnden Menschenmassen, die zu den Zeiten der großen Märkte von weither aus dem Lande hier zusammenströmen. Auf dem Socco, dem großen Markt, kann man – hauptsächlich sonntags – des öfteren die ersten Kamelkarawanen des Nordens sehen, die, schwer bepackt mit Kornsäcken, vom flachen Land in die Stadt kommen.

Verkehr: Straße P 2 (Rabat – Tanger). – Bahnstation. – Busverbindung.
Unterkunft: Mehrere einfache Hotels.

Geschichte:
An der Stelle des römischen Oppidum Novum wurde im 12. Jh. el Ketami gegründet, das unter dem Almohaden Yakoub el Mansour vergrößert und mit einer Mauer umgeben wurde. So entstand der heutige Name Ksar el Kebir (= Große befestigte Stadt). In der Nähe fand 1578 die »Schlacht der drei Könige« statt, in der der portugiesische König Sebastião, wie auch der Sieger Abd el Malik den Tod fanden. Portugal fiel dadurch an Spanien. 1912 wurde die Stadt von den Spaniern besetzt, 1956 zogen die Spanier ab.

Sehenswert:
Große Moschee, eine der größten Moscheen Nordmarokkos; sie soll aus der Zeit Yakoub el Mansours (12. Jh.) stammen. Das achteckige Minarett hat antike Spolien.

Dar el Makhzen, Palast des Sultans.

Bab el Oued, ein schönes Stadtviertel, dessen Gebäude meist aus dem 15./16. Jh. stammen. Es liegt zwischen der Großen Moschee und der Durchgangsstraße mit dem Socco (Markt).

Ksar-es-Souk

s. Er-Rachidia.

Larache

D-1 (arab. El-Araich). Provinz Tetouan, 5–40 m, 45 700 Einw. Hafenstadt an der Atlantikküste. Sie liegt in jener Landschaft, die in der griechischen Sage »Garten der Hesperiden« genannt wird, unmittelbar am Ozean, dort, wo die steilen Ufer der weiten Mündungsebene des Loukkos in mehreren Terrassen bis zu 100 m ansteigen. Das Zentrum ist die Place de la Libération; östlich davon öffnet das von Arkaden umgebene Bab el Khemis (Tor des Donnerstags, nämlich des Donnerstagsmarktes) den Weg zur Medina. Stadt und Umgebung machen einen sehr einladenden freundlichen Eundruck. Orangen-, Zitronen- und Granatäpfelhaine finden sich in ausgedehnten Kulturen. Pinienwälder wechseln ab mit Gärten. Die ältesten Teile der Stadt sind von Mauern umgeben; an ihrem nördlichen und südlichen Ende schließen sich Festungswerke an.

Verkehr: Straße P 2 (Tanger – Rabat).
Unterkunft: Mehrere Hotels (gut bis einfach).

Geschichte:
Zuerst die Phönizier, dann die Römer erkannten die strategisch günstige Lage dieses Gebietes und errichteten auf dem Abfall des gegenüberliegenden Ufers ein Kastell, das den Namen Lixus trug. Diese feste Siedlung nahm bald eine beherr-

schende Stellung in der fruchtbaren Kulturlandschaft ein, die hier entstand. 1479 begann der portugiesische Statthalter von Asilah an der Stelle des damaligen Dorfes El-Araich Beni Arous mit der Errichtung eines Forts, mußte jedoch vor dessen Fertigstellung fliehen. Der Sultan von Fès, Mohammed es Said esch Scheikh, nahm das Dorf ein und errichtete Moscheen. Sein Bruder, Moulay en Nassir, erbaute eine Mauer und eine Kasbah. Im 18. Jh. wurde der Hafen ausgebaut und die Befestigungsanlagen erweitert. Schon früher zeitweilig ein Seeräuberzentrum, wurden auch jetzt europäische Schiffe von hier aus gekapert. Als Vergeltung wurde die Stadt von den Franzosen (1765) und von den Österreichern (1829) beschossen.

Sehenswert:
Alte **Kasbah Khebibat,** heute Krankenhaus, 400 m über dem Meer.

Zitadelle »Storchenburg«, im 17. Jh. von Philipp III. von Spanien erbaut.

Malerischer **Socco de la Alcaiceria.** – Sultanspalast und Große Moschee.

Lixus

Sport: Strandbad, nahe der Mündung des Loukkos ins Meer.

In der Umgebung:
Lixus, 3 km nördlich, Ruinen einer phönizisch-römischen Siedlung, über deren Vorgeschichte noch keine völlige Klarheit herrscht. Der griechischen Mythologie zufolge verrichtete Herkules hier zwei seiner zwölf Arbeiten, nämlich die Tötung des Riesen Antäus und die Herbeischaffung der drei goldenen Äpfel aus dem Garten der Hesperiden. Zwischen 40 und 45 n. Chr. wurde Lixus unter dem römischen Kaiser Claudius in den Rang einer Kolonie erhoben.

In Lixus, dessen Lage Mitte des vorigen Jahrhunderts von dem deutschen Forschungsreisenden Heinrich Barth wiederentdeckt worden war, bewundert man noch heute die gewaltigen Kellergewölbe, die Bäder und die mächtigen Quader, aus denen die Befestigung erbaut war. In der Unterstadt lagen die Fischeinsalzungsfabriken, deren Reste noch heute zu sehen sind. Archäologische Funde von Lixus befinden sich im Museum von Tetouan.

Marrakech

*C-3. Hauptstadt der gleichnamigen Provinz, 453 m, 436 000 Einw. Die alte Königsstadt des Südens liegt inmitten der Haouz-Ebene im südwestlichen Vorland des Hohen Atlas, etwa 4 km südlich des Oued Tensift, fast vollständig von einem Palmenring umgeben. Von hier aus führen die großen Handelswege über die beiden wichtigsten Pässe des Hohen Atlas: über den **Tizi-n-Tichka** in das*

*Drâa-Tal und weiter in die bedeu-
tendsten Oasen und über den Tizi-
n-Test in den Sous. In Marrakech
werden die Produkte des Bergbaus
aus dem Atlas verladen und auf der
hier endenden Bahn nach Casablanca an die Küste befördert. Marrakech
ist der große Souk für die Berber des
Gebirges, und auch für den Tourismus bedeutet Marrakech einen
Glanzpunkt der Marokkoreise.*

Für den, der Marrakech zum ersten
Male besucht, wird die Stadt zum
eindrucksvollen Erlebnis. Inmitten
weiter Palmen-, Orangen- und Olivenhaine, umgeben von den jäh auf-
steigenden Ketten des Atlas (dessen
höchste Gipfel Schneehauben tragen) liegt sie da, »die Rote«, wie die
Marokkaner sagen. Rot ist die Erde
ringsum, und rot sind die gewaltigen
hohen Ringmauern, die sich – kilo-
meterweit – um die alte Stadt ziehen
und in regelmäßigen Abständen
von massiven Toren unterbrochen
werden.

Die **Medina** ist die größte in Marokko. Die im 12. Jh. von den Almoraviden erbaute und unter den Almohaden erweiterte Stadtmauer hat
eine Länge von rund 12 km, sie ist 5
bis 8 m hoch und bis zu 2 m stark.
Die ehemaligen Zinnen auf der
Mauer sind nicht mehr vorhanden,
desgleichen auch nicht mehr der
Graben, der, wie man vermutet, früher einmal um die Stadtmauer ge-
führt hat. Neun große Tore führen
in die Altstadt.

Der europäische Reisende sollte
Marrakech vorzugsweise während
der Wintermonate (November bis
Mai) besuchen, zu dieser Zeit beträgt die Temperatur ca. 18° C; allerdings werden dann die Straßen-
verbindungen oft etwas problema-
tisch. Obgleich Marrakech ein ausgesprochenes   Kontinentalklima
hat, also trockene Hitze, können die

hohen Temperaturen dem Europäer
während des Sommers den Aufenthalt ziemlich verleiden. Weht nämlich gelegentlich von Süden her der
Schirokko, ein sehr heißer Wüsten-
wind, dann steigt die Quecksilber-
säule nicht selten auf 50° C.

Auskunft: Syndicat d'Initiative et de Tourisme de Marrakech, 170 Avenue Mohammed V.,
Tel.   3 20 97   und   3 47 97.   –
O. N. M. T. (Office National Marocain du Tourisme), Place Abdel-
moumen Ben Ali, Tel. 3 02 58.
Verkehr: Kreuzungspunkt der Straßen P 7, 9, 10, 24, 31. – Bahnstation:
Avenue Hassan II. – Internationaler
Flughafen: Aeroport Menara, 6 km
südwestlich des Zentrums. – Bus:
Busbahnhof an der Place Djemaa el
Fna; CTM und Privatlinien verkehren in alle Richtungen.

Stadtverkehr: Ebenfalls von der
Djemaa el Fna ausgehend in alle
Stadtteile.

Hauptpost: Avenue Mohammed V.

Unterkunft: 40 Hotels aller Kategorien. – Jugendherberge. – Campingplatz.

Geschichte:
Um 1070 von Abu Bekr, dem ersten
Führer der aus der Sahara stammen-
den Almoraviden-Dynastie, als befestigtes Heerlager gegründet (Ksar
el Hajar – steinerne Burg), wurde es
bereits wenige Jahre später von dessen Neffen Youssef Ben Taschfin
zur »Mraksch«, zur Stadt, ausgebaut. Dieses arabische Wort für
Stadt gab später dann nicht nur
Marrakech seinen Namen, sondern
auch, von den Europäern mehr oder
weniger abgewandelt, dem ganzen
Land.

Die Almoraviden entwickelten eine
für Nomaden erstaunliche Bautätig-

keit, die bereits von Andalusien, das Youssef Ben Taschfin eroberte, beeinflußt wurde. Sein Sohn Ali Ben Youssef erweiterte die von seinem Vater angelegte Stadt, baute das Wasserversorgungssystem, ein weitverzweigtes, meist unterirdisch verlaufendes Kanalnetz (Khettara), aus, erweiterte den Palmenhain rund um die Stadt und umschloß sie letztlich mit der rund 12 km langen Stadtmauer, die noch heute die Medina umgibt.

Doch bereits Mitte des 12. Jh. wechselte das Herrschaftshaus der Königsstadt: im Jahr 1147 wurden die Almoraviden durch die ebenfalls berberische Almohaden-Dynastie abgelöst, die die almoravidischen Bauwerke bis auf die Stadtmauer mit systematischer Gründlichkeit vernichteten. Dies geschah jedoch mit dem Versprechen, etwas Neues, wesentlich Schöneres zu erschaffen, und es enstand eines der schönsten Bauwerke der Stadt: Moschee und Minarett der Koutoubiya (= Buchhändlermoschee). Die Moschee wurde bereits 1158 unter Abd el Moumin fertiggestellt, während das berühmte Minarett erst zwischen 1184 und 1199 von seinem Enkel Yakoub el Mansour vollendet wurde. Zur gleichen Zeit entstanden, dem Vorbild der Koutoubiya folgend, zwei weitere bekannte Minarette: die Giralda in Sevilla und der – leider unvollendete – Hassan-Turm in Rabat.

Anfang des 13. Jh. begann das Almohadenreich zu zerfallen. Die Meriniden begannen sich im Norden festzusetzen und eroberten schließlich unter Abou Youssef Yakoub 1269 Marrakech. Damit verlor Marrakech die Würde als Königsstadt, da die Meriniden ihre Hauptstadt nach Fès verlegten. Von dieser neuen Dynastie bewahrt Marrakech keine weiteren Baudenkmäler als die Moscheen Sidi Mohammed Ben Salah und El Ksour. Die Portugiesen, die sich gegen Ende des 15. Jh. an der Atlantikküste festzusetzen begannen, unternahmen Vorstöße in die Marrakech umgebende Haouz-Ebene, vermochten aber nicht in die Stadt selbst vorzudringen.

Erst mit den Saadiern kehrte der königliche Hof ab 1554 nach Marrakech zurück; Residenz wurde es unter dem Sultan Abou El Abbas, der seiner Bauleidenschaft wegen berühmt wurde. So ließ er unter anderem den Palast El Badi errichten, der Granadas Alhambra in den Schatten stellen sollte. Noch einmal erlebte Marrakech eine Blütezeit, begründet durch die Eroberung Timbuktus. Die riesigen Beuteschätze an Gold und Elfenbein wurden von den Saadiern zur Verschönerung ihrer Hauptstadt verwandt, ebenso wie der daraufhin einsetzende schwunghafte Gold- und Sklavenhandel zur Vermehrung des Reichtums der Stadt beitrug. Mit dem Untergang dieser Dynastie und dem Wechsel der Herrschaft in die Hände der Alaouiten (denen auch der heutige Herrscher, König Hassan II., angehört), verlor Marrakech 1669 erneut seine Bedeutung als Königsstadt. Unter Moulay Ismail (1672 bis 1727) wurden die meisten saadischen Paläste zerstört, selbst von dem schönsten Bauwerk, dem El Badi-Palast, blieben nur Ruinen erhalten. Lediglich die Grabanlage der Saadier vermittelt noch einen Eindruck ihrer prunkvollen Bauweise.

Ihre Bedeutung als Hauptstadt des Südens ebenso wie ihren Beinamen »Perle des Südens« behielt Marrakech jedoch bis heute bei. Dies mag nicht zuletzt daran liegen, daß von

Medina von Marrakech – in den engen Gassen sind Maultiere auch heute noch das bevorzugte Transportmittel

Zeit zu Zeit Sultane ihren Aufenthalt hier nahmen und sich um die Erhaltung der alten ehrwürdigen Baudenkmäler bemühten. Sie restaurierten die alten Medersen, die alten Grabdenkmäler, Tore und Heiligtümer, so daß wir heute in Marrakech eigentlich nur wohlerhaltene Bauten antreffen, selbst dort, wo man annehmen sollte, daß die Jahrhunderte Zeichen ihres Zerstörungswerks hinterlassen haben müßten.

Die Neustadt, genannt Gueliz, wurde seit 1913 von den Franzosen in einem Wüstengebiet westlich der Medina angelegt. Die Arbeiten wurden nach Plänen des Hauptmanns Landais durchgeführt, der besonderen Wert auf die Anlage von Gärten und Parks legte. Zentrum der Neustadt war die heutige Place du 16 Novembre.

Sehenswert:

Stadtrundfahrten: Rundfahrt zu den Souks, den Moscheen, den Heiligtümern und den Brunnen (Tour des souks, des mosquées, des sanctuaires et des fontaines). Buchung: Syndicat d'Initiative et de Tourisme.

Man beachte dabei, daß es verboten ist, Moscheen oder Grabstätten zu betreten.

Empfehlenswert: Kaleschenrundfahrt. Droschken sind vor jedem größeren Hotel und an der Djemaa el Fna zu finden. Preis vorher aushandeln (ca. 45 bis 50 DH/90 Minuten)!

Besichtigungsvorschlag (läßt sich auf zwei Tage ausdehnen, ergänzt man ihn mit Ausflügen). Vormittags: Bab Agnaou, Kasbah, Saadier-Gräber, El Badi-Palast, Palais de la Bahia, Museum Dar Si Said. Nachmittags: Bummel durch die Medina, Medersa Ben Youssef, Place Djemaa el Fna, Koutoubiya.

Von der **Place de la Liberté** auf der *Avenue Mohammed V.* in Richtung *Medina* kommt man, am **Rathaus** (Préfecture) vorbeigehend, zur **Koutoubiya-Moschee,** dem Wahrzeichen der Stadt. Errichtet wurde sie von Abd el Moumin 1147–1163. Die Moschee selbst, die mit 17 Schiffen zu den größten Marokkos zählt, darf von Nichtmohammedanern keinesfalls betreten werden. Daneben befinden sich die freigelegten Mauerreste der 1. Almohadenmoschee. An der Nordost-Seite liegt das

---

Minarett der Koutoubiya (wörtlich »Buchhändler«, da hier einstmals der Souk der Buchhändler war), eines der schönsten Baudenkmäler Nordafrikas, das als Vorbild der Giralda in Sevilla und des Hassan-Turmes in Rabat galt. Die drei vergoldeten Kupferkugeln an der Spitze des 69 m hohen Minarettes sollen ursprünglich aus reinem Gold gewesen sein. Zu beachten ist die Steinornamentik des Baues, der erst 1199 fertiggestellt wurde, wegen der Verschiedenheit der 4 Fassaden.

Unweit der Koutoubiya, kurz vor dem Ende der *Avenue Bab el Jedid* dehnt sich die

Mamounia, ein schattiger Orangen- und Olivengarten, aus, der im 17. Jh. unter den Saadiern angelegt wurde. Im Park liegen das 1923 erbaute Hotel Mamounia und ein kleines Gartenhaus, ebenfalls aus dem 17. Jh. – Etwas weiter südlich, am Ende der *Rue Bab Agnaou* erhebt sich das

Minarett der Koutoubiya

Bab Agnaou, das im 12. Jh. erbaute älteste Almohaden-Tor. Als Eingangstor zur *Kasbah* ist es durch seinen mit einer Doppelreihe von Wölbsteinen verzierten Hufeisenbogen eines der schönsten Beispiele der Monumentalarchitektur. – In unmittelbarer Nähe des Bab Agnaou steht das **Bab er Robb** (wörtlich »eingedickter Traubensaft«). Es wurde angeblich unter Sultan Yakoub el Mansour (1184–1199) errichtet, wird aber erstmals im Jahr 1308 genannt. Den Namen hat das Tor wohl daher, daß aus steuer- und koranrechtlichen Gründen Traubensaft nur durch dieses Tor nach Marrakech gebracht werden durfte. – An diese beiden Tore schließt sich die alte

Kasbah an, das Regierungsviertel der Almohaden und Saadier. Die Kasbah wurde im 12. Jh. errichtet,

später vergrößert und verschönert. – In der Kasbah liegt die **Kasbah-Moschee,** erbaut von Sultan Yakoub el Mansour, ebenfalls Ende des 12. Jh. Die ursprüngliche Sultanmoschee wurde im 16. und 18. Jh. restauriert, ihr Betreten ist Nichtmohammedanern verboten.

Etwa 100 m westlich, an der *Place Yakoub el Mansour,* liegen die

Saadier-Gräber, eine prunkvolle Grabanlage aus dem 16. Jh. Sie besteht aus zwei äußerlich unscheinbaren Mausoleen, die in ihrem Inneren jedoch reich mit Zedernholzdächern, arabeskenverzierten Marmorsäulen und Stalaktitendekor ausgeschmückt sind. Das erste, kleinere Mausoleum ist das Grab Abdullah el Ghalibs, des Vorgängers Sultan Ahmed el Mansours (1578–1602), dessen Ruhestätte das zweite, wesentlich größere Mausoleum ist, das sich in drei Räume aufteilt: Saal des Mirhab (Gebetsnische), Saal der 12 Säulen (Grab el Mansours), Saal der drei Nischen (Kindergräber). Im Hintergrund der Anlage befindet sich ein weiteres, verhältnismäßig schlichtes Grabmal, das der Frauen. Die gesamte Anlage wurde erst 1917 wiederentdeckt, nachdem die Eingänge von Moulay Ismail zugemauert wurden, der jede Erinnerung an die Saadier auslöschen wollte. – Besichtigung: 9 bis 12 und 14 bis 18 Uhr, täglich außer Freitag. – Östlich der Saadiergräber liegt der

El Badi-Palast (wörtlich »der Wunderbare«). Kurz nach der »Dreikönigsschlacht« (bei As. Asilah) vom 4. 8. 1578 vom Saadierherrscher Sultan Ahmed el Mansour errichtet, wurde er auf Befehl des Alaouitensultans Moulay Ismail ab 1696 abgetragen, um die Erinnerung an die Saadier auszulöschen und um Baumaterial für seine Palastanlage in seiner

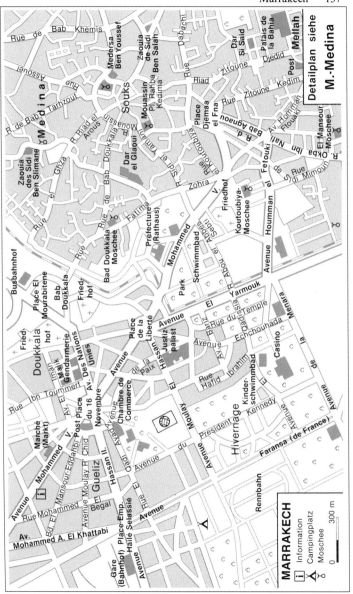

Detailplan siehe
M.-Medina

MARRAKECH

i Information
△ Campingplatz
✂ Moschee

0   300 m

Gerberviertel in Marrakech – für die Arbeiter gar nicht malerisch, sondern eine dreckige, stinkende Knochenarbeit

Hauptstadt Meknès zu gewinnen. Der Abbruch dauerte drei Jahre. Im Hof des El Badi-Palastes finden jetzt die großen Folkloreveranstaltungen (April/Mai) statt. – In der Nähe, vom El Badi aus an seinen grünen Dächern erkennbar, liegt das

Dar el-Makhzen, der Königspalast. Ursprünglich aus der Almohadenzeit stammend, wurde er in den folgenden Jahrhunderten mehrfach verändert. Bei seinen Aufenthalten in Marrakech wohnt hier noch heute der König, folglich ist der Eintritt verboten. Südlich des Dar el-Makhzen erstreckt sich der

Jardin d'Aguedal, ein 3 km langer und 1,5 km breiter herrlicher Garten aus dem 19. Jh. mit Obstbäumen aller Art (Orangen, Zitronen, Mandarinen, Feigen, Oliven, Granatäpfel u. a.), zwei Wasserbecken und zwei Kanälen. Der Garten ist von einer Mauer umgeben. – Östlich des El Badi-Palastes liegt die

Mellah, das jüdische Viertel. Hier mußten die Juden unter Sultan Moulay Abdallah ihren Wohnsitz nehmen. Zentrum und Souk der Mellah ist seit 1920 die *Place des Ferblantiers* (samstags geschlossen). Kurz nach der Place des Ferblantiers führt eine Gasse nach rechts zum

Palais de la Bahia (wörtlich »die Glänzende«). Der Ende des 19. Jh. für Großwesir Ba Ahmed erbaute Palast folgt in seinem Aufbau noch der traditionellen Dreiteilung der Paläste: *Méchuar,* der Teil für öffentliche Audienzen und Gerichtsverhandlungen; *Diwân,* für feierliche Staatsakte und als Beratungsort dienend und *Harem,* der private und schönste Teil der Palastanlage. Um diesen Kern herum erstreckt sich allerdings ein Gewirr von weiteren Räumen und Gärten, die an-

scheinend planlos hinzugebaut wurden. Entsprechend heißt es auch, der Palast habe sich je nach Grundstücksneukauf vergrößert. – Geöffnet täglich von 9 bis 12 und 15 bis 18 Uhr. – Wendet man sich vom Palais kommend nach rechts, erreicht man die *Rue de la Bahia* entlanggehend, das

Dar Si Said, ein schönes Wohnpalais aus dem Ende des 19. Jh., in dem sich heute das *Museum für marokkanische Volkskunst* befindet, das eine reiche Übersicht über das kunstgewerbliche Schaffen von Marrakech und Umgebung bietet. – Öffnungszeit: täglich von 9 bis 18 Uhr. – Von hier gelangt man über die *Rue Riad Zitoun el Jedid* zur

Djemaa el Fna, dem Herzen der *Medina,* bzw. dem Zentrum der ganzen Stadt (s. Infokasten). – Hinter der Djemaa el Fna erstreckt sich der Nordteil der

---

Medina, der Teil der Altstadt, der berühmt ist für seine Souks (Marktstraßen).

Die engen Gassen der Medina sind zum Teil mit Strohmatten oder Bambus überdeckt, um die ärgste Hitze und Sonne abzuhalten. Zauberhaft ist das gebrochene Licht, das Spiel von Licht und Schatten, das dadurch hervorgerufen wird. Jedes Gewerbe hat seinen eigenen Souk, in einem werden nur Lederwaren verkauft, in einem anderen nur Korbwaren. Dort, wo die Holzwaren feilgeboten werden, riecht es betäubend nach Sandelholz. In winzigen wabenförmigen Buden hocken geduldig die Händler oder preisen mit lautem Rufen ihre Waren an. In ein Märchen aus »1001 Nacht« versetzt fühlt man sich in den Souks der Färber und Silberschmiede.

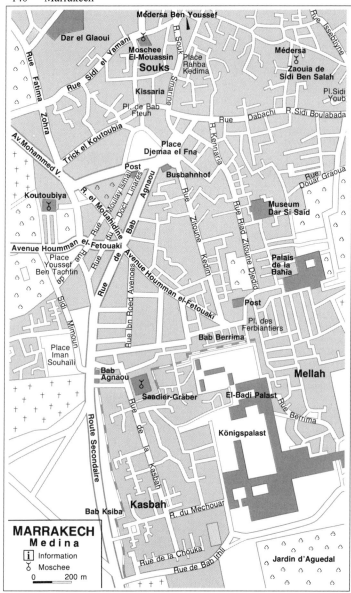

Médersa Ben Youssef
Dar el Glaoui
Rue Issebitivne
Moschee
El-Mouassin
Place
Rahba
Kedima
Souks
Médersa
Zaouia de
Sidi Ben Salah
Rue Sidi el Yamani
Rue Fatima
Zohra
Kissaria
Pl.Sidi
Youb
Smarine
Pl. de Bab
Fteuh
Rue Dabachi
R.Sidi Boulabada
Av.Mohammed V.
Trick el Koutoubia
R.Kennaria
Place
Djemaa el Fna
Rue
Douar Graoua
Post
Busbahnhof
Koutoubiya
Bab
Agnaou
Museum
Dar Si Saïd
R. el Mouahidine
Doct. Linares
Rue Moulay Ismail
Rue
Zitoune
Kedim
Rue Biad Zitoune Djedid
Avenue Houmman el-Fetouaki
Palais
de la
Bahia
Place
Youssef
Ben Tachfin
ap
Rue
Avenue Houmman el-Fetouaki
Rue Ibn Roed Avenoes
Sidi
Mimoun
Post
Pl. des
Ferblantiers
Place
Iman
Souhaïli
Bab Berrima
Bab
Agnaou
Mellah
Saadier-Gräber
El-Badi Palast
Rue
Berrima
Route Secondaire
Königspalast
Rue de la Kasbah
Bab Ksiba
Kasbah
R. du Mechouar
Jardin d'Aguedal
Rue de la Chouka
Rue de Bab Ihli

MARRAKECH
Medina
[i] Information
Ⓧ Moschee
0   200 m

Empfehlenswert ist es hier, sich für einen Bummel einen Führer mitzunehmen, da man sich sonst im Gewirr der Gassen verlieren könnte. Diese Führer lassen sich im Hotel, auf der Djemaa el Fna oder gleich in den Souks finden. Im allgemeinen bieten sie ihre Dienste von sich aus an. Der Preis ist vorher auszuhandeln.

Doch nicht nur die Souks sind im Nordteil der Medina sehenswert, sondern ebenso der nördlich der Djemaa el Fna am Ende der *Rue el Ksour* liegende

El Mouassin-Brunnen, der aus der gleichen Zeit stammt wie die zu ihm gehörige **Große Moschee El Mouassin,** zwischen 1563 und 1573 unter Sultan Moulay Abdallah errichtet. – Folgt man von der Rue el Ksour dem Hauptsouk, der zuerst *Rue Souk Smarine* und später *Souk el Kebir* heißt, erreicht man die

Medersa Ben Youssef, eine Koranhochschule aus dem 14. Jh. Sie ist eines der wenigen Bauwerke, um das Marrakech unter der Meriniden-Dynastie reicher geworden ist. Zur größten Medersa Nordafrikas ausgebaut wurde sie jedoch erst Mitte des 16. Jh. unter dem Saadier

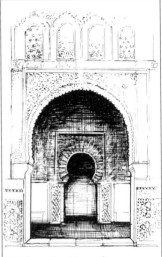

Medersa Ben Youssef

Moulay Abdallah. Zu beachten ist hier ein marmornes Reinigungsbekken, das zwischen Betsaal und Brunnen im Hof steht und wegen seiner Tierdarstellung für die Sakralarchitektur außerordentlich selten ist. Westlich davon, an der *Rue Dar el Glaoui,* steht das

---

Djemaa el Fna

Dieser 150 m lange und 100 m breite Platz ist zweifellos der berühmteste Marokkos. Sein Name, »Versammlung der Toten«, rührt daher, daß seinerzeit ein Kalif, der Stellvertreter des Sultans, die abgeschlagenen Köpfe seiner Gegner hier auf Pfähle stecken und ausstellen ließ. Heute hauptsächlich Marktplatz, finden hier täglich nach der großen Mittagshitze die berühmten Volksbelustigungen statt. Dann kommen Wahrsager, Feuerfresser, Tänzer, Akrobaten, Musikanten, Geschichtenerzähler und Schlangenbeschwörer – aber auch Taschendiebe. Man sollte sich dieses faszinierende Schauspiel keinesfalls entgehen lassen. Wer übrigens hier fotografieren möchte, muß hierfür seinen Obolus an die betreffenden Personen zahlen.

Dar el Glaoui, ein Pascha-Palast aus dem Anfang des 20. Jh. Seit Ende des 19. Jh. waren die Glaoua, ein bedeutendes Geschlecht aus dem hohen Atlas, Paschas von Marrakech. Bei der Verbannung des späteren Königs Mohammed V., Vater Hassans II., im Jahr 1953, spielte der Glaoui eine unrühmliche Rolle. Die Besichtigung des Palastinneren ist nicht möglich. – Vom Pascha-Palast führt der Weg zum *Bab Doukkala* an der

Bab Doukkala-Moschee aus dem 16. Jh. vorbei, deren Minarett mit vier Kugeln ausgeschmückt ist. – Nahe dieser Moschee befindet sich der

Sidi el Hassan ou Ali-Brunnen, eine 15 m lange und 5 m breite Zisterne, die von drei Kuppeln überdeckt ist.

In der **Neustadt** gibt es kaum Sehenswürdigkeiten. Hier befinden sich jedoch viele Nachtklubs, Bars, das Casino (Glücksspiele wie Baccarat u. a.) und andere Vergnügungsstätten, das Hauptpostamt, der Bahnhof, das Schwimmbad, das Sportgelände, der Rennplatz, Krankenhaus, Justizpalast, Parkanlagen u. a. Die Neustadt wird von breiten, nach europäischen Gesichtspunkten angelegten Straßen durchzogen.

Sport: Tennis, Reiten, Golf, Jagen, Angeln. Freibad.

Veranstaltungen: Alljährlich findet im April/Mai ein sehr pittoreskes »Festival der marokkanischen Folklore« statt, zu dem sich in den Ruinen des Palastes el Badi Tanzgruppen aus dem ganzen Lande zusammenfinden.

In der Umgebung:
Garten der Menara. In nächster Umgebung, 3 km östlich der Stadt, erreichbar über die *Avenue de la Menara.* Früher ein riesiger Ziergarten, wurde er in einen gewaltigen Olivenhain umgepflanzt, heute Eigentum des Königs. Der Park, im 17. Jh. angelegt, enthält einen hübschen, kleinen Pavillon, früher angeblich für Glücksspiele und andere – verbotene – Amüsements gedacht. Er ist gegen ein kleines Entgelt zu besichtigen. Vor dem Pavillon ist ein riesiges Schwimmbassin angelegt, das heute nicht mehr in Benutzung ist. Von hier aus kann man bei entsprechenden Lichtverhältnissen einen schönen Blick auf die oft noch schneebedeckten Gipfel des Hohen Atlas werfen.

Palmeraie (Palmenwald). Im Norden der Stadt beginnend zieht sie sich bis zum Tensift Fluß, den sie etwa 20 km lang begleitet. Der Dattelpalmenhain bedeckt eine Fläche von ca. 13 000 Hektar. Eine Rundfahrt mit einem Taxi o. ä. ist interessant, sie wird vom Syndicat d'Initiative organisiert. Reisebussen ist die Strecke untersagt.

Tamesloht, ein kleiner Ort ca. 15 km südwestlich von Marrakech, an der SS 6010, gelegen. Interessant zu besichtigen sind hier zwei *Zawijas* (Sitze von einer religiösen Gruppe, die mit Klosterbruderschaften vergleichbar ist), im 16. Jh. gegründet von einem als Wundertäter verehrten Heiligen, der seiner Gelehrsamkeit wegen berühmt war. Ebenfalls sehenswert ist die große *Kasbah* des Ortes.

Amizmiz, 54 km südwestlich, auf einer Hochebene von 1000 m sehr schön im Schatten des Hohen Atlas gelegen. Das große Berberdorf wird durch eine tiefe Schlucht geteilt. Der Ort ist ein kleines Töpfereizentrum, hat eine sehr schöne *Kasbah,* vor der jeden Dienstag ein großer Markt stattfindet. Weiter besitzt er eine *Mellah* und die *Zawija* des Sidi

Marrakech und Umgebung
Hoher Atlas

ÜBERSICHT

0 ___ 20 km

▲ Aussicht ▓ Kasbah ☩ Moschee ≋ Paß

Ouarzazata

Demnate ○ Imi n'Ifri ▲

Azrif ○ Arbaiou ○

Teloueï ● 1800

Aïd Benhaddou ▓▓

Tazenakht

LAND DER GLAOUA

Sidi Rahal

Aït Barka ▓ Arba Talatast

Taddert

Irgherm n'Ougdal

Amerzgane ▓▓

P31

Aït Ourir ▓

Ouet Zate

Tizi n'Tichka 2260

Beni Mellal

P31

S L A

DarCaïd Ouriki ▓

2728

OURIKA-TAL

Setti Fatma 3912

3728

Marrakech

P24

Arbalou 3195

NATIONALPARK 3846

H A O U Z

Tahanaoute

Tamesloth ▓

3892

Oukaïmeden 3192

Djebel Toubkal

4169

P10

Talsperre Cavgnac

Tadmant

Asni

Imlil

3086

Oumnass

Amizmiz ▓

H O H E R   A T L A

Azegour Ouirgane

Ijoukak Tagoundaft ▓

Guemassa

3280

Tin Mal ☩

Djebel Erdouz 3578

3615

Tizi n'Test 2120

Agadir

Imi n'Tanoute

el Hossein Ben Messaoud. Auf dem Weg nach Amizmiz liegt die Talsperre Cavgnac mit 7 km langem Stausee.

Ourika-Tal, südöstlich dorthin führt die SS 513 von Marrakech nach Oukaïmeden. Das 35 km lange Tal ist dicht besiedelt und liegt in 1000 bis 1500 m Höhe. Sehenswert ist im Dorf **Dar Caïd Ouriki** das buntbemalte Minarett der Moschee, sowie ein Montagsmarkt. Bei *Asguine* nimmt man die Abzweigung nach **Setti Fatma** (Moussem und Nußmarkt im August); von hier ab überall sehr schöne Wanderwege. Kurz vor dem Ort, am **Djebel Yagour,** finden sich prähistorische Felsmalereien: Wagen, Pfeile, Bogen u. a. (Nur mit ortskundigem Führer besichtigen!) Zum Djebel Yagour führt auch ein Maultierpfad von Irhef aus.

Asni, 45 km südlich, ein herrlich in grünen Bergen gelegenes Berberdorf in 1150 m Höhe am Ufer des *Oued Reraia.* Asni erreicht man auf einer guten Route (S 501; Busse Linie Marrakech – Taroudannt) über *Tahanaoute,* ein kleines Dorf, 995 m hoch gelegen. Asni ist die Sommerfrische der Reichen von Marrakech, entsprechend finden sich um den Ortskern (Kasbah) herum viele Sommerhäuschen. Von Asni aus kann man sehr viele und schöne Wanderungen unternehmen, u. a. auch Bergtouren ins

Toubkal-Massiv, südlich, den höchsten Berg Nordafrikas, 4165 m hoch. Der Aufstieg beginnt bei **Imlil,** 17 km hinter Asni. Informationen über die Bergtouren gibt der Club Alpine, Avenue Mohammed V., Rabat. Bergführer kann man in Imlil mieten. – Der

Tizi-n-Test, der zweithöchste Paß Marokkos, 2120 m hoch, ist auf landschaftlich sehr schöner Strecke

ebenfalls über *Asni* zu erreichen. Hinter dem Ort ist die Straße noch 15 km asphaltiert, dann geht es auf meist guter Piste weiter. Nach Asni folgt **Ouirgane,** ein Luftkurort in 1050 m Höhe in herrlicher Landschaft. Weiter über *Ijoukak* (92 km von Marrakech), danach erreicht man **Talat-n-Yakoub,** 1317 m (101 km), überragt von der um die Jahrhundertwende erbauten *Kasbah Goundagi.* Auf dem gegenüberliegenden Ufer des *Oued N'Fiz* befinden sich die Ruinen des Ortes **Tinmal,** der Wiege der Almohaden-Dynastie, die von hier aus unter Abd-el-Moumin (1125) auszogen um nicht nur Marokko, sondern ganz Nordafrika und Südspanien zu beherrschen. Ihre Nachfolger, die Meriniden, zerstörten die Stadt um 1276.

Oukaïmeden, 72 km südlich (s. dort), 2650 m, ist das beliebteste Wintersportzentrum Marokkos, von Marrakech aus über die S 513 zu erreichen.

Mazagan

s. El Jadida.

Mechra-Bel-Ksiri

D/E-2. Provinz Kénitra, 17 m, 5000 Einw. Kleiner Ort im Tal des mittleren Oued Sebou, Zentrum einer Orangenkultur von etwa 500 Hektar, die von französischen Obstzüchtern angelegt worden ist.

Verkehr: Straße P 6 (Meknès – Souk el-Arba-du-Rharb). – Bahnstation.
Unterkunft: Keine Hotels.

Veranstaltungen: Mousseum des Sidi Kacem Harroucha im September.

In der Umgebung: Ruinen der römischen Kolonie **Banasa,** 15 km westlich, am linken Ufer des Oued Sebou. Banasa wurde im 1. Jh. v. Chr. an der Stelle einer älteren Siedlung gegründet. Im 3. Jh. erlebte sie ihre Blütezeit und besaß damals eine Umfassungsmauer von 1100 m Länge. Ein Rundgang zeigt den Forumsbezirk, den Kapitoltempel, die großen und die kleinen Westthermen, zahlreiche Privathäuser.

Meknès

D/E-2. Hauptstadt der gleichnamigen Provinz, 552 m, 405 000 Einw. Meknès ist die letzte der vier marokkanischen Königsstädte, in dem fruchtbaren Anbaugebiet zwischen den nördlichen Ausläufern des Mittleren Atlas und den Vorketten des Rifgebirges. Auf dieser zentralen Lage in einem dichtbesiedelten und wirtschaftlich wichtigen Gebiet beruht die Bedeutung der Stadt. Meknès hat einen gänzlich anderen Charakter als die anderen Königsstädte Fès, Marrakech und Rabat. Es hat weder die Geistigkeit von Fès oder den südlichen Charme Marrakechs, noch die Eleganz Rabats, es wirkt beinahe zyklopenhaft, festungsartig und wuchtig-abweisend, aber ungeheuer eindrucksvoll. Ein dreifacher Gürtel von hohen Festungsmauern und Befestigungen umgibt die Medina des alten Mequinez; insgesamt 40 km Länge hat dieser Mauerkranz – bedrückend fast für den, der auf der Sohle zwischen den endlos ragenden Steinen dahinschreitet.

Die »Ville nouvelle«, die Europäerstadt, liegt weit ab von der alten Stadt. Sie hat – wie auch die Neustadt von Fès – den Charakter einer kleinbürgerlichen Provinzstadt und ist ohne besonderes Interesse für den Touristen. Für die Medina aber sollte man sich Zeit nehmen.

Das Gebiet um Meknès wird von mehreren Zuflüssen des *Oued Sebou* und vom *Oued Beth* durchquert. Der Beth ist 40 km westlich der Stadt durch eine Mauer gestaut und speichert wertvolles Wasser für die trockenen Sommermonate auf. Die Temperaturen liegen im August zwischen 17° und 33°, im Januar zwischen 5° und 14° C.

Auskunft: Syndicat d'Initiative et de Tourisme de Meknès et du Moyen-Atlas, Esplanade de la Foire, Tel. 2 01 91. – Office National Marocain du Tourisme, Place Administrative, Tel. 2 12 86.
Verkehr: Kreuzungspunkt der Straßen P 1, 4, 6, 21, 34. – Bahnstation. – Flughafen Mezergues (3 km südöstlich).
Unterkunft: 10 Hotels aller Kategorien. – Jugendherberge. – Campingplätze.

Geschichte:
Der Ursprung von Meknès reicht bis ins 10. Jh. zurück. Hier siedelten seinerzeit Berber aus dem Stamme des Meknassa, woher sich auch der Name der Stadt ableitet. Auf dem Gebiet der heutigen Stadt befanden sich damals mehrere kleine Siedlungen und Güter, die sich im Besitz der regierenden Almoraviden befanden, die aber schließlich zusammengefaßt und 1063 zu einem einheitlichen Befestigungswerk ausgebaut wurden, das den Kern der heutigen alten Stadt ausmacht. Zu Beginn des 12. Jh. rief der Mahdi Ibn Toumart, der Begründer der Dynastie der Al-

mohaden, hier zum »Heiligen Krieg« gegen die damaligen Herrscher auf, aber er wurde davongejagt. Seine Nachfolger hingegen waren erfolgreicher und nahmen die Stadt im Jahre 1150 ein. Infolge der grausamen Behandlung, die die Eroberer der Bevölkerung angedeihen ließen, verließen zahlreiche Bewohner die Stadt, sie wurde nahezu entvölkert. In der Folgezeit jedoch, nachdem sich die Verhältnisse stabilisiert hatten, begann die Stadt aufzublühen. In erster Linie war es die verbesserte Wasserversorgung – ein Bruchteil des Aquäduktes ist heute noch zu sehen – die die Bevölkerung aus den umliegenden Dörfern zurückrief. Reiche Kulturen entstanden ringsum, Verkehr und Handel breiteten sich aus. Zu Beginn des 13. Jh. wurden die Große Moschee restauriert, Kanalisation angelegt und Bäder gebaut. Aber dieser Aufschwung währte nur kurze Zeit. Die Herrschaft der Almohaden zerfiel, und ihre Herrscher verloren das Interesse an Bauplanungen und Restaurierungen, an der Wohlfahrt ihres Volkes.

Um die Mitte des 13. Jh. setzten sich die Meriniden, die inzwischen den Sultansthron eingenommen hatten, in Meknès fest. Auch sie leisteten ihren Beitrag zur Ausgestaltung der Stadt. Abou Youssef baute 1276 eine Kasbah und eine Moschee, Abou El Hassan Ali schenkte ihr eine Medersa, baute Kanalisationen und Brücken. Trotzdem war Meknès eher im Niedergang begriffen. Einiges hatte sie bereits durch die Kämpfe zwischen Almohaden und Meriniden eingebüßt, weiter litt sie unter dem Aufstieg von Fès, das um diese Zeit eine seiner Blütezeiten erlebte. Im 15. Jh. spielte die Stadt eine wenig rühmliche Rolle. Zwei Revolten gingen von ihr aus: 1415 die des Revolutionärs Es Said und 1480 die Revolte der El Hayaini. Unter der Regierung Abou Zakarias um die Mitte des 16. Jh. kam eine Zeit der Ruhe und Stagnation über die Stadt, bis sie zur selben Zeit wie Fès in den Besitz der Saadier überging.

Über ein Jahrhundert verging noch, bis für Meknès die Zeit des großen Aufschwungs und Glanzes kam. Im Jahre 1672 bestieg, nach seinem Bruder Moulay Reschid, als erster bedeutender Herrscher der späteren Dynastie der Alaouiten, Moulay Ismail den Sultansthron von Marokko.

Er verließ mit der Thronbesteigung die damalige Hauptstadt Fès und wandte sich nach Meknès. 55 Jahre regierte dieser Sultan, einer der bedeutendsten Herrscher des Landes, in dieser Stadt, die er gänzlich nach seinem Willen um- und ausgestaltete. Das heutige Meknès ist durch ihn geprägt. Er baute unablässig an »seiner Stadt«, er legte die großen Befestigungsanlagen an, jene dreifache Ringmauer, die sich über 40 Kilometer hinzieht und deren Monumentalität wir heute noch bewundern, er baute Paläste, Moscheen, Parks und Bäder. Ihm schwebte vor, ein »marokkanischer Ludwig XIV.« zu sein, dessen Zeitgenosse er war, aber er wirkte aus der Machtfülle eines unabhängigen orientalischen Potentaten, dessen Wünschen keine Grenzen gesetzt sind. Zehntausende von Sklaven standen ihm zur Verfügung, die Geldmittel des ganzen Landes konnte er einsetzen, um seine gigantischen Baupläne zu verwirklichen.

Mit einem Wort: Meknès ist die Stadt Moulay Ismails. Dieser wohl prunkliebendste Mann auf dem marokkanischen Sultansthron war ein orientalischer Herrscher reinsten

Gepräges. So soll sein Harem nicht weniger als 500 Frauen beherbergt haben, die ihm elfhundert Söhne gebaren (die Töchter wurden nicht gezählt). Dreißigtausend Sklaven sollen ihm gedient haben, und in den Ställen seiner Paläste standen zwölftausend Pferde. Unter den Sklaven, die mit den Bauarbeiten beschäftigt waren, sollen sich auch dreitausend gefangene Christen befunden haben. Die erstaunlichste Geschichte jedoch, die die Chroniken zu berichten wissen, ist die von der Entstehung seiner berühmten »Schwarzen Leibwache«, die bis heute fortbesteht und am Königshof zu Rabat Dienst tut. Im Jahre 1690 soll Sultan Moulay Ismail am Senegal 10 000 junge Neger und 10 000 Negermädchen haben fangen lassen (es war die damals übliche Art, sich Sklaven zu verschaffen). Diese Neger wurden in einer gigantischen Hochzeit miteinander vermählt. Alle männlichen Nachkommen aber gehörten dem Sultan. Gegen Ende seiner Regierungszeit stützte sich die Macht Moulay Ismails vornehmlich auf diese Negerarmee, die 30 000 Mann umfaßte. Er regierte bis 1727 und fand seine Grabstätte in Meknès.

Unter seinem Nachfolger Moulay Abdallah ging die Bedeutung der Stadt rasch zurück. Die Vitalität schien ihr genommen. Schwere Zerstörungen richtete das Erdbeben von Lissabon 1755 an, das sich bis Marokko hin stark auswirkte. Große Teile der Palastanlage Moulay Ismails zerfielen, die Bevölkerung verließ erneut die Stadt. Sidi Mohammed (1757–1790) gab ihr noch einmal neue Impulse. Er baute einige Moscheen, einige Mausoleen, aber die große Zeit der Stadt Meknès war endgültig vorüber: die Sultane wandten sich von der Stadt ab und gingen teils nach Fès, teils nach Marrakech zurück. Seitdem hat Meknès keine Rolle mehr in der Geschichte Marokkos gespielt. Nach der Eroberung durch die Franzosen im Jahre 1912 entwickelte sich die Stadt wirtschaftlich wieder aufwärts; sie zog vor allem aus der reichen landwirtschaftlichen Umgebung Gewinn, hinzu kam die Ansiedlung verschiedener Industrien.

Sehenswert:
Für die Besichtigung von Meknès gilt dasselbe wie für die übrigen großen Städte Marokkos: es läßt sich schwer ein Rundgang empfehlen, da die Medina, obwohl kleiner, trotzdem so unübersichtlich und verwinkelt gebaut ist, daß der Tourist mit einer solchen »theoretischen« Empfehlung wenig anzufangen wüßte. Man geht oder fährt von der Neustadt am besten bis zur Medina, und zwar bis zur Place El Hedime am Bab Mansour, und vertraut sich hier einem einheimischen Führer an, der den Fremden über die Souks, durch die Medina, die alte und neue Mellah und zu allen Sehenswürdigkeiten führt. (Die neue Mellah, die sich südlich an die alte anschließt, ist erst im Jahre 1925 entstanden.) Honorar für den Führer vorher aushandeln!

Bevor man die Medina betritt, kann man auf eigene Faust noch einen kleinen Abstecher in den rechter Hand an der *Avenue de Moulay Ismail,* der Anfahrtsstraße, dicht vor der Medina gelegenen **Garten El Haboul** machen, eine leider arg vernachlässigte Parkanlage mit einer Freilichtbühne, in der sich der sogenannte Zoologische Garten befindet.

Durch das Tal des Oued Boufekrane, das Neustadt und Medina trennt, gelangt man in die *Rue Dar Semene,* an der sich linker Hand die

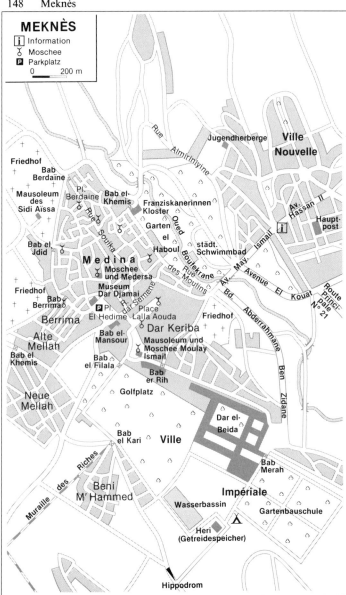

MEKNÈS

- **i** Information
- ☿ Moschee
- **P** Parkplatz

0 ——— 200 m

Wasserverkäufer

Autobusstation für den Lokalverkehr befindet. Die Straße, die in Windungen bergauf führt, endet auf der

Place El Hedime (wörtlich »Platz der Zerötung«, da Moulay Ismail den Schutt der abgerissenen Bauwerke, die seinen Neubauten weichen mußten, hier auffahren ließ). Der 200 m × 100 m große Marktplatz dient hauptsächlich dem Handel mit Agrarprodukten. Hier findet man auch Taxis und Pferdedroschken. Der Platz wird an seiner Südseite abgeschlossen von dem berühmten Tor

Bab Mansour, 1732 unter Moulay Abdallah angeblich von einem zum Islam übergetretenen Christen vollendet, weshalb das Bauwerk auch Mansour el-Aleuj (Mansour der Abtrünnige) heißt. Dieses Tor ist gleichsam das Wahrzeichen von Meknès und gilt als das schönste in Marokko.

Die kurzen Säulen, die die Arkaden stützen, stammen aus der römischen Siedlung Volubilis (vgl. In der Umgebung). Sehr schön sind die Zierbasteien unterhalb des riesigen Hufeisenbogens, die Risalite bestehen aus Marmorsäulen mit Kompositkapitellen. Das Dekor besteht in der Hauptsache aus Keramik.

In der Nähe dieses Tores liegt das **Bab Djama En Noceur,** ebenfalls aus dem 18. Jh. Dieses Tor führt in eine Koranschule, die aus der früheren Moschee gleichen Namens entstanden ist. Gegenüber, auf der anderen Schmalseite des Platzes, steht ein schöner Brunnen aus dem Jahre 1914, der mit Azulejos geschmückt ist. Daneben erhebt sich das

Dar Djamaï, ein prächtiger Palast aus dem letzten Drittel des vergangenen Jahrhunderts, der dem Wesir Djamaï, Minister und Ratgeber Moulay Hassans (1873–1894), als Residenz diente. Heute ist das Bauwerk ein **Museum** (Musée des arts marocains) für regionale marokkanische Kunst und Kunsthandwerk; geöffnet 9 bis 12 und 15 bis 17.30 Uhr, dienstags geschlossen.

Hier am Museum beginnt die **Medina** mit ihrer ungemein lebhaften Soukstraße *Sekakine,* in der Metallgegenstände (Spezialität: Laternen) hergestellt und verkauft werden, daneben aber auch Schmuck jüdischer Goldschmiede. Die Sekakine stößt auf das **Bab Berrima** vor der gleichnamigen **Moschee.** Links davon dehnt sich die **Mellah,** das Judenviertel, aus, das gegen das benachbarte Viertel Berrima (eine alte Kasbah mit Moschee) durch eine hohe Mauer abgegrenzt ist. Beide Viertel wiederum umzieht eine gemeinsame Umfassungsmauer. In der Mellah, die aus zwei voneinander getrennten Vierteln besteht, kann man die Kunstfertigkeit der

Bab Mansour, das Wahrzeichen von Meknès, eines der schönsten Stadttore Marokkos, 1732 fertiggestellt

Khénifra, eine Berberstadt im Mittleren Atlas. Auf dem Foto die Moulay-Ismail-Brücke

jüdischen Goldarbeiter bewundern. Die Verarbeitung von Gold ist in Marokko vornehmlich eine Domäne der Juden, da die orthodoxen Moslems im Gold das »Metall des Teufels« sehen.

Durch die *Rue Akba Ziadine,* vorüber an der **Moschee Lalla Fadile,** gelangt man in die Souks, in denen sich die Gäßchen mit den Handwerks- und Verkaufsbuden überschneiden. In der alten Richtung weitergehend, gelangt man schließlich an die

Medersa und **Große Moschee Bou Inania.** Sie wurde unter den Meriniden-Sultanen Abou El Hassan und Abou Inan im 14. Jh. erbaut, zur selben Zeit wie die gleichnamige Medersa in Fès, nach 1920 restauriert. Prachtvoll in der Harmonie seiner Maße ist der Innenhof, der auf drei Seiten von Galerien umzogen ist, die von sich verjüngenden Säulen getragen werden. Ein mit Azulejos verkleidetes Wasserbecken und Stuckornamente machen diesen Hof zu einer architektonischen Kostbarkeit. Die Medersa, eine Hochschule für islamische Theologie und Rechtswissenschaften, kann täglich von 9 bis 12 und von 14 bis 16 Uhr besichtigt werden. – Das

Bab El Berdaïne (Tor der Sattler) schließt die Medina nach Norden zu ab. Dahinter liegt ein Friedhof, an den sich Oliven- und Mandelhaine anschließen. – Zur

Ville Imperiale (Königsstadt) gelangt man, indem man auf der Südwestseite des Platzes El Hedime das ehrwürdige Bab Mansour (unter dessen Gewölben öffentliche Schreiber an ihren kleinen Tischchen zu sitzen pflegen) durchschreitet. Dahinter findet man sich auf einem weiten, ummauerten Platz, der *Place Lalle Aouda* (schönes Mi-

narett). Hinter dem imposanten Portal, das man hier gewahrt, befindet sich der alte **Palast Moulay Ismails** aus dem Jahre 1697 (Zutritt verboten). Durch das im Südwesten sich erhebende **Bab El Filala** kommt man auf einen zweiten Platz mit der **Koubbet El Khiyatine,** einem eleganten Pavillon, in dem Moulay Ismail die ausländischen Gesandten zu empfangen pflegte. Dicht neben dem Pavillon führt das Tor Bab Moulay Ismail zur

Grabstätte (Mausolée de Moulay Ismail) des großen Sultans. Die Moschee gehört zu den wenigen, die auch von Nichtmohammedanern besichtigt werden dürfen. Durch den großen Toreingang gelangt man in die Vorhöfe. Der letzte ist mit glasierten Fliesenmosaiken ausgestattet, in seiner Mitte befindet sich der Brunnen für die Waschungen, an der linken Seitenwand eine Sonnenuhr und an der Frontwand eine zweite Gebetsnische, in der die Bewegungen des Imam für die Leute wiederholt werden, die im Inneren der Moschee keinen Platz finden.

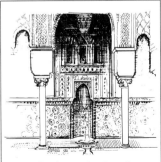

Mausolée de Moulay Ismail

Bevor man die Moschee betritt, müssen die Schuhe ausgezogen werden; weiter ist darauf zu achten, daß das Heiligtum, nämlich das Mausoleum selbst, nicht betreten werden darf. Es ist jedoch gestattet, hineinzusehen und zu fotografieren. Am Eingang in das Mausoleum sind zwei schöne monolithische Marmorplatten zu beachten, die beide ein Mirhab, eine Gebetsnische, darstellen. Sehr schön sind auch die holzverkleideten Decken, die erst 1983 renoviert wurden. In der Grabkammer selbst befinden sich zwei Standuhren, ein Geschenk Ludwigs XIV. an den Sultan.

Geht man durch ein weiteres Tor, das **Bab Er-Rih** (Tor des Windes), in derselben Richtung weiter, so findet man sich auf der Sohle zwischen den hohen alten Befestigungsmauern. Man kann über einen Kilometer auf dieser eigenartig beklemmenden Straße gehen (die Mauern sind hin und wieder von Pforten unterbrochen, die rechter Hand in die königlichen Gärten führen – Zutritt verboten!). Die Straße endet am **Bab Mezig** an einem weiten Platz, von wo aus man, sich immer links haltend, unterhalb des Hügels, auf dem sich die Medina ausdehnt, in die Stadt zurückkehren kann, wenn man es nicht vorzieht, auch noch das hinter dem Freigelände der Gartenbauschule liegende

Dar el-Beida, einen festungsartigen Palastbau, von Sultan Mohammed ben Abdallah (1757–1790) als Residenz errichtet, von außen anzusehen. Er beherbergt heute eine Militärakademie; die Besichtigung des Innengartens ist, in Begleitung, gewöhnlich erlaubt. – Etwa 500 m weiter erstrecken sich die Gebäude der

Heri, mit den Stallungen (Roua) für 12 000 Pferde und gewaltigen Getreidespeichern, die, teilweise unter-

irdisch, ebenfalls von Moulay Ismail angelegt wurden. In den Speichern befinden sich Zisternen, die zum Teil bis zu 40 m tief sind. An den Heri läßt sich die kolossale Bauweise Moulay Ismails sehr gut erkennen. Das Dach der Anlage kann betreten werden, oben befindet sich ein Garten mit einem kleinen Café, außerdem bietet sich ein schöner Blick über die Altstadt. Neben dem Heri ist ein großes Wasserbassin angelegt, es umfaßt ca. 4 ha und sollte in Belagerungszeiten die Wasserversorgung des Palastes garantieren.

 Sport: Reiten, Tennis, Boccia. Freibad.

In der Umgebung:
Volubilis (s. dort), 30 km. Man verläßt Meknès in nördlicher Richtung über die Avenues Millerand und Alexander I und gelangt in die umgebenden Hügel. Nach 6 km gewahrt man linker Hand die **Kasbah El Hartani,** wo man früher die zu »lebenslänglich« Verurteilten gefangenhielt. 5 km weiter überschreitet man eine Brücke über den *Oued Sejra,* der hier mit dem *Oued Rdom* zusammenfließt. Nach etwa 10 km führt die Straße dann um die westliche Flanke des *Djebel Zerhoun,* fast vorwiegend durch Olivenhaine, überquert den *Oued Khoumane* und führt an der heiligen Stadt Moulay Idriss vorbei. (Wir empfehlen indes, diese Stadt auf dem Rückweg zu besuchen.) Nach weiteren 4 km ist Volubilis erreicht. Die Ruinen sind tagsüber (9 bis 20 Uhr) für Besucher geöffnet. Die Straße nach Volubilis ist ausgezeichnet.

Volubilis stellt mit 40 ha Ausgrabungsfläche den größten Ruinenbezirk Marokkos dar. Wahrscheinlich befand sich hier die Hauptstadt des

berberischen Königsreiches Mauretanien. Ein gut beschilderter Rundgang (schwarze Pfeile) führt durch
die gesamte Anlage, die die sehens-
werteste römische Ausgrabungsstätte des Landes ist.

Moulay Idriss, 27 km nördlich, die
Heiligste Stadt Marokkos (s. dort),
sehr reizvoll auf zwei Hügeln gelegen, in deren Mitte sich das Grabmal Moulay Idriss I. befindet.

Azrou, 69 km südlich (s. dort), im
Mittleren Atlas, ebenso wie

Ifrane, 86 km (s. dort), ein moderner
Kurort.

Vallée Heureuse, 10 km westlich,
eine schöne Gartenanlage mit Orangenhainen.

Melilla (span. Enklave)

*F-1 (arab. Mlilya). Provinz Málaga,
30 m, 65 000 Einw. Melilla ist eine an
der Ostküste einer Halbinsel gelegene 12 qkm große, fast ausschließlich
von Spaniern bewohnte Stadt von andalusischem Charakter mit weiten
Straßen, zwei schönen Parks und einem belebten Hafen mit Freihafen.*

Der Hafen dient einer Fischereiflotte, außerdem werden von hier vor
allem Blei- und Eisenerze verschifft,
die im marokkanischen *Segangane*
gewonnen und mit einer Schmal-
spurbahn nach Melilla geschafft
werden. Die Akropolis oder Altstadt liegt auf einer kleinen Halbinsel und wird von der **Alcazaba** beherrscht, zu der vom Hafen bedeck-
te Rampen und Treppen hinauffüh-
ren; schöne Aussicht.

Verkehr: Straße P 39 (Al Hoceima – Melilla). – Flughafen.
– Schiffsanlegestelle (Fährverbindung mit Málaga und Almería).

Unterkunft: Gute bis einfache Hotels.

Geschichte:
Melilla ist eine phönizische Gründung (Rusadir), war später eine römische Kolonie, wurde 614 von den
Westgoten erobert und dann an die
Araber verloren. 1497 von dem
Herzog von Medina Sidonia durch
List genommen, verblieb der Ort seiner Familie als Lehen und wurde
unter Philipp II. (1556–1598) endgültig der Krone von Kastilien eingegliedert. Sultan Mohammed Abdallah versuchte 1774 erfolglos die
Stadt zu erobern. Während der spanischen Protektoratszeit in Marokko blühte Melilla auf, in den Jahren
1912–1914 wurde ein neuer, moderner Hafen angelegt. Nachdem Marokko 1956 wieder selbständig geworden war, verlor Melilla das Hinterland, was einen wirtschaftlichen
Niedergang herbeiführte, der sich
noch verstärkte, als nach der Unabhängigkeit Algeriens 1962 viele Europäer aus dem Gebiet von Oran,
die bisher zum Kundenkreis von
Melilla gehört hatten, Nordafrika
verließen.

 Sport: Angeln, Reiten, Jagen,
Segeln.

 Veranstaltungen: Pferderen-
nen und Stierkämpfe.

In der Umgebung: **Cabo Tres
Forcas,** 33 km nördlich, schöne Aussicht. Das Kap liegt auf marokkanischem Territorium.

Midelt

*E-3. Provinz Khenifra, 1488 m,
15 900 Einw. Kleine Stadt im oberen
Moulouya-Tal am Nordrand des Ho-*

hen Atlas, im Schwemmgebiet des Oued Outat Aït Izdeg, der aus dem Massiv des Djebel Ayachi, des dritthöchsten Gipfels des Hohen Atlas, kommt. Dieses Gebiet ist wichtig wegen seiner Kulturen und seines Handels, der hier vorwiegend in jüdischen Händen liegt.

Die Kulturen sind terrassenförmig angelegt, wobei das Bewässerungssystem eine bedeutende Rolle spielt. Das ganze Gebiet um Midelt ist sehr reich an Mineralien. Es finden sich Blei, Kupfer und Zinn, die durch eine Minengesellschaft gefördert werden. Mittelpunkt des Ortes ist ein **Ksar,** ein ummauerter Platz mit Häusern, aus dem sich die Stadt seit 1917 aus einer Militärstation entwickelt hat. Midelt liegt ideal für Exkursionen in das Massiv des **Djebel Ayachi,** die allerdings besondere Vorbereitung und Ausrüstungen erfordern.

Verkehr: Straße P 21 (Meknès – Er-Rachidia).
Unterkunft: Ein gutes, sonst einfache Hotels. – Campingplatz.

Wanderungen:
Auf den **Djebel Ayachi,** 3737 m; zu dessen Besteigung benötigt man mindestens einen Tag, im Winter noch mehr. Entsprechende Ausrüstung und Mitnahme von Verpflegung sind selbstverständlich.

In der Umgebung:
Cirque de Jaffar, ein 24 km südwestlich gelegener Gebirgskessel, nur auf enger Straße mit Steigungen bis 20 % erreichbar.

Mogador

s. Essaouira.

Mohammedia

D-2 (früher Fédala). Provinz Casablanca, 18 m, 70 400 Einw. Mohammedia zählt zu den schönsten Badeorten an der nordmarokkanischen Atlantikküste mit einem breiten Sandstrand, der während des Sommers namentlich von Gästen aus dem 28 km entfernten Casablanca aufgesucht wird.

Wenn das Gesicht der Stadt auch vom Badeleben mit allen seinen Einrichtungen geprägt wird, so gibt es doch hier auch zahlreiche Industrieansiedlungen. Wichtig ist vor allem die Erdöl-Raffinerie, Mohammedia besitzt den größten Erdölhafen des Landes. Daneben sind Brikettfabriken und Baumwolledelung bedeutend. Der Name des Vororts Mannesmann geht auf die gleichnamige deutsche Firma zurück, die hier ab 1910 Fuß faßte.

Hinter dem Bahnhof befindet sich die **Kasbah,** um die herum sich Marokkaner angesiedelt haben. Sie wurde Ende des 18. Jh. erbaut und enthält eine Moschee und einen winzigen Souk. Die genau quadratische Anlage ist von Mauern umgeben, die ein altes portugiesisches Castello mit Säulen und Balkonen umschließen. Die eigentliche **Medina** befindet sich außerhalb der Kasbah.

Auskunft: Syndicat d'Initiative et de Tourisme de Mohammedia.
Verkehr: Straße P 1 (Casablanca – Rabat), Abzweigung bei El Louizia. – Bahnstation.
Unterkunft: Zwei sehr gute und mehrere einfache Hotels. – Campingplätze.

Geschichte: Im 14. und 15. Jh. war Mohammedia das Ziel italienischer, spanischer und portugiesischer Händler. Im ausgehenden 18. Jh., unter Sidi Mohammed Ben Abdallah, bekam es eine Moschee und Magazine für den Handel, später wurde es zur Garnison der französischen Protektoratsmacht. Hier landeten im November 1942 die amerikanischen Truppen zum nordafrikanischen Feldzug.

Sport: Jegliche Art von Wassersport, Golf, Tennis, Reiten. Strandbad.

Veranstaltungen: Anfang September die »semaine touristique«, die touristische Woche mit Markt, Ausstellung von Kunsthandwerk, Fantasia (Reiterspiele) und Tanzdarbietungen.

In der Umgebung:
Rabat, 64 km nördlich (s. dort), alte Königsstadt und Hauptstadt Marokkos.
Casablanca, 28 km südlich (s. dort), sehr moderne und größte Stadt des Landes.
Ausflüge: Fahrten nach **Marrakech** (s. dort), 280 km, werden in jedem Reisebüro und jedem Hotel angeboten. – Dauer 1 bis 2 Tage.

Moulay Bou Selham

D-2. Provinz Kénitra, 10 m, 730 Einw. Kleine Ortschaft, an der Merdja Lerga-Lagune gelegen, die mit dem Atlantik verbunden ist. Die Lage des Badeortes ist herrlich, die Lagune und der Atlantik bieten gute Möglichkeiten zum Wassersport.

Touristisch ist das Gebiet noch kaum erschlossen, im allgemeinen verbringen nur Einheimische hier ihren Urlaub. Entstanden ist der Ort dadurch, daß hier ein Marabout

Moulay Bou Selham begraben liegt, der im 10. Jh. lebte. Das **Grabmal** ist heute noch Ziel zahlreicher Pilgerzüge. Weitere **Marabouts** befinden sich in der Umgebung, teilweise sind sie sogar in Höhlen angelegt. Der Legende nach soll in einem dieser Höhlengräber auch der Sohn des Aristoteles bestattet sein.

Verkehr: P 2 (Casablanca – Tanger), Abzweigung bei Souk el-Arba du Rharb auf die S 216.
Unterkunft: Ein gutes, sonst einfache Hotels. – Campingplatz.

Sport: Angeln, Surfen, Tauchen (Ausrüstung wird verliehen), Strandbad.

Veranstaltungen: Moussem im September.

Moulay Idriss

*D/E-2. Provinz Meknès, 550 m, 10 000 Einw. Heilige Stadt, die bis 1917 kein Nichtmohammedaner betreten durfte. Der Ort in einzig schöner Lage verdankt seinen Namen dem Nachkommen des Propheten, dem Scherif (Edler) Idriss Ibn Abdallah, der hier bestattet ist; er war der Begründer der ersten marokkanischen Dynastie. Die Stadt wurde auf zwei Felskuppen erbaut und ist in sechs Stadtteile aufgeteilt, von denen die bekanntesten **Aïn Khiber** und **Tazga** sind. Heute dürfen sich Christen wenigstens von Sonnenaufgang bis Sonnenuntergang in ihr aufhalten, keinesfalls aber dort übernachten! Zur Zeit des »Aït-Kebir« (Hammelfest) findet eine Wallfahrt nach Moulay Idriss statt für jene gläubigen Mohammedaner, denen es nicht vergönnt ist, nach Mekka zu pilgern.*

Gesamtansicht von Moulay Idriss. Die heilige Stadt der marokkanischen Moslems hat eine einzigartig schöne Lage

Bei einem Rundgang vermeide man es, sich länger vor den Heiligtümern, dem **Grabmal** des großen Idriss (mit einer mit grünen Kacheln gedeckten Kuppel) oder der **Moschee,** aufzuhalten. Das Minarett der Moschee ist das einzige runde Minarett in Marokko. Es ist ringsum mit Suren aus dem Koran in kufischen (eckigen) Buchstaben beschrieben. Die schönste Aussicht auf die Stadt genießt man von einer Terrasse in der Nähe einer Medersa unweit der Moschee Sidi Abdallah im Stadtteil Aïn Khiber. Der eigentliche **heilige Bezirk** liegt in der Senke zwischen den beiden Hügeln, auf denen die Stadt liegt. In diesem Bezirk sollte man sich besonders vorsichtig bewegen, um nicht Verbote zu überschreiten und dadurch in Unannehmlichkeiten zu geraten. Das Gebiet um das Grabmal ist durch einen Holzbalken abgesperrt, durch den man keinesfalls gehen darf. Der Bezirk enthält neben Mausoleum und Moschee noch eine Medersa sowie ein Beschneidungszentrum. Unterhalb des Heiligtums befinden sich ein Obst- und Gemüse- und ein Fleischmarkt.

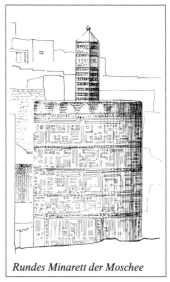

Rundes Minarett der Moschee

Verkehr: Straße P 6 (Meknès – Ksar-el-Kebir), Abzweigung bei Aïn-el-Kerma. – Nächste Bahnstation Aïn-el-Kerma (16 km). *Unterkunft:* Keine Hotels für Nichtmohammedaner. Übernachtungs-

Das Moussem von Moulay Idriss

Moulay Idriss ist der Schauplatz des bedeutendsten Moussem von Marokko, das alljährlich nach der Ernte im Spätsommer veranstaltet wird. Es dauert mehrere Wochen und beinhaltet u. a. Fantasias, Reiterspiele, bei denen die Reiter in voller Tracht und mit Waffen ein lautstarkes und phantastisches Spektakel liefern. Daneben gibt es jede Art folkloristischer Darbietungen, aber auch religiöse Zeremonien, denn ein Moussem steht im engen Bezug auch zu religiösen Festen und Bräuchen. Nicht-Mohammedanern ist die Besichtigung des Moussem erlaubt.

möglichkeiten in Meknès (s. dort). – Campingplatz bei Volubilis, 4 km.

Geschichte:

Idriss Ibn Abdallah, ein Nachkomme der Tochter des Propheten Mohammed, Fatima, kam auf der Flucht vor den Abasiden, der von 750 bis 1258 herrschenden Kalifendynastie in Badad, um 788 nach dem heutigen Marokko und wurde von dem in der Nähe von Volubilis lebenden Berberstamm der Aouraba aufgenommen. Er bekehrte den Stamm zum Islam und wurde zum Herrscher eines Reiches, das fast ganz Nordmarokko umfaßte. Idriss war somit der Begründer der ersten marokkanischen Königsdynastie. Er nahm den Titel »Moulay« (gleichbedeutend mit »Mawla« im klassischen Arabisch, was »Herr« bedeutet) an, obwohl ihm als Nachkomme des Propheten der Titel Scherif zukam.

Nach etwa fünfjähriger Regierungszeit wurde Idriss 791 oder 792 durch einen Agenten des Abasiden Harun al Raschid ermordet und auf einem Felsvorsprung beigesetzt, dort, wo heute die Stadt Moulay Idriss liegt. Die Berber verehrten Moulay Idriss nicht nur als Herrscher, sondern auch als Heiligen. Um seine Grabmoschee erwuchs daher im Laufe der Zeit eine Stadt.

Nador

F-1/2. Hauptstadt der gleichnamigen Provinz, 45 000 Einw. Nador liegt an der Mittelmeerküste vor der *Lagune Sebkha bou Areq,* 13 km südlich von dem spanischen Ort Melilla. Die Stadt, ein wichtiges Handelszentrum, ist für den Tourismus weniger von Bedeutung, soll jedoch zu einem Industriezentrum ausgebaut werden; vor einiger Zeit wurde hier das bisher größte Stahlwerk Marokkos errichtet, das die hochwertigen Rif-Eisenerze verhüttet.

Verkehr: Straße P 39 (Melilla – Al Hoceima). – Flugplatz, 5 km südlich.
Unterkunft: Ein gutes, mehrere einfache Hotels.

Oualidia

C-2/3. Provinz Marrakech, 56 m, 4000 Einw. Kleiner Badeort am Atlantik im südlichen Marokko an der Lagune d'Air. Diese Lagune ist mit dem Atlantik durch einen schmalen und für Badende gefährlichen schlauchartigen Zufluß verbunden. Der kleine Strand ist jedoch gut zum Baden geeignet. König Mohammed V. hatte sich hier 1947 eine Sommervilla errichten lassen.

Der Platz wird beherrscht von einer **Kasbah,** die 1634 von dem saadischen Sultan El Oualid (nach dem der Ort seinen Namen hat) erbaut wurde. Der kleine Naturhafen ist ohne Bedeutung. Einige Hundert der Bewohner hausen noch heute in den Ruinen einer längst zerstörten Kasbah.

Verkehr: Küstenstraße S 121 (El Jadida – Safi).
Unterkunft: Mehrere einfache Hotels. – Campingplatz.

Sport: Wassersport. Sandstrand an der Lagune d'Air (Vorsicht bei der Öffnung zum Meer! Sogwirkung möglich).

Ouarzazate

D-3/4. Hauptstadt der gleichnamigen Provinz, 1160 m, 11 200 Einw. Die Stadt liegt am Zusammenfluß des Oued Dadès mit dem Oued Ouarzazate, der von hier ab Drâa heißt. Das sich immer mehr zu einem Fremdenverkehrsort entwickelnde Ouarzazate ist aus einer französischen Militärstation hervorgegangen, die hier 1928 angelegt wurde. Der Name der Stadt ist gleichzeitig der Name für die weitere Umgebung. Ouarzazate ist ein Handelszentrum für die Glaous und Ouzguitateppiche, die hier und in der Umgebung, namentlich im westlich gelegenen Raum um den Djebel Sirouna (3304 m) hergestellt werden. Auch die Töpferwaren sind bemerkenswert. Im Ort befindet sich eine genossenschaftliche Verkaufsstelle für diese und weitere Handwerksarbeiten, z. B. Schmuckwaren.

Ouarzazate eignet sich ganz vorzüglich für Ausflüge in die vorsaharische Landschaft (s. u.). Bereits die nähere Umgebung von Ouarzazate hat wüstenhaften Charakter, sie ist bis auf die Oasen an den Flußläufen des Dadès und Drâa fast vegetationslos. In diesem Gebiet wurden Teile des Films »Lawrence von Arabien« gedreht.

Zwischen Juni und September herrschen in diesen Gebieten sehr hohe, nicht jedem Europäer zuträgliche Temperaturen. In Ouarzazate beginnt ein Teil der berühmten **Straße der Kasbahs** (s. dort und Übersichtskarten S. 185 und 187), an der u. a. die schönsten Kasbahs von Marokko, wie z. B. Taourirt, liegen.

Verkehr: Straße P 31 (Marrakech – Zagora). – Flughafen. *Unterkunft:* Gute bis einfache Hotels. – Campingplatz.

In der Umgebung:
Kasbah de Taourirt, 2 km östlich, ein burgenartiger, riesiger Wohnbau für einen ganzen Stamm. Die Kasbah ist aus ockerfarbigem Lehm, wird von vielen Türmen überragt und zeigt zum Teil reich verzierte Mauern. Das Innere ist jedoch wenig ansprechend, wie alle diese Kasbahs hauptsächlich durch ihre Architektur wirken. Hier residierte einst der Pascha von Marrakech, El Glaoui. Zu besichtigen sind der Speiseraum, das Gemach der »Lieblingsfrau« und die dazugehö-

Töpfer-Brennöfen

rige Moschee. Hier ist die Dachkonstruktion recht interessant: Zwischen den Querbalken aus Kokuspalmholz sind bemalte Bambushölzer schräg übereinander geordnet. Durch diese Bauweise ist die für Lehmbauten notwendige Elastizität des Daches gewährleistet.

Kasbah de Tifoultoute, 6 km nordwestlich auf der Hauptstraße 31 von Marrakech, an der Abzweigung nach Agdz und Zagora. Der beste Blick ergibt sich nach der Brücke über den Ouarzazate-Fluß. Schöner Ausblick auch vom Café auf der Burgterrasse. Tifoultoute gehörte früher dem sagenhaften Berberführer El Glaoui.

Telouèt, 110 km nordwestlich, Kasbah der Glaoui in herrlicher Umgebung im Oued Imarene. Die Kasbah liegt etwas außerhalb des Dorfes. Sie diente einst mächtigen Berberfürsten als Residenz und wurde daher prunkvoller als andere Kasbahs erbaut.

Boumaine du Dadès, 115 km (s. dort), man führt am nordöstlichen Strang der *Kasbahstraße* entlang. Von Boumalne aus sollte man in die *Dadès-Schlucht* weiterfahren.

Aït Ben Haddou, 41 km nordwestlich. Zu erreichen über Amerzgane, 38 km nordwestlich, dann 16 km auf der Piste 6803. Das aus ineinandergeschachtelten Häusern bestehende, sich an eine Felswand anlegende Ksar ist von einer Festungsmauer umgeben. Das Stadttor dieser Kasbah wurde vom amerikanischen Regisseur Orson Welles restauriert, als er hier den Film »Sodom und Gomorrha« drehte, ein zweites Stadttor wurde 1985 ebenfalls für Filmarbeiten dicht daneben errichtet. Hier hat man die Möglichkeit, eines der Häuser von innen zu besichtigen. Dafür sollte man allerdings einen Betrag entrichten, mindestens 1 DH pro Person. Das alte Dorf selbst kann man per Auto nicht erreichen, man muß den Wagen auf dem Parkplatz des neuen Dorfes stehen lassen und zu Fuß über den *Asif* (Fluß) *Mellah* gehen. Einheimische zeigen einem die günstigsten Furten.

Tinerhir, 168 km (s. dort), besitzt eine der größten Kasbahs. Von dort aus Ausflugsmöglichkeit in die *Todra-Schlucht.*

Kasbah de Tifoultoute

Zagora, 171 km (s. dort), entlang des südöstlichen Strangs der *Straße der Kasbahs,* die hinter *Agdz* (s. dort) beginnt. Nach weiteren 20 km erreicht man *Tamegrout* (s. Straße der Kasbahs oder Zagora).

Oued Zem

D-2/3. Provinz Khouribga, 780 m, 27 300 Einw. Landstädtchen auf der Hochfläche, die im mittleren westlichen *Bled* dem Mittleren Atlas vorgelagert ist. Der Ort ist aus einer 1913 errichteten französischen Militärstation hervorgegangen und war in der Protektoratzeit ein wichtiges Zentrum der Zivilverwaltung. Schafzucht wurde in der Umgebung hauptsächlich von französischen Siedlern betrieben. Heute ist Oued Zem ein wichtiger Verkehrsknotenpunkt. Die meisten Bewohner sind in den Phosphatgruben um **Khouribga** (33 km westlich; s. dort) tätig.

Verkehr: Kreuzungspunkt der Straße P 13 (Casablanca – Kasba Tadla) mit der Straße P 22 (Rabat nach Süden). – Bahnstation. *Unterkunft:* Sehr einfache Hotels.

Ouezzane

E-2. Provinz Chechaouen, 320 m, 33 300 Einw. Ouezzane liegt am Fuße der Nordflanke des Djebel Bou-Hellal, der hier den Südwestrand des Rifgebirges bildet. Die Stadt ist bedeutend als Industrieort für die Herstellung von Olivenöl und Rosinen. Der Bestand an Olivenbäumen in diesem Gebiet beträgt weit über eine halbe Million. In der Umgebung wird Tabak angebaut, und die Orangen von Ouezzane sind sehr begehrt. Infolge seiner zentralen Lage in einem wirtschaftlich bedeutenden Gebiet ist die Stadt Treffpunkt der Bevölkerung aus der Umgebung, die hier zu den Souks, den Märkten, zusammenkommt.

Verkehr: Straße P 28 (Chechaouen – Fès). – Flugplatz, 5 km westlich.
Unterkunft: Einfache Hotels. – Campingplatz.

Geschichte:

Ouezzane erwuchs aus dem Dorf Dechra Djebel er-Rihane (Dorf am Myrthenberg), als der Scherif Mulay Abdallah, ein Nachkomme des vom Propheten Mohammed abstammenden Sultans Idriss II., hier 1727 eine Zawija, eine Versammlungsstätte der Sekte der Taibia, gründete. Von diesem Mutterhaus aus wurden viele weitere Zawijas in Marokko und im übrigen Nordafrika gegründet.

Wegen seiner Grenzlage zwischen dem Sultansgebiet und dem nicht unter der Herrschaft des Sultans stehenden Land wurde Ouezzane auch ein politisch sehr bedeutsamer Ort, und der Scherif von Ouezzane hatte großen Einfluß auf das politische und religiöse Leben in Marokko, er hatte sogar wesentlichen Teil an der Investitur des Sultans. Zur Protektoratszeit war die Stadt Sitz eines Militärbefehlshabers für das umliegende Gebiet gleichen Namens. Der Einfluß der Taibia ist heute stark zurückgegangen, trotzdem hat die Stadt nach wie vor religiöse Bedeutung und ist ein bekannter Wallfahrtsort.

Sehenswert:
Die **Medina,** die sich wie ein Amphitheater unterhalb des Djebel Bou-Hellal ausbreitet.

In der Medina die **Moschee Moulay Abdallah Scherif** und die **Zawija,** die

»Grüne Moschee« mit dem mit grünen Kacheln ausgelegten achteckigen Minarett; außergewöhnlich, da Minaretts in der Regel einen quadratischen Grundriß aufweisen.

In der Umgebung:
Djebel Bou-Hellal, 3 km südlich von Ouezzane, 609 m. Ein Berg, der mit Orangen, Oliven, Feigen und Johannisbrotbäumen bestanden ist und von dessen Kuppe man einen prächtigen Blick auf die kleine Stadt und die nahen Rifberge hat. Während der trockenen Jahreszeit kann man die auf den Berg führende Piste befahren.

Azjen, 9 km nordwestlich, kleines Dorf mit dem Grabmal des jüdischen Heiligen Rabbi Amrane Ben Diourane. Zu ihm pilgern nach Passah die marokkanischen Juden; für sie ist Azjen der bedeutendste Wallfahrtsort des Landes.

Oujda

F-2. Hauptstadt der gleichnamigen Provinz, 500 m, 230 000 Einw. Oujda ist die nordöstlichste Stadt Marokkos, in der Angad-Ebene gelegen, 7 km von der algerischen Grenze entfernt. Bei der letzten Zählung hatte Oujda etwa 20 000 Ausländer, von diesen war nur ein geringer Teil Europäer, die Mehrheit Algerier. Die Stadt liegt in der typischen nordmarokkanischen Landschaft, am Rande der großen Hochebene Ostmarokkos, des östlichen Bled. Die Umgebung hat wüstenartigen Charakter, die Steppe ist nur spärlich von den grünen Büscheln des harten Halfagrases belebt. Die Hitze ist groß. Um Oujda selbst allerdings breiten sich blühende Kulturen aus. Die Medina hat im Gegensatz zu den meisten marokkanischen Medinas keine Ring-mauer, sondern weist nur im Südwesten eine Stadtmauer auf. Sie liegt im Herzen der Stadt – die Europäerstadt erstreckt sich ringsum.

Für den Touristen ist Oujda während der kühlen Jahreszeit ein interessanter Platz, wenn auch die Anfahrt lang und etwas beschwerlich ist. Die Souks der Stadt sind zwar sehr klein, aber sehr lebhaft, die Bevölkerung der ganzen Umgebung kommt hierher zu den Märkten. Man sieht die Berber der nordmarokkanischen Stämme, die sehr kriegerisch wirken, hochgewachsene Männer mit scharfen Profilen und in stolzer Haltung, die oft über ihrem Turban noch einen hohen, spitzen und breitrandigen Strohhut tragen.

Auskunft: Syndicat d'Initiative et de Tourisme d'Oujda, Place 16. Août.
Verkehr: Kreuzungspunkt der Straße P 1, 19 und 27 (Grenzübergang nach Algerien ist offen, Rückversicherung beim Syndicat d'Initiative oder vorher bei der marokkanischen Botschaft in Deutschland ist angebracht). – Bahnstation. – Internationaler Flughafen Oujda Angad, 15 km nördlich.
Unterkunft: 7 Hotels aller Kategorien. – Campingplatz.

Geschichte:
Oujda wurde spätestens 994 von dem Berber Ziri Ibn Attia als Hauptstadt eines kleinen Herrschaftsgebietes gegründet. Im 11. Jh. ging das Gebiet ins Reich der Almoraviden auf, 1206, unter den Almohaden, wurde Oujda mit einer Stadtmauer geschützt, ab 1296 wurden unter Abu Yakoub die Wälle erneuert und Palast, Kasbah und Moschee errichtet. Lange Zeit stritten sich Marokko und Algerien um die Stadt, es war

eine unglückliche Zeit, die Oujda den Namen Medinet el-Haira (Stadt der Angst) eingetragen hat. Selbst Türken aus Algier beherrschten eine Zeitlang die Stadt, bis sie ihnen 1690 durch Moulay Ismail und im 19. Jh. durch Moulay Soliman entrissen wurde. 1844 wurde die Stadt von den Franzosen besetzt, später nochmals im Jahre 1857, zuletzt von 1907 bis 1956. Die Franzosen bauten die für ihr Empfinden schmutzige Stadt so um, daß das Alte zu einem großen Teil zerstört wurde.

Unter dem französischen Protektorat war sie wichtiger Sitz eines Militärbefehlshabers und des Chefs der Zivilverwaltung für dieses Gebiet. Zur Zeit des algerischen Befreiungskrieges (1954 bis 1962) war sie von Zehntausenden von Flüchtlingen bevölkert und Nachschubzentrum für die in Westalgerien kämpfenden Algerier. Die Stadt war früher in Marokko bekannt für ihre Prostitution. Viele Mädchen von den südlichen Stämmen kamen hierher, um sich durch die zeitweilige Ausübung dieses Gewerbes Geld zu verdienen, das sie als Bräute um so begehrter machte. Bis vor etwa 50 Jahren hatte Oujda noch den Beinamen »Stadt der Prostituierten und des Todes«, eine Bezeichnung, die heute allerdings keine Berechtigung mehr hat.

Sehenswert:
Anders als in anderen marokkanischen Städten, stoßen in Oujda Neustadt und Medina dicht aneinander. Die Neustadt mit ihrer linearen Planung, die ganz auf Zweckmäßigkeit abgestellt war, bietet nichts Interessantes. Auch für die Besichtigung der Medina benötigt man nur kurze Zeit und kann auf die Dienste eines Führers verzichten, es sei denn, man will bestimmte Punkte aufsuchen. Dadurch, daß die Stadt während ihrer tausendjährigen Geschichte oft zerstört wurde und sich in immerwährenden Fehden befand, haben sich nicht mehr viele architektonische Sehenswürdigkeiten erhalten. Größtenteils niedergerissen wurde die Medina unter den Franzosen. Die Souks freilich sind farbig und voller Leben wie allenthalben in Marokko.

Bei der Besichtigung der Stadt kann man sich entweder der Dienste eines einheimischen Führers versichern (durch Vermittlung des Informationsbüros oder Hotels; die Führer bieten ihre Dienste aber beim Betreten der Medina jedem Fremden sofort an), oder man kann sich einfach »treiben« lassen und das bunte orientalische Leben unbefangen und »planlos« auf sich wirken lassen. Beides hat seine Reize.

Die **Kasbah,** die zugleich Sitz des Paschas von Oujda ist, befindet sich im Süden der Medina, desgleichen die **Große Moschee** mit ihrem eleganten Minarett und nordöstlich davon die *Kissaria* mit ihren zahlreichen Verkaufsständen.

Von der *Place Mohammed V* zieht sich, wie ein Rückgrat, eine Straße, die

Rue Bugeaud, durch die ganze Stadt, von West nach Ost. Diese Straße ist eine ungemein lebhafte Geschäftsstraße, an der linker Hand das Europäer-, rechter Hand das Marokkanerviertel liegt. Hat man diese Straße durchschritten, dann hat man im Grunde das Wichtigste gesehen. – Zur **Okba-Moschee,** benannt nach der in Kairouan, Tunesien, gelangt man über die *Rue el Mazoui*. Ihr Minarett überragt den Souk el-Ma (Platz des Wassers). Hier beginnt die

Rue des Marchés, die Straße der Händler, die sich weiter nach Osten

Zahnbehandlungen verlangen von vielen starke Nerven – arme Leute können sich keinen approbierten Arzt leisten

hinzieht. Rechts und links reihen sich Verkaufs- und Handwerksläden aneinander. Biegt man links in das Viertel Amrane ein, gelangt man wieder zur Kissaria. Östlich von ihr erhebt sich das Stadttor **Bab Sidi Abd El Ouahab,** vom Volksmund auch »Tor der Köpfe« genannt, weil in früheren Zeiten auf seinen Zinnen die Köpfe getöteter Feinde ausgestellt wurden.

Zwischen dem Bab Sidi Abd El Ouahab und einem weiteren Medinator, dem *Bab Sidi Aïssa,* liegt der **Park Lalla Aïcha,** der sich entlang der Stadtmauer erstreckt. Der Park wurde nach der Schwester des Königs benannt.

Oukaïmeden

C/D-3. Provinz Marrakech, 2650 m. Bekanntes Wintersportzentrum auf einem Hochplateau des Hohen Atlas nahe dem Djebel Toubkal, 4165 m. Diese Station ist im vollen Ausbau und bietet von Dezember bis Mai Gelegenheit zum Skilauf. Derzeit führen fünf Sessellifte zu den schönsten Abfahrtsgebieten. Ski und Ausrüstung können gemietet werden. Die Temperaturen liegen im Winter zwischen −15° *und* +15°*, im Sommer um* 18° C. Bei Oukaïmeden gibt es vorgeschichtliche Felszeichnungen; so z. B. ca. 300 m unterhalb des ersten Skilifts und beim »Refugé du Service de la Jeunesse et des Sports« sowie, noch eindrucksvoller, am Djebel Yaghour (2728 m); ortskundiger Führer unbedingt erforderlich.*

[i] *Verkehr:* Verbindungsstraße S 513 (Marrakech – Oukaïmeden).
Unterkunft: Einige gute, mehrere einfache Hotels. – Campingplätze. – Schutzhütten. Die Hotels sind im Winter überbelegt (rechtzeitig reservieren), im Sommer oft geschlossen.

[🤸] *Sport:* Skilauf (5 Skilifte, 2 Sprungschanzen).

[⛰] *Wanderungen:* Auf den **Djebel Oukaïmeden,** 3265 m, 2 Std. – Auf den **Djebel Attar,** 3258 m, 2 Std. – Auf den **Djebel Yagour,** 3614 m, 4 Std. – Über Imlil auf den **Djebel Toubkal,** 4165 m (s. Asni und Marrakech, In der Umgebung). Die beiden zuletzt genannten Berge nur für Bergsteiger.

Die Oase des Sidi Yahia,

*7 km südöstlich von Oujda, ist ein Ort warmer Quellen mit Palmen, Olivenbäumen und Terebinthen. Hier befindet sich der Marabout des Sidi Yahia, des Patrons von Oujda. Sidi Yahia soll der Legende nach Johannes der Täufer sein, weshalb nicht nur Mohammedaner, sondern auch Juden hierher pilgern. Das Grab des Heiligen dürfte in der Nähe des Marabout liegen, der genaue Ort ist unbekannt. Eine weitere Sehenswürdigkeit in dieser Oase ist die **Ghar el-Houriyat** (Grotte der Huris). – Vorsicht! Grenzgebiet zu Algerien!*

Oulmès

D-2. Provinz Khemisset, 1257 m, 300 Einw. Kleines Thermalbad auf dem Plateau gleichen Namens. Die wichtigste Heilquelle ist die *Quelle Lalla Haya,* deren Heilkraft erst 1934 allgemein bekannt wurde. Die Temperatur des Quellwassers beträgt 42° C. Das kohlensäurehaltige Wasser wird in ganz Marokko, in Flaschen abgefüllt, getrunken, es gilt als erstklassiges Tafelwasser. Vom Kurhotel Les Thermes, das durch eigene Rohrleitungen mit der Quelle verbunden ist, kann der Kurgast mit einem Jeep zu den in einer Schlucht gelegenen, in den Fels geschlagenen »Badekammern« der Quelle Lalla Haya fahren.

Auskunft: Oulmès-Etat, Casablanca, Boulevard Yacoub el Mansour 163, Tel. 25 15 41/44.
Verkehr: Verbindungsstraße S 209 (Tiflet – Mrirt).

Heilanzeigen: Magen- und Darmleiden, Leberschäden, Rheumatismus, Kreislaufstörungen.
Unterkunft: Nur ein Hotel (rechtzeitig reservieren).

Ourika

C-3. Provinz Marrakech, 955 m. Kleines Dörfchen auf dem linken Flußufer des *Ghemat,* 43 km südöstlich von Marrakech. Auf der anderen Seite des Flusses befindet sich das Berberdorf **Akhlij** mit dem **Dar Caïd Ouriki,** einer Zawija sowie einer Moschee, die in ihr bemerkenswertes pyramidenförmiges Minarett besitzt. Ourika stellt ein beliebtes Ausflugsziel von Marrakech dar.

Verkehr: Straße P 31 (Marrakech – Ouarzazate), Abzweigung bei Aït-Ourir.
Unterkunft: Zwei Hotels.

In der Umgebung: **Ourika-Tal** (s. Marrakech, In der Umgebung). – **Oukaïmeden** (s. dort), 45 km südlich.

Rabat

D-2. *Hauptstadt von Marokko, 15–60 m, 800 000 Einw. Residenz des Königs und wohl mit die schönste und die eleganteste, nahezu europäisch anmutende Stadt des Landes. Wenn man von Rabat spricht, so meint man die moderne Stadt mit ihren Palmenavenuen, ihren schönen Verwaltungsgebäuden, den sauberen und eleganten Geschäfts- und Wohnvierteln. Die Medina von Rabat ist dagegen nicht so interessant wie jene von Fès oder Marrakech, aber dennoch sehenswert.*

Rabat liegt am südlichen Mündungsufer des großen, aus dem Atlas kommenden Flusses *Bou Regreg,* der sich hier in den Atlantik ergießt, während an dem nördlichen Ufer sich die Schwesterstadt **Salé** ausbreitet. Zwei Brücken verbinden beide Städte, die den Fremden oft wie eine einzige erscheinen. Obwohl Rabat jetzt auch verwaltungsmäßig mit Salé zusammengeschlossen ist (Präfektur Rabat-Salé, ca. 950 000 Einw.), wird Salé in diesem Reiseführer unter einem eigenen Stichwort behandelt.

Von der Nordspitze am Ufer der Flußmündung zieht sich die alte Befestigungsmauer aus roten Lehmziegeln mitten durch die Stadt bis zum Königspalast. Sie umgibt die Medina und den Palast und führt bis in die Nähe des Hassan-Turmes im

Südosten der Stadt, unterbrochen von großen, schönen Toren.

Die Temperaturen liegen im Winter zwischen 5° und 14° C, im Sommer zwischen 21° und 30° C.

Auskunft: Office National Marocain de Tourisme (ONMT), 22, Avenue d'Alger. – Syndicat d'Initiative et de Tourisme de Rabat, Rue Patrice Lumumba.
Verkehr: Kreuzungspunkt der Straßen P 1, 2 und 22. – Bahnstation. – Internationaler Flughafen Salé, 10 km östlich.

Wichtige Adressen:

Botschaften: Botschaft der Bundesrepublik Deutschland, 7, Zankat Madnine, Tel. 3 25 32. – Österreichische Botschaft, 2, Rue de Tiddas, Tel. 6 40 03. – Schweizerische Botschaft, Square de Berkane, Tel. 2 46 95.

Fremdenpolizei, Avenue Amr Ibn-Alass (hinter der Kathedrale).

Busverbindungen, Auskunft CTM – Boulevard Hussein I, Tel. 2 15 21.

Katholische Kirchen, Cathédrale Saint-Pierre, Place Al Katidraliya; Kirche Notre Dame des Anges, Place Jeanne d'Arc.

Hauptpost, Avenue Mohammed V.

Unterkunft: Zahlreiche Hotels aller Kategorien. – Jugendherberge. – Campingplätze.

Geschichte:

Man weiß nicht, wann an der Stelle des heutigen Rabat die erste Siedlung entstand und wer dort siedelte. Immerhin wurden hier Menschenknochen gefunden, die über 100 000 Jahre alt sind (homo rabati). Früher nahm man mit Sicherheit an, daß weder die Phönizier noch die Karthager bis hierher vorgedrungen seien, doch erscheint diese Theorie angesichts der Grabungen in der Chellah als ungewiß. Durch diese Ausgrabungen konnte jedoch mit Sicherheit nachgewiesen werden, daß bereits die Römer die Mündungsstelle des Bou Regreg als Hafenplatz nützten. Der Ort war als Sala bekannt, was jedoch mit dem heutigen Salé nicht in Zusammenhang steht. Der Felsen, der sich unmittelbar an der Mündung des Bou Regreg erhebt, diente orthodoxen Moslems als »fester Sitz«, von dem aus sie kämpferische Streifzüge gegen die anders gearteten Berghouata unternahmen, die in der Umgebung lebten.

Im Jahre 1152 wählte der erste der Almohaden-Herrscher, Abd El Moumin, diesen Platz, um hier aus die Christen zu bekämpfen. Es ist die Stelle, an der sich die Kasbah des Oudajas befindet. Sein Enkel, Yakoub El Mansour, errichtete ein festes Lager, dessen Wälle ein Gebiet von 418 Hektar umgaben und die von vier monumentalen Toren unterbrochen wurden. Er wollte Rabat zu einem Zentrum des Islam machen. Er ließ u. a. die Moschee Hassane mit dem großen Minarett (dem Hassan-Turm) bauen, deren Fertigstellung er indes nicht mehr erlebte. Aus dieser Zeit hat Rabat seinen Namen. Das einfache Militärlager, das es anfangs war, wurde »Ribát El Fath« genannt, die Klosterburg des Sieges, und wurde Hauptstadt des Landes. Im 13. Jh. entstanden die Große Moschee und das Grabmal der Meriniden in der Chellah, deren großartige Ruinen man heute noch bewundern kann.

Im Jahre 1609 kamen mehrere tausend Flüchtlinge aus Andalusien, die von dort vertrieben worden waren, und siedelten sich in der Nähe der Kasbah an. Sie gründeten die eigentliche Medina. Diese »Moriscos« trieben regelrechte Piraterie und lagen ständig mit den Bewohnern der gegenüberliegenden Stadt Salé in Streit, die mit den Neuankömmlingen nichts zu tun haben wollten. Rabat entwickelte sich zu einer Art unabhängiger Republik im Jahre 1627. Diese Republik, die nun auch Salé mit einschloß, nannte sich nach dem Fluß Bou Regreg und wurde nach spanischem Vorbild verwaltet. In der zweiten Hälfte des 17. Jh. jedoch kam sie unter die Herrschaft der Alaouiten. Moulay Reschid, der erste Sultan dieser neuen Dynastie, nahm von der Stadt im Jahre 1666 Besitz und bekämpfte die Piraterie, die sich nun auch in Rabat immer mehr auszubreiten begonnen hatte. Dieser Versuch erwies sich als erfolglos. Rabat hatte seine Existenz als Piratenstadt bereits zu sehr gefestigt. Zu großem Wohlstand kam es auch durch Sklavenhandel.

Ein allmählicher Niedergang der Stadt begann Anfang des 18. Jh. durch Thronnachfolgestreitigkeiten nach dem Tode Moulay Ismails, ebenso durch das schwere Erdbeben 1755. 10 Jahre später wurde Rabat von den Franzosen mehrere Tage beschossen als Vergeltung für die nicht endenden Piratenzüge, womit erreicht wurde, daß der Stützpunkt aufgegeben wurde. Die weitere Entwicklung führte allmählich zu einer Versandung des Hafens. Aber erst unter Sidi Mohammed Ben Abdallah wurde das Seeräuberunwesen endgültig beseitigt. Dieser Herrscher (1757–1790) schenkte der Stadt sieben Moscheen, zwei Batterien für die Befestigungen und baute einen Palast. Die Stadt blühte nun auf kulturellem Gebiet auf.
Seit 1912 ist Rabat Verwaltungssitz und Residenz des Sultans (des heutigen Königs) von Marokko. Sie ist, wenn auch nicht das wirtschaftliche, so doch das organisatorische Zentrum des Landes. Die Ministerien und alle wichtigen Verwaltungsstellen, die ausländischen Botschaften haben hier ihren Sitz und geben der Stadt ihren internationalen Charakter.

Sehenswert:
Besichtigungsvorschlag: Vormittags: Königspalast, Chellah, Hassan-Turm mit Mausoleum Mohammeds V., Kasbah des Oudajas, Museum für marokkanische Kunst. Nachmittags: Bummel durch die Medina und die Neustadt. Hier sind sehenswert die Kathedrale Saint-Pierre, das Nationaltheater Mohammed V., das Archäologische Museum sowie das Regierungsviertel.

Im Westen der Stadt liegt der

Königspalast, er wurde unter dem Sultan Sidi Mohammed (1859–1873) erbaut und von König Mohammed V. während seiner Regierungszeit von 1927 bis 1961 erweitert und verschönert. Der Palast liegt inmitten eines von einer Mauer umgebenen Viertels, das man durch verschiedene Tore betreten kann. Auf dem großen Platz vor dem Palast die

Moschee Djamaa Ahel Fes. Freitags kann man dort gelegentlich ein einzigartiges Schauspiel erleben, das vor allem den Europäer stark beeindruckt: den Auftakt zum Freitagsgebet (der Freitag ist der geheiligte Tag der Moslems). Ist der König in Rabat anwesend, so begibt er sich zwischen 12.30 und 13 Uhr hoch zu Roß von seinem Palast aus zur Moschee, die blau oder grün geflaggt ist (zu anderen Gebetszeiten ist die Fahne weiß), um dort die vorgeschriebenen Gebete zu verrichten. Dieser Aufzug geschieht mit allem orientalischen Pomp: die schwarze

Leibgarde bildet Spalier, je nach der Jahreszeit in rote oder schneeweiße Uniformen mit plissierten Türkenhosen und Turbanen gekleidet, eine Kapelle spielt,und Würdenträger in kostbaren Gewändern huldigen ihrem Monarchen, indem sie ihm die Hand küssen. Dieses Ereignis findet jedoch nur mehr an hohen Feiertagen statt.

Außerhalb der Mauern Rabats, vom Königspalast aus aber bequem zu Fuß zu erreichen, liegt die

Chellah, erkennbar an ihrem sehr schönen Tor aus der Zeit der Meriniden. Dieses Tor, flankiert von zwei achteckigen Türmen, ist der einzige Zugang zu der mit Mauern umgebenen Anlage. In der Meriniden-Nekropole wurden 1930 die Ruinen einer römischen Siedlung entdeckt, des alten *Sala colonia.* Diese Stadt wurde noch Anfang des 6. Jh. in der Enzyklopädie des Stephanus Byzantinus erwähnt, es bleibt jedoch fraglich, ob dies als Beweis für die Existenz der Siedlung bis in diese Zeit gelten kann. Die Ausgrabungen dauern noch an, man vermutet Reste von Baudenkmälern aus der Zeit Karthagos. Die freigelegten Ruinen lassen das Forum erkennen, breite plattenbelegte Straßen, sowie Thermen und Triumphbogen. Von der Anhöhe aus hat man einen guten Überblick über das Ausgrabungsgelände.

Durch eine herrlich blühende Gartenanlage gelangt man zur eigentlichen *Nekropole,* die nochmals von einer Mauer umgeben ist. Sie wurde unter Sultan Abou Youssuf Yakoub (1258–1286) angelegt, von Sultan Abu Said 1310 bis 1331 ausgebaut, der dem ursprünglichen Friedhof eine *Moschee* und eine *Medersa* hinzufügte. Von beiden sind die noch gut erhaltenen Ruinen zu besichtigen, ebenfalls die des Mausoleums

des »schwarzen Sultans« und seiner Gemahlin. In der Nähe der Nekropole liegen einige *Marabouts,* die Grabstätten heiliger Männer, die hier gelebt haben sollen. Entsprechend wird eine kleine Quelle als heilig betrachtet, da sich diese Heiligen in ihr gewaschen haben sollen. Heute noch kommen Frauen der Umgebung hierher, füttern die Aale im Quellbassin mit Eiweiß und erhoffen sich dadurch Fruchtbarkeit oder die Heilung von Krankheiten.

Weiter entfernt, aber per Bus oder Taxi in einigen Minuten zu erreichen, liegt der

Hassan-Turm, gleichsam das Wahrzeichen Rabats. Der Turm, sowie die Moschee, deren Minarett er werden sollte, wurden durch den Tod des Erbauers niemals vollendet. Der Bau wurde unter den Almohaden Ende des 12. Jh. begonnen, die Moschee sollte mit einer Grundfläche von 183 m × 140 m die größte der islamischen Welt werden. Sie war auf 19 Schiffe konzipiert, getragen von über 300 Säulen, deren Stümpfe noch zu sehen sind. Obwohl unvollendet, beeindruckt das Gelände durch eigenartige Schönheit, es trägt seinen Namen Hassane (= Schönheit) zu Recht. Der Turm, bestehend aus 2,5 m dicken Mauern, wirkt wegen seiner geringen Höhe (44 m) ein wenig klobig, ein Eindruck, der jedoch durch das schöne Dekor der Außenfassaden wieder ausgeglichen wird. Die Seiten sind, wie auch bei seinem Vorbild des Koutoubiya-Minarettes in Marrakech (s. dort), verschieden ausgestaltet. Gegenüber dem Hassan-Turm, am anderen Ende des Moschee-Geländes, befindet sich das

Mausoleum Mohammed V. Es ist ein Meisterwerk des marokkanischen Handwerks und eines der schönsten

Hassan-Turm, das Wahrzeichen von Rabat aus dem 12. Jh. Die umgebenden Säulen sollten eine riesige Moschee tragen, die jedoch nie vollendet wurde

Gesamtansicht von Rabat, vom anderen Ufer des Bou Regreg gesehen

Das Bab-el-Had (Tor des Sonntagsmarkts) in Rabat, Eingang zur Medina in der Almohadenmauer, eines von insgesamt fünf Toren in die Altstadt

neuzeitlichen Bauwerke der islamischen Architektur. Es wurde von dem vietnamesischen Architekten Vo-Toan als typisches marokkanisches Grabmal (Marabout oder Koubba) errichtet, abgeschlossen durch ein pyramidenförmiges Spitzdach, das, wie alle Dächer wichtiger religiöser oder staatlicher Bauten, mit grünen Ziegeln gedeckt ist. Die Vollendung des Bauwerkes hat acht Jahre gedauert. Erst im November 1971 konnte der am 26. 2. 61 verstorbene König Mohammed V. dorthin überführt werden. Das Mausoleum selbst ist aus Carrara-Marmor errichtet, sein Inneres ist mit Mosaiken ausgelegt, deren Dekor sich an das des Hassan-Turmes anlehnt. Vorbild für den Sarkophag ist der Moulay Ismails in Meknès. Man kann im Grabmal fotographieren, sollte aber unbedingt vermeiden, laut zu sprechen. Neben dem Mausoleum befinden sich eine Moschee und ein **Museum** mit Andenken an den König und an den marokkanischen Befreiungskampf 1943 bis 1955.

Dem Flußlauf des Bou Regreg folgend, gelangt man zur

Kasbah des Oudajas mit dem **Bab El Oudaja**, das vermutlich gegen Ende des 12. Jh. ebenso wie der Hassan-Turm von Yakoub el Mansour errichtet worden ist und als eines der vollendetsten künstlerischen Bauwerke der Almohadenzeit gilt. Die Kasbah stammt in ihrem oberen Teil wie das Tor aus der Almohadenzeit, während der untere Teil im 17. Jh. unter den Alaouiten entstanden ist.

Ihr Name kommt vom Berberstamm der Oudajas, die sich hier im 13. Jh. niederließen und unter Moulay Ismail Söldnerdienste leisteten.

Als Entgelt erhielten sie dafür Steuerfreiheit. Die mächtigen Befestigungsmauern und ihre Türme bieten ein pittoreskes Bild. Der Garten, der ringsum von Mauern eingeschlossen ist, wurde in den Jahren 1915 bis 1918 in andalusischem Stil angelegt. Im oberen Teil der Kasbah befindet sich ein offenes maurisches Café, von dessen Terrasse, direkt über der Mündung des Bou Regreg gelegen, man einen sehr schönen Blick über den Fluß, den Atlantik und das gegenüberliegende Salé genießt.

Gleich hinter dem Eingangstor der Kasbah befindet sich das

Museum für marokkanische Kunst, in dem prachtvolle Exemplare alter Koranhandschriften, Fayencen, Waffen und dergleichen ausgestellt sind.

Auf der gegenüberliegenden Straßenseite beginnt die

Medina, die wesentlich übersichtlicher als andere Altstadtviertel ist. Um die Souks, die Ladenstraßen, zu erreichen, muß man von der Kasbah aus zuerst das Wohnviertel durchqueren, was auch seine Reize hat. Durch kleine Gäßchen gelangt man dann, ist immer bergab haltend, in das Händlerviertel. – Gleich dahinter beginnt die **Neustadt,** mit schönen Geschäftsstraßen. Über die Avenue Mohammed V. und die Rue Al Forat erreicht man die

Kathedrale Saint Pierre an der *Place Al Katidraliya.* Sie ist in Harmonie mit dem marokkanischen Baustil errichtet und mit schönen Fenstern ausgestattet worden. – In der Nähe, in der *Rue Al Brihi,* befindet sich das

Archäologische Museum (Musée des Antiquités), in welchem zahlreiche Funde aus der phönizischen und römischen Epoche aus ganz Marokko zusammengetragen wurden, eine

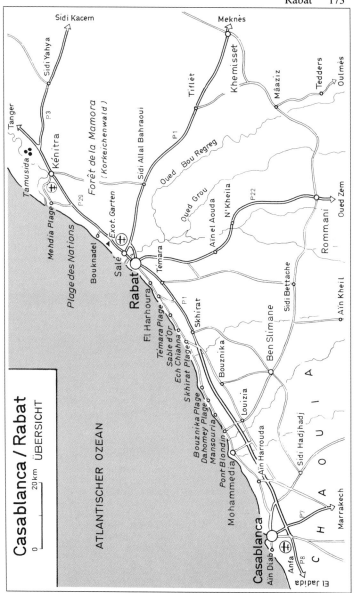

Casablanca / Rabat
ÜBERSICHT

wahre Fundgrube für alle an dieser Kunstepoche interessierten Touristen. Geöffnet 9–12 und 15–17.30 Uhr, dienstags geschlossen. – Das

Théâtre National Mohammed V. liegt nördlich der Kathedrale beim neuen Präfekturgebäude. Mit 2300 Sitzplätzen ausgestattet ist es das größte Nordafrikas. – Das

Regierungsviertel liegt auf einem Hügel am südlichen Ende der Avenue Mohammed V. Hier waren ursprünglich von Marschall Lyautey alle Verwaltungsbehörden Marokkos zentral untergebracht. Nun beherbergen die Bauten seit 1956 die meisten marokkanischen Ministerien.

Den Eingang zum Universitätsviertel ziert das **Bab Madinat al Ifrane**, ein 1984 fertiggestelltes Tor, das ein sehr schönes Beispiel moderner islamischer Architektur ist, die sich an klassischen Richtlinien orientiert.

Sport: Angeln, Tennis (im Stadion, Rue Haroun El Rachid), Reiten (Reitclub, Route des Zaers), Segeln (Yachtclub, Quai Farik El Marsa), Fechten (im Fechtclub, Rue Moulay Chérif), Golf (königl. Golfplatz Dar-Es-Salaam). Strände bei der Kasbah des Oudajas (nur bedingt zu empfehlen), längs der Küstenstraße S 222 über Témara bis Skhirat und »Plage des Nations« nördlich von Salé.

In der Umgebung:
Témara-Plage (Strand von Témara), 13 km südwestlich am Atlantik. Témara ist eine Kasbah mit einer Moschee, islamischer Wallfahrtsort (Wallfahrten besonders im August). – Man kann diesen Ausflug mit einem Besuch der etwa 5 km weiter südwestlich gelegenen Strandzone **Sable d'Or** verbinden.

Jardin Exotique, 10 km nordöstlich, auf der Straße 2 Richtung Kénitra, kurz vor dem Ort Sidi Bouknadel, ein herrlicher Garten mit 2000 zum Teil ganz seltenen Pflanzen sowie einem kleinen Tierpark. Der Garten wurde seit 1951 vom Garteningenieur François angelegt.

Plage des Nations, 18 km nordöstlich, ein neues Badezentrum für Rabat mit Restaurants, Badeanlagen und bewachtem Strand.

Wald von Mamora, der sich etwa 15 km nordöstlich von Rabat auf eine Strecke von rund 60 km bis **Dar Bel Amri** hinzieht. Der 13 000 qkm große Wald ist ein beliebtes Picknickziel der Rabater. Man fährt auf der P 1 Richtung Meknès und biegt dann, beliebig wo, nach Norden ab. Im Herbst ist der Wald reich an Beeren und Pilzen. Mancherorts sieht man hier auch schwarze Zelte von Nomaden oder Wanderhirten. – Der oben erwähnte Golfplatz (an der Straße nach Rommani) lohnt auch wegen seiner einmalig schönen Anlage, er gilt als einer der schönsten der Welt.

Casablanca, 98 km südlich (s. dort), Wirtschaftszentrum und sehr europäisch anmutende Großstadt.

Salé, 3 km (s. dort), Schwesterstadt von Rabat.

Restinga-Smir

E-1. Provinz Tetouan. Restinga-Smir, manchmal auch nur **Smir** genannt (Restinga ist die spanische Bezeichnung), bildet zusammen mit dem Nachbarort **M'diq** das neue, 1962 von Maroc-Tourist geschaffene Ferienzentrum an der Mittelmeerküste mit schönem Sandstrand. Es gibt hier u. a. hoteleigene Einkaufszentren, Bars, Nachtclubs, Friseure, Tennisplätze, Schwimmbäder, Ruder- und Motorboote, Wasserski. In den Sommermonaten herrscht hier Hochbetrieb. Reservierungen durch Maroc-Tourist, Rabat, B. P. 408.

⏹ *Verkehr:* Straße P 28 (Ceuta – Tetouan).
Unterkunft: Gute Hotels – Bungalow-Dorf. – Campingplatz.

⏹ *In der Umgebung:* **Tetouan** (s. dort), 25 km südlich. – **Cabo Negro,** 15 km südlich, ein moderner Ort am gleichnamigen, steil abfallenden Kap. – **M'diq,** kleines Fischerdorf mit Badezentrum in der Nähe von Cabo Negro.

Rich

E-3. Provinz Er-Rachidia, 1500 m, 2500 Einw. Städtchen im oberen Ziz-Tal. Südlich von Rich beginnen, nach Durchfahren eines Straßentunnels, der herrliche Galeriewald aus Palmen und das grandiose Flußtal mit zahlreichen pittoresken Siedlungen. Die Palmen begleiten die Straße P 21 bis ins Tafilalet.

⏹ *Verkehr:* Straße P 21 (Midelt – Er-Rachidia).
Unterkunft: Keine Hotels.

⏹ *Ausflüge:*
Zum **Moussem von Imilchil,** 120 km. Rich ist ein Ausgangsort für den Besuch des schönsten Volksfestes Marokkos, das auch als »Braut- oder Heiratsmarkt von Imilchil« bekannt ist. Er findet jedes Jahr Ende September statt. Allerdings erfordert diese Tour ein gutes Fahrzeug und einen geübten Fahrer.

Nach Durchquerung der Furt folgt man der Piste 3442, im Ziz-Tal aufwärtsführend, und wählt nach 25 km, bei **Mzizel,** die rechte Piste (3443), die am Hang des **Djebel Ayachi,** 3737 m, nordwestlich weiterführt. Über Amouguer (52 km) und mehrere kurze Pässe erreicht man nach 115 km die Kreuzung mit der vom Norden kommenden Piste 3445: statt nun diese nördlich nach Imilchil weiterzufahren, wendet man sich südlich und erreicht nach 6 km den Festplatz von **Agoudal** in 2200 m Höhe.

Dieser Moussem ist als Jahrmarkt des Nomadenstammes der Aït Haddidou – die den Sommer im Gebirge, den Winter aber in der Vorsahara verbringen – zu bezeichnen. Er bietet den Frauen dieses Nomadenstammes die einzige Gelegenheit, sich einen Partner zu suchen. Die meist sehr hübschen Frauen, unverschleiert, tragen schwarz-rote Gewänder und reichen Schmuck.

Diese Tour ist wegen der schlechten Piste sehr schwer, für die 120 km ab Rich muß man wenigstens fünf volle Fahrstunden rechnen. Man sollte möglichst mit geländegängigen Fahrzeugen bzw. im Konvoi fahren. Das ONMT – das den Besuch dieses Volksfestes fördert – richtet jedoch einen Pannen- und Hilfsdienst ein und sorgt auch für Unterkunft (in Zelten) und Verpflegung am Festplatz.

Tislit und Isli, 25 km nordöstlich von Imilchil, zwei romantische Bergseen, deren Namen »Braut« und »Bräutigam« bedeuten. Sie liegen in grandioser Gebirgslandschaft.

Die Rückfahrt in Richtung **Kasba Tadla** (s. dort) – quer durch das als »*Hochplateau der Seen*« bekannte Bergland (Piste 1903) – ist ebenfalls nicht ganz einfach, aber für geübte Fahrer gut durchzuführen.

Rif

Das Rifgebirge ist der nördlichste Gebirgszug Marokkos, der halbmondförmig der Mittelmeerküste folgt, sich – etwa bei Tetouan beginnend – bis Melilla erstreckt und sich in Algerien und Tunesien im *Tell-Atlas* fortsetzt. Das Rif ist, wie auch der Hohe und der Mittlere Atlas, tertiären Ursprungs und steht mit dem andalusischen Faltengebirge in geologischem Zusammenhang. In früheren erdgeschichtlichen Zeiten bildeten beide Gebirge eine Einheit, bis der Einbruch der Straße von Gibraltar die Zäsur brachte.

Der Westteil des Gebirges ist wenig gefaltet, er hat – im Gegensatz zum Massiv, dem Ostrif – eher hügeligen Charakter. An seinen Hängen gedeihen, unter der Einwirkung des maritimen Klimas, landwirtschaftliche Kulturen, Körnerfrüchte und Obst. Der Ostteil ist rauher, schroffer und unwirtlicher. Hier, beginnend etwa östlich des Lahou, sind auch die höchsten Erhebungen des Gebirges, das im **Tidighine** in 2452 m und im **Tisirene** in 2101 m Höhe gipfelt, während die höchsten Erhebungen des Westteils (auch einfach »Djebel« genannt) sämtlich unter der 1000-Meter-Grenze liegen. Durch die asphaltierte Höhenstraße (Straße P 39) ist das Rifgebirge auch touristisch gut erschlossen.

Safi

C-3. Provinzhauptstadt, 10 bis 60 m, 165 000 Einw. Safi ist einer der bedeutendsten Standorte der Ölsardinenindustrie und zweitgrößter Hafen Marokkos (nach Casablanca). Die Sardinenfangflotte dieser Stadt, am mittleren Teil der Atlantikküste Marokkos, ist berühmt. Außerdem wurde der Hafen nach der Erschließung der Phosphatgruben von Youssoufia zum Ausfuhrhafen der dortigen Abbauprodukte. Safi ist in erster Linie von der Industrie geprägt, und meist hängt eine stickige Wolke Fischdunst über der Stadt. Für die meisten Touristen wird Safi deshalb lediglich eine Durchgangsstation bleiben. Hier wurde mit deutscher Finanzbeteiligung ein großer chemischer Komplex errichtet, der diese Phosphate veredelt bzw. chemische Nebenprodukte herstellt. Safi ist bekannt für seine Töpferwaren.

Der Küstenstreifen zwischen Safi und Essaouira ist zu einem intensiv bebauten Bewässerungsland geworden. Bereits zwischen El Jadida und Safi beginnt das schmale Band fruchtbaren Landes direkt an der Küste, das durch eine lange Kette von Dünen geschützt ist.
Landeinwärts von diesem Streifen, der von den Marokkanern »Oulja« genannt wird, schließt sich ein Gebiet an mit ausgedehnten Weinfeldern, die bis zum Rande der weiten Hochfläche reichen, der Hochfläche des westlichen Bled mit ihrem schwarzen »Tirs«- oder rotem »Hamri«-Boden. Beim El Jorf Lasfar (früher: Cap Blanc) und beim Beddouzza (früher Cap Cantin) tritt diese hohe Bled-Fläche bis unmittelbar an den Atlantik heran und fällt mit hellen Kreideschichten steil zur brandungsreichen Küste ab.

Auskunft: Syndicat d'Initiative et de Tourisme, Place de l'Indépendance.

Verkehr: Straße P 12 (Safi – Tleta). – Bahnstation. – Flugplatz.

Unterkunft: Zwei relativ gute Hotels, sonst einfache Unterbringung.

Geschichte:
Wenngleich der Sage nach Safi von den aus Palästina ausgewanderten Kanaaniten gegründet wurde, sind hier nicht einmal Fundstücke aus der Antike entdeckt worden. Wahrscheinlich hatten jedoch die Karthager, zeitweise auch die Römer hier Handelsniederlassungen. Fest steht wohl, daß Safi schon im 11. Jh. unter dem Namen Asfi bestanden hat, und im 12. Jh. soll der Hafenbetrieb recht rege gewesen sein.

Gegen 1480 errichteten die Portugiesen hier eine Faktorei, nahmen die Stadt allerdings erst 1508 ein. Sie befestigten den Ort und unternahmen von dieser Basis aus weitere Vorstöße ins Landesinnere bis gegen Marrakech. 1541 mußten sie Safi bereits wieder aufgeben, sie schleiften bei ihrem Abzug jedoch die Festungswerke.

Noch im 17. Jh. war Safi der bedeutendste Hafen Marokkos. Im folgenden Jahrhundert nahm er dann durch die Eröffnung anderer Häfen (Agadir, Essaouira) an Wichtigkeit ab. Seit 1925 wurde von den Franzosen eine Fischkonservenindustrie entwickelt, kurz darauf entstanden Anlagen zur Phosphatweiterverarbeitung, und Safi wurde Exporthafen dieser Produkte.

 Sehenswert:
Portugiesische Kapelle im »manuelinischen Stil«, eine nach König Manuel I. von Portugal (1495–1521) benannte Kunstrichtung zwischen Spätgotik und Renaissance; die Portugiesische Kapelle steht neben der Großen Moschee, sie war einst der Chor der Kathedrale. Heute sind nur noch Reste zu besichtigen.

Dar el-Bahr (Château de la Mer; Seeschloß), im 16. Jh. von den Portugiesen errichtet; schöner Blick auf die Steilküste und den Atlantik. Die Anlage ist nicht zugänglich, da hier Militär stationiert ist.

Kechla, die ehemalige portugiesische Zitadelle, aus dem 16. Jh.; die Innenverzierungen der Palasträume stammen aus dem 18. Jh.; vom Turm herrlicher Rundblick auf die Medina.

Sport:
Tennis, Reiten.

Die Töpferwerkstätten

der Stadt sind wohl der Hauptanziehungspunkt für Besucher. Vor dem Tor Bab Chaba breitet sich der Marktplatz aus, der dann nachmittags als Vergnügungsstätte dient. – An dem Hügel vor diesem Platz befindet sich das bekannte Töpferviertel, in dem Gebrauchs- und Schmuckkeramik hergestellt wird. Ein Besuch in den Werkstätten, in denen die oft in Erdlöchern stehenden Töpferscheiben mit dem Fuß betrieben und die Geräte von Hand geformt werden, sollte nicht versäumt werden.

Saïdia

F-2. Provinz Oujda, 83 m, 1200
Einw. Kleine Stadt an der Mündung
des *Oued Kiss* ins Mittelmeer, nahe
der algerischen Grenze. Dank ihres
schönen 14 km langen und so flachen Sandstrandes, daß das Meer
erst nach etwa 15 m eine Tiefe von
1 m erreicht, entwickelte sich Saïdia
zu einem Badeort. Die **Kasbah** des
Ortes wurde im 19. Jh. von Moulay
El Hassan erbaut, sie umschließt
heute die Häuser der mohammeda-
nischen Bevölkerung.

 Verkehr: Straße P 27 (Oujda –
Nador), Abzweigung bei Ah-
fir.
Unterkunft: Einfache Hotels. –
Campingplatz.

Sport: Strandbad.

Salé

*D-2. Präfektur Rabat-Salé, 17 m,
155 600 Einw. Salé ist mit der Hauptstadt Rabat zusammengeschlossen
und liegt, gegenüber auf dem nördlichen Mündungsufer des Bou Regreg,
am Atlantik, mit Rabat durch eine
Brücke verbunden. Im Gegensatz
zum recht stark europäisierten Rabat
ist Salé eine ausgesprochen mohammedanische Stadt, die fast keinen europäischen Einfluß aufweist. Sie
konnte sich ihren moslemischen Charakter vollständig erhalten, weil sich
alle fremden Impulse im Mündungsgebiet des Bou Regreg auf die Schwesterstadt Rabat konzentrierten. Salé
hat ein kleines Europäerviertel im
Südwesten der Stadt, das aber recht
wenig interessant ist.*

Die Bevölkerung gilt als besonders
kunstfertig in der Herstellung von
Schmiedearbeiten aus Eisen, Kupfer und Messing und von sonstigen
kunsthandwerklichen Arbeiten wie
Korbwaren, bunten gewebten Dekken, Töpferwaren und Teppichen.
Auch als Gärtner sind die Leute von
Salé bekannt, wie denn auch Daniel
Defoes »Robinson Crusoe«, der
durch Seeräuber in Salé in maurische Gefangenschaft geraten war,
hier unter anderem den kleinen Garten seines Herrn zu bestellen hatte.
Salé besitzt auch einen kurzen
Strand unterhalb der Stadtmauern
mit einer Badeanstalt, die im Sommer von den Einheimischen stark
besucht wird. Man blickt von dort
aus gerade auf die Kasbah des Oudajas im gegenüberliegenden Rabat.

 Verkehr: Kreuzungspunkt der
Straßen P 1, 2 und 22. – Bahn-
station. – Flughafen.
Unterkunft: In Salé nur einfache
Unterkunft, bessere Übernach-
tungsmöglichkeit in Rabat (s. dort).

Geschichte:

Der Legende nach wurde Salé von
einem Sohn Noahs gegründet; tatsächlich ist über die Anfänge dieser
Stadt jedoch nichts bekannt.
Höchstwahrscheinlich entstand
Salé im 11. Jh. als Hauptort des kleinen Reiches der Zenata-Berber, das
jedoch bereits um 1058 von den Almoraviden vernichtet wurde. Im 12.
Jh. kam Salé unter die Herrschaft
der Almohaden, von 1249 bis in das
14. Jh. wurde es von den Meriniden
beherrscht. 1260 wurde die Stadt
von König Alfons X. von Kastilien
geplündert, nach dessen Abzug
wurde sie zum Schutz gegen neuerli-
che Angriffe befestigt; außerdem
entstanden nun zahlreiche Bauwerke, wie das Bab el-Mrisa, eine Medersa, die El Mrini-Moschee und
andere. Das gesamte Mittelalter

hindurch war Salé der wichtigste Handelshafen und Warenstapelplatz an der nordafrikanischen Atlantikküste, und zahlreiche Europäer trieben in der blühenden Stadt Handel.

1609 kam es zur Ansiedlung zahlreicher »Moriscos«, maurischer Flüchtlinge aus Spanien, die sich der Piraterie ergaben. Die Piraten vereinten Salé mit Rabat in der kleinen Republik Bou Regreg, die einer der berüchtigsten Piratenstützpunkte Nordafrikas wurde. Auf diese Weise gerieten die Bewohner von Salé unberechtigt in den Ruf, Seeräuber zu sein, wenngleich auch einige Einheimische Piraterie trieben. Als Repressalie wurde Salé – wie auch Rabat – nicht selten von europäischen Schiffen beschossen. Vom Ende des 17. Jh. an entwickelte sich Rabat schneller als Salé. Unter Moulay Slimane, Anfang des 18. Jh., hörte die Piraterie endgültig auf.

Sehenswert:
Auch für die Besichtigung Salés empfiehlt es sich, die Dienste einheimischer Führer in Anspruch zu nehmen. Sie bieten sich dem Fremden beim Betreten der Medina sogleich an. Die Stadt ist in der islamischen Welt Marokkos für ihre Heiligtümer berühmt, die Nichtmohammedaner freilich nicht betreten dürfen. Das wohl anziehendste Heiligengrab ist der **Marabout des Sidi Ben Achir,** der um 1885 erbaut wurde. Er befindet sich jedoch innerhalb des muselmanischen Friedhofs. – Der

Marabout Sidi Abdallah Ben Hassoun, des Stadtpatrons von Salé, ist bemerkenswert durch seine Kuppel und die in vielen Farben leuchtende Galerie, die außenherum angebaut wurde. – Die

Kasbah des Gnaoua befindet sich unmittelbar vor der Stadt. Unter Moulay Ismail diente sie im 18. Jh. als Kaserne für seine »schwarze Garde«. – Von Rabat kommend, gelangt man durch das

Bab el-Mrisa in die *Medina* von Salé. Dieses Tor ist das älteste der Stadt, es wurde zwischen 1260 und 1270 errichtet und war der Zugang zu einem Zeughaus. Hinter dem Tor liegt die

Mellah, die bis heute nach Ouezzane (s. dort) der bedeutendste jüdische Wallfahrtsort Marokkos ist. Vor allem zum jüdischen Passahfest werden viele Pilgerfahrten hierher unternommen. Hinter der Mellah breiten sich die eigentlichen Souks der Medina aus. Vom *Souk der Kissaria* erreicht man die *Rue de la Grande Mosquée,* an der die

Medersa Abou el-Hassan liegt. Sie wurde um 1341 vom Merinidensultan Abou el-Hassan, dem sogenannten »schwarzen Sultan« erbaut und zählt zu den schönsten Medersen aus dieser Zeit. Mit ihrer prächtigen Vorhalle und dem reichverzierten Innenhof ist sie sehr sehenswert (Eintrittsgeld, Begleitung durch den Wächter). Besonders schön ist auch der Blick von der Terrasse der Medersa über die Flußmündung des Bou Regreg hinweg auf die Kasbah des Oudaias in Rabat. – Nebenan befindet sich die

Große Moschee, die wahrscheinlich eine Stiftung des Almohadenherrschers Abou Youssef ben Yakoub ist. Am Vorabend des Mouloudfestes (Geburtstag des Propheten) findet in der Umgebung der Moschee eine Lichterprozession der »Wachszieher« statt. – Das

Töpferviertel von Salé liegt etwas außerhalb der Medina an der zweiten Brücke über den Bou Regreg.

Medersa Abou el-Hassan in Salé, im 14. Jahrhundert unter dem Merinidensultan Abou-el-Hassan erbaut. Die Medersa kann besichtigt werden

Sport: Strand unterhalb der Stadtmauern. Siehe im übrigen die Angaben bei Rabat.

Sefrou

E-2. Provinz Fès, 850 m, 28 600 Einw. Sefrou ist ein am Fuße des Mittleren Atlas schön gelegenes, rings von Obstgärten umgebenes Städtchen von fast oasenhaftem Charakter. Der Oued Aggai, der unterhalb der Kasbah von den seitlichen Hängen in Kaskaden herabstürzt, sorgt für ausreichende Bewässerung. An Handwerksbetrieben findet man in Sefrou u. a. Teppichhersteller, Holzverarbeitung und Kunstschmiede. Sefrou ist ein guter Ausgangsort für Ausflüge und Spaziergänge in die Umgebung.

Verkehr: Straße P 20 (Fès – Midelt).
Unterkunft: Ein gutes, sonst einfache Hotels.

Geschichte:
Sefrou wurde zur Zeit des Eindringens der Araber nach Marokko im 7. Jh. von den zum Judentum übergetretenen Ahel Sefrou-Berbern bewohnt, die im 13. Jh. unter der Herrschaft des Moulay Idriss II. weitgehend islamisiert wurden. Da jedoch, ebenfalls im 13. Jh., Juden aus dem Tafilalet, aus Debdou und aus dem südlichen Algerien hierherzogen, war Sefrou lange Zeit hindurch stark jüdisch; erst neuerdings ist ein großer Teil von ihnen nach Israel ausgewandert. 1950 kam es hier zu Überschwemmungen, die über 30 Todesopfer forderten. Das Flußbett des Oued Aggai wurde daraufhin tiefergelegt, der bekannte Waschplatz der jüdischen Frauen ging dadurch verloren.

Veranstaltungen: Kirschenfest alljährlich Ende Mai/ Anfang Juni.

Spaziergänge:
Zur **Kef el Moumin-Höhle** (auch Kef el Youdi = Judenfelsen genannt), eine der zahlreichen Grotten in der Schlucht des Oued Aggai westlich der Stadt, ein viel besuchter Wallfahrtsort der Juden und Moslems. Hier wird – wie in Ephesus – die Siebenschläferlegende lokalisiert, außerdem soll sich in dieser Höhle das Grab des Propheten Daniel befinden.

Zum **Marabout de Sidi bou Ali Serghine,** westlich der Stadt in Richtung zum Fort Prioux; schöne Aussicht. Die Quelle neben dem Marabout gilt als Wunderquelle; sie soll bei Schwachsinn und weiblicher Unfruchtbarkeit helfen. Alljährlich finden hier Tieropfer (schwarzer Ziegenbock, schwarzes Huhn oder weißer Hahn) statt.

In der Umgebung:
Bahlil, 6 km nordwestlich, eine kleine Berberansiedlung an einem Berghang in anmutiger Lage; schöne Rundsicht von der Anhöhe.

Settat

*C/D-2. Provinzhauptstadt, 361 m, 42 300 Einw. Moderner Hauptort des Gebietes Chaouia-Süd im Zentralgebiet des westlichen Bled mit einer Ende des 17. Jh. unter Moulay Ismail gebauten **Kasbah**. Für den Touristen ist das Städtchen Durchgangsstation auf der Fahrt nach Marrakech. Obwohl hier im Innern des Bled schon eine beträchtliche Trockenheit herrscht, befinden sich doch um Settat herum, vor allem im Norden der Stadt, reiche Kulturen. Unmittelbar vor der Stadt steigt das Bled steil an,*

*die Flußtäler haben sich tief einge-
schnitten, und der Grundwasserspiegel liegt verhältnismäßig hoch, so daß
genug Wasser für die Bewässerung
der Felder zur Verfügung steht.*

Die Landbevölkerung in diesem
Gebiet, deren kleine Siedlungen
sich über die ganze Ebene ausbrei-
ten, hausen vornehmlich in *»Noua-
las«,* kegelförmigen Hütten aus
Schilfgeflecht, die mit Stroh gedeckt
sind. Diese Hütten sind »transpor-
tabel«, sie lassen sich schnell abbau-
en und an anderem Ort genauso
schnell wieder aufstellen. In den
Douars, die ständige Bewässerung
haben, in denen die Bevölkerung
also nicht gezwungen ist, mit ihren
Behausungen »dem Wasser nach-
zuziehen«, bestehen die Behausungen aus Lehm- oder auch Steinhäu-
sern. Die Siedlungen sind stets mit
einer dichten Opuntienhecke oder
einem Wall aus Dornsträuchern
umgeben.

🛈 *Verkehr:* Straße P 7 (Casablanca – Marrakech). – Bahnstation.
Unterkunft: Nur einfache Hotels.

🎭 *Veranstaltungen:* Wochen-
markt am Sonnabend, se-
henswert vor allem wegen des Ka-
melhandels.

Sidi Ifni

*B-4. Provinz Tiznit, 10 m, 13 700
Einw. Kleines Städtchen mit creme-
und rosafarbenen Häusern mit, im
Verhältnis zu seiner Größe, recht viel-
seitiger Industrie in wüstenhaftem
Gebiet am Atlantik. 1958 wurde auf
einer künstlichen Insel ein zweiter
Hafen angelegt.*

🛈 *Verkehr:* Straße P 30 (Aït-
Melloul – Goulimine), Ab-
zweigung bei Goulimine bzw. Tiznit. – Flugplatz.
Unterkunft: Einfache Hotels.

Geschichte:

Im 15. Jh. war Sidi Ifni nur ein kleiner Flecken beim Heiligtum des Sidi
Ali ben Mohammed ben Ali Jassa,
genannt Sidi Ifni am gleichnamigen
Fluß, zu deutsch: am Ende der
Welt. Um 1445 landeten, von den
Kanarischen Inseln kommend, die
Spanier und erbauten einen kleinen
Fischereihafen sowie eine kleine Festung. Sie nannten den Ort Santa
Cruz de Mar Pequeña; er wurde
1524 von den Saadiern zerstört.
1860 überließ Marokko die Enklave
den Spaniern vertraglich, die hier
jedoch erst 1934 einen Stützpunkt
für die Fischereiflotte errichteten
und einen Militärflughafen anlegten. Sidi Ifni wurde Hauptstadt der
ehemaligen Spanischen Sahara.
Erst 1969 fiel Sidi Ifni wieder an
Marokko zurück.

🏃 *Sport:* Jagd (Wildschweine,
Hasen, Wachteln) in der Umgebung. Strandbäder.

🎭 *Veranstaltungen:*
Volksfeste im Kasino.

⛰ *In der Umgebung:*
Sidi Ouarsik, 15 km südlich,
eine kleine Siedlung mit Sommerhäuschen auf einem Steilfelsen über
dem Badestrand. Die Fischer keh-
ren am Abend mit ihrem Fang auf
einer Schwebebahn heim; die Kabi-
ne landet auf einer 12 m hohen,
1,3 km von der Küste entfernten
Plattform.

Sidi Kacem

D-2. Provinz Kénitra, 70 m, 26800 Einw. Typisches Landstädtchen und bedeutendes landwirtschaftliches Zentrum im Mittelpunkt der in der Umgebung liegenden Erdölquellen auf der rechten Seite des Oued Rdom, zu Füßen eines alten Forts.

Die Stadt, in der französischen Protektoratszeit *Petitjean* genannt, entstand erst 1915 anstelle eines alten hier gelegenen Marktes. Sie besteht aus einem kleinen Europäerviertel und dem Stadtteil der Moslems. Im Ort befindet sich auch eine Erdölraffinerie.

Verkehr: Kreuzungspunkt der Straße P 3 (Fès – Kénitra) mit der P 6 (Meknès – Souk el-Arba du Rharb). – Bahnstation.
Unterkunft: Einfache Hotels.

In der Umgebung: **Zawija des Sidi Kacem,** 2 km südlich. Hier findet im Oktober ein großer Moussem statt.

Sidi Slimane

D-2. Provinz Kénitra, 32 m, 12000 Einw. Zentrum eines reichen landwirtschaftlichen Gebietes (vor allem Getreide und Orangen) am *Oued Beth.* Dank der 35 km südlich gelegenen Talsperre *El Kansera* wird die gesamte Gegend reich bewässert. In Sidi Slimane liegen die wichtigsten Verpackungsstationen für den Orangen-Export. Für den Touristen ist der Ort als Raststation reizvoll.

Verkehr: Straße P 3 (Kénitra – Fès). – Bahnstation.
Unterkunft: Keine Hotels.

 In der Umgebung: **Staudamm El Kansera,** 35 km südlich (s. Khemisset).

Skhirat Plage

D-2. Präfektur Rabat-Salé, Strandzone von Skhirat (Skhirat 10000 Einw.). Seebad zwischen Rabat und Mohammedia mit schönem Strand. Bekannt durch das (nicht zugängliche) Sommer- und Badequartier der königlichen Familie. Hier fand 1971 der Attentatsversuch der Offiziere auf König Hassan II. statt.

Verkehr: Küstenstraße 222 (Rabat – Mohammedia). – Nächste Bahnstation Skhirat (2 km).
Unterkunft: Nur ein gutes Hotel (rechtzeitige Reservierung).

Smir

s. Restinga-Smir.

Souk el-Arba du Rharb

D-2. Provinz Kénitra, 25 m, 12000 Einw. Das Städtchen, manchmal auch Souk el Arba du Gharb oder Sidi Aïssa genannt, liegt inmitten eines flachen, landwirtschaftlich reichen Gebietes. Es ist ein ehemals bevorzugter Niederlassungsort vieler europäischer Siedler, namentlich von Franzosen. Besondere Bedeutung kommt dem Feldfruchtanbau und der Viehwirtschaft zu. Der Ort ist einer der wichtigsten Märkte für ein weites Umland, woher sich auch sein Name ableitet, der übersetzt »Mittwochsmarkt des Rharb« bedeutet.

Verkehr: Straße P 2 (Rabat – Ksar el-Kebir). – Bahnstation.
Unterkunft: Einfache Hotels.

 Spaziergänge: Zum nahegelegenen Marabout (Heiligengrab) des Sidi Aïssa, nach dem die Stadt ebenfalls benannt wurde.

In der Umgebung:
Die Ruinen der römischen Flußhafenstadt **Banasa** 20 km südwestlich, am linken Ufer des *Oued Sebou.* Banasa wurde im 1. Jh. n. Chr. zum Rang einer römischen Kolonie erhoben Es erlebte seine Blütezeit im 3. Jh. n. Chr. Gut zu erkennen ist das von Säulen umgebene Forum, weiterhin erkennt man die Ruinen der Thermen.

Sous

Sous ist eine Ebene zwischen dem *Hohen Atlas* und dem *Anti-Atlas,* die ihren Namen von dem Fluß erhielt, der sie durchfließt. Teile des Gebietes sind durch Bewässerungsanlagen fruchtbar gemacht, so daß hier sogar Bananen gedeihen.

Im Sous befindet sich auch das sog. »Massa-Projekt«, das im Rahmen der deutschen Entwicklungshilfe zur Verbesserung der landwirtschaftlichen Nutzbarkeit des Gebietes am *Oued Massa,* einem Nebenfluß des Oued Sous, in den 70er Jahren begonnen wurde.

Spanische Enklaven

s. Ceuta und Melilla.

Straße der Kasbahs

Die Straße der Kasbahs gehört sicherlich zu dem Eindrucksvollsten, was Marokko an eigenartiger Landschaft und Architektur zu bieten hat. Ausgehend von **Ouarzazate** nimmt sie ihren Verlauf in zwei Richtungen: Während der *südöstliche* Strang über den kleinen Marktort Agdz am *Drâa-Tal* entlang bis **Zagora** verläuft, wendet sich der *nordöstliche Strang* dem *Dadès-Tal* folgend bis **Boumalne du Dadès** und weiter nach **Tinerhir.** Von hier aus führt die P 32 nach **Er-Rachidia** (früher Ksar-es-Souk, 151 km), so daß man nicht, wie bei der Strecke nach Zagora, gezwungen ist, nach Ouarzazate zurückzufahren. (S. Übersichten S. 185 und 187.)

Folgt man dem *südöstlichen Strang* der Kasbahstraße in Richtung Zagora, so erreicht man zuerst, auf den Höhen des *Djebel Sargho,* die Schlucht des *Khaneg Thagia,* des Drâa-Durchbruches durch das Sargho-Massiv – beeindruckend durch die cañonartige Form. Das Gebirge hinter sich lassend, kommt man nach **Agdz,** Hauptort der Landschaft *Mezguita,* am Fuße des *Djebel Kissane* gelegen. Kurz hinter Agdz der frühere Hauptort des Gebietes: der **Ksar Tamenougalt,** ein aus vielen Kasbahs (Wohnburgen) bestehendes befestigtes Dorf, am anderen Ufer des Oued Drâa gelegen. Hier beginnt nun der interessanteste und schönste Teil des Drâa-Tales. Ein Ksar schließt sich an den anderen an, teilweise überwältigend durch die riesigen Ausmaße, die Ineinanderverschachtelung der einzelnen Wohnkomplexe in ihrem Inneren und die immer wieder verschiedene Gestaltung der Lehmarchitektur.

Straße der Kasbahs
Südöstlicher Strang
0   20km   ÜBERSICHT

➤ Aussicht   ▲ Naturdenkmal
✖ Kasbah   〰 Paß   🌴 Oase

Man wundert sich, wie diese Bauwerke aus primitivstem Material die Jahrhunderte überdauern konnten. Zu verdanken ist dies den unermüdlichen Renovierungsarbeiten der Bevölkerung; nach jedem Regenfall müssen die Schadstellen ausgebessert und die Dächer wieder festgestampft werden. Aus diesem Feststampfen ergibt sich auch die Bezeichnung »Stampflehmarchitektur« für die Bauweise der Kasbahs und Ksour (Pl. von Ksar). Unterbleiben diese Arbeiten, so ist das nur aus einer Mischung von getrocknetem Lehm, Stroh, Sand oder Bruchstein bestehende Gebäude dem Verfall preisgegeben. Die Lebensdauer einer Kasbah beträgt ohne ständige Ausbesserungsarbeiten ca. 50 Jahre. Bedauerlicherweise sind bereits einige heute schon nur noch Ruinen, der Grund dafür ist in der Landflucht der Bevölkerung und in der für heutige Verhältnisse praktischeren Flachbauweise zu suchen. Doch auch diese Flachbauten werden noch nach der traditionellen Bauweise errichtet, genauso wie die Kasbahs und Ksour (vgl. »Kunstgeschichte«, S. 38 f).

Der Stil der Kasbahs ist keineswegs einheitlich, die berberischen Baumeister scheinen Individualisten gewesen zu sein. Oft sind die manchmal bis zu 20 m aufragenden Ecktürme oder die obersten Stockwerke weiß getüncht und die Mauern mit Ornamenten versehen, die durch versetzt angeordnete Lehmziegel entstanden sind. Diese Ornamente der Kasbahs sind nicht nur reiner Schmuck, sondern gehen auf Symbole zurück, die dem animistischen Volksglauben entstammen. Sie dienen teils der Fruchtbarkeit, gelten jedoch auch als glückbringend und geisterabweisend. Weiter zu beachten ist, daß sich die Anlagen der Ksour nie direkt am Ufer des Drâa befinden, sondern immer auf unfruchtbarem Terrain in einiger Entfernung. Angewiesen auf die Erträge der schmalen fruchtbaren Streifen entlang des Flusses, versucht man, das Bestmögliche aus dem Boden zu gewinnen, was mit Hilfe von sogenannten »dreistöckigen Kulturen« gelingt. Dementsprechend wird unten Getreide, Gemüse oder auch nur Henna angebaut, je nach Bodenbeschaffenheit, in der »2. Etage« schließen sich Obstbäume aller Art an, während sich ganz oben Dattelpalmen und Tamarisken befinden, die die darunterliegenden Pflanzen vor der direkten Sonnenbestrahlung schützen. Um diese interessante Anbauform näher zu betrachten, ist ein Spaziergang entlang des Drâa-Ufers empfehlenswert, man sollte jedoch die einzelnen Parzellen nicht betreten, sondern sich an der ohnehin kaum befahrenen Straße aufhalten.

Ende des südöstlichen Stranges der Kasbahstraße ist **Zagora** (168 km), eine Ortschaft ohne besondere Besichtigungspunkte. Wesentlich interessanter ist der in 20 km Entfernung an der Strecke nach Mhamid gelegene kleine Ort **Tamegrout,** in dem eine im 17. Jh. angelegte *Bibliothek* mit teilweise bis zu 900 Jahre alten Handschriften zu besichtigen ist, sowie eine *Zawija* und eine Mangantöpferei.

Den *nordöstlichen Strang* der Straße der Kasbahs erreicht man von **Ouarzazate** aus, sich in nordöstlicher Richtung nach **Tinerhir** (oft auch Tinghir geschrieben) wendend. Die Strecke durchquert zu Beginn einige nur gelegentlich wasserführende Flüsse auf zementierten Furten. Gleich östlich von Ouarzazate folgt sie dem *Oued Dadès*, dem die Kasbahs und umliegenden Ksour ihr

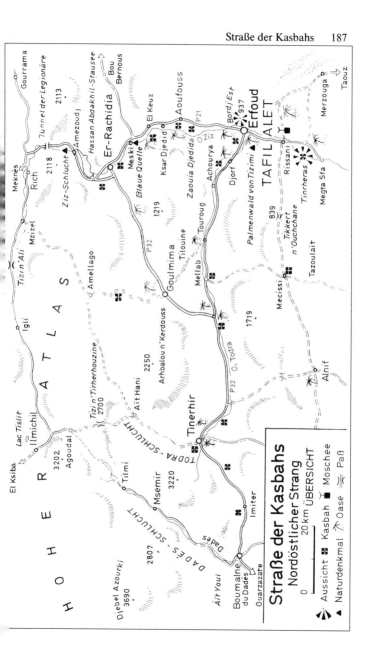

Straße der Kasbahs
Nordöstlicher Strang

0   20 km ÜBERSICHT

λ Aussicht ⊞ Kasbah ■ Moschee ≋ Paß
▲ Naturdenkmal ⋏ Oase

Dasein verdanken. Tief eingeschnitten liegt das Flußbett unterhalb der Straße, in seinem Tal verändert sich die Anbaukultur, je weiter man nach Osten kommt. Die Palme weicht der Feige, andere Obstbäume kommen hinzu, vor allem die in Marokko sonst seltene Aprikose, außerdem wieder Nußbäume, sowohl die weitausladenden Walnußbäume als auch die zierlichen Mandelbäumchen. Entsprechend ist der kleine Ort **Skoura** (32 km) als Mandelmarkt bekannt, in dessen näherer Umgebung ein halbes Dutzend Kasbahs zu finden sind.

Kasbah Ameridil bei Skoura

Der agrarische Ertrag des Dadès-Tales ist abhängig von den Niederschlägen im Hohen Atlas. Doch trotz der Schneefälle ist die Wasserversorgung unzureichend, zumal sich der Dadès in größeren Becken in diverse Seitenarme auflöst, deren Wasser meist versickert. An diesen Stellen ist man auf eine künstliche Bewässerung durch Grundwasser angewiesen. Das hierfür traditionelle System ist das der *Khettaras* (oder auch Rhettaras), bereits im 7. Jh. in Syrien entwickelt. Hierbei handelt es sich um einen parallel zum Grundwasserspiegel verlaufenden

Kanal, der in regelmäßigen Abständen (meist nur wenige Meter) durch Schächte mit der Erdoberfläche verbunden ist. Diese Schächte füllen sich bis zu einer gewissen Höhe mit Wasser und werden somit gleichzeitig zu Brunnen. Die Khettaras sind heute noch erkennbar an den durch den Schachtbau aufgeworfenen langen, regelmäßigen Hügelketten, denen man hier und in der Tafilalet-Ebene (s. dort) immer wieder begegnet. Die Tiefe dieser Schächte kann bis zu 20 m reichen. Angelegt und instandgehalten wurden sie früher von Sklaven und Gefangenen, heute sind die Khettaras mangels Arbeitskräften größtenteils verfallen. Dort, wo sie nicht durch ein modernes Pumpensystem ersetzt worden sind, mußte die Bevölkerung häufig wegen Wassermangels ihre bisherigen Wohnsitze aufgeben.

Nicht davon bedroht ist das Gebiet um **El Kelâa des Mgouna** (s. dort), das unter anderem seiner Rosen wegen berühmt ist, die hier auf weiten Feldern gezüchtet und zur Herstellung von Rosenöl und -wasser verwendet werden. 24 km hinter El Kelâa erreicht man **Boumalne du Dadès** (s. dort), von wo aus die Straße der Kasbahs dem Fluß nicht mehr folgt. Von Bedeutung ist Boumalne nur als Ausgangspunkt in die **Dadès-Schlucht**, die, orientiert man sich am Flußlauf, gleich hinter Boumalne beginnt. Wegen der Vielfältigkeit ihrer Landschaft zählt sie zu den beeindruckendsten und schönsten Gebieten Marokkos.

Einer der interessantesten Punkte auf der Straße der Kasbahs ist sicherlich **Tinerhir** (s. dort), die Oasenstadt jenseits des *Foum-el-Kaouz Tazoult-Passes* (1430 m) am Ende des nordöstlichen Stranges der Straße der Kasbahs. Dieser Paß führt über einen Gebirgsriegel, der von

Im Dadès-Tal. Der Dadès ist eine der wichtigsten Lebensadern Südmarokkos: er ermöglicht der Bevölkerung eine ausreichende Nahrungsmittelproduktion

Landschaft bei Ouarzazate, einem wichtigen Handelszentrum und Verkehrs-knotenpunkt der Region

Hohem Atlas und Djebel Sargho gebildet wird, die hier hart aneinanderstoßen.

Bei beiden Touren entlang der Kasbahstraße sollte man sich im Sommer auf teilweise sehr hohe Temperaturen gefaßt machen. Die Straßen sind gut befahrbar. Verbindungen siehe unter **Ouarzazate, Zagora, Tinerhir** und **El Kelâa des Mgouna**.

Tafilalet

E-3. Provinz Er-Rachidia. Oasengruppe im südöstlichen Marokko. Die Großoase, wie man sie auch nennen kann, war von jeher der wirtschaftliche und politische Schwerpunkt des marokkanischen Südostens. Ihre Ausdehnung von rund 5000 Hektar macht sie zu einer der größten Oasen Nordafrikas überhaupt. Noch im ausgehenden Mittelalter überragte die Hauptstadt des Gebietes, **Sijilmassa,** etwa 2 km nördlich von Rissani bzw. 20 km südlich von Erfoud, manche anderen Zentren des *Maghreb.* Man nimmt an, daß sie von etwa 800 bis 1400 die größte Stadt des Maghreb war. Sie lag am Schnittpunkt einiger bedeutender Karawanenstraßen, und in ihren Mauern floß viel Reichtum zusammen. Die großen Karawanen, die vom Süden heraufzogen, aus den Ländern des Sudan und Niger, brachten Elfenbein und Gold; der Handel der Stadt reichte in alle Länder Nordafrikas.

Doch die Stadt hatte zwei mächtige Feinde: Nomaden aus der Wüste, die ihr Reichtum anzog, und die ewigen Sandstürme. Beide führten ihren Untergang herbei. Moulay Ismail – dessen Geschlecht im Tafilalet beheimatet war – baute die zerstörten Befestigungsmauern wieder auf. Doch die Berberstämme aus dem Djebel Sargho, vor allem die Aït Atta, berannten sie immer wieder und vernichteten sie schließlich im vorigen Jahrhundert völlig. Die heutige Hauptstadt der Oase ist **Erfoud** (s. dort). Für den europäischen Touristen ist eine Fahrt ins Tafilalet und ein Besuch Erfouds ungemein reizvoll. Hier findet er das, was er sich von »Afrika« erhofft hat: Palmen, Oasen, Kamele, bunte, orientalisch anmutende Märkte und nordafrikanische Menschen in ihrer phantasievollen Kleidung. Dazu eine erbarmungslos herniederstrahlende Sonne und die Nähe der

---

Entscheidend geprägt wird das Landschaftsbild des Tafilalet durch die über 1 Million **Dattelpalmen** *(Phoenix dactylifera). Nicht nur hier, sondern in weiten Gebieten Südmarokkos, vor allem im Drâa-Tal, aber auch im Osten bis Figuig und im Westen bis fast an die Küste, ist die Dattelpalme eine der wichtigsten Kulturpflanzen und Grundnahrungsmittel-Lieferant für die einheimische Bevölkerung. Ein Baum kann jährlich bis zu 50 kg Früchte liefern, Stamm und Blätter Material für die Weiterverarbeitung.*

Wüste. Die Temperaturen sind hier im Südosten Marokkos, jenseits der Atlasketten, so hoch, daß man das Gebiet nicht in den Sommermonaten bereisen sollte.

Bewässert wird das Oasengebiet von den beiden Flüssen *Oued Rheris* und *Oued Ziz*. Aber beide bilden auf langen Strecken nur tief eingeschnittene trockene Flußbetten. Da die Natur hier nur unvollkommene Hilfe gibt, mußte der Mensch auf eigene Mittel sinnen. Auf der Fahrt nach Erfoud fallen eigenartige hügelartige Kuppen auf, die wie große Maulwurfshügel wirken und sich meilenweit hinziehen. An den Rändern des Gebirges, hier des nahen *Djebel Ougnat*, eines Ausläufers des Sargho, liegt der Grundwasserspiegel ziemlich hoch. Von hier aus hat man schon vor Jahrhunderten unterirdische Kanäle bis zu den Oasen angelegt, die das Wasser dorthin leiten. Diese sogenannten Khettaras wurden von Haratins, schwarzen Sklaven, gebaut. Die eigenartigen Kuppen, die in der Mitte einen senkrechten Schacht haben, bezeichnen die Stellen, an denen man das Erdmaterial nach oben auswarf und von wo aus man den Kanal weiter vorwärtstrieb. Außerdem dienen diese Einstiege dazu, die Kanäle von Erdeinbrüchen zu säubern. Viele dieser alten Kanäle sind im Laufe der Zeit verfallen und versandet, die meisten aber werden heute noch benutzt wie vor Hunderten von Jahren. Die wichtigste Kultur des Tafilalet sind die Dattelpalmen; man zählt über 1,2 Millionen in diesem Gebiet.

Neben der Versandung ist die Versalzung des Bodens eine der größten Gefahren für die Oasen. Durch die sommerliche Verdunstung steigt das Bodenwasser auf und bringt gelöste Salze aus der Tiefe mit sich. Diese Salzkruste erstickt den Pflanzenwuchs. So romantisch das Leben einer Oase dem fremden Touristen erscheinen mag – für die hier lebenden Menschen ist es hart und entbehrungsreich.

Tafraout

C-4. Provinz Tiznit, 1004 m, 2000 Einw. Gebirgsoase von besonderem Reiz und großer landschaftlicher Schönheit. Die Siedlung liegt inmitten des westlichen Anti-Atlas, zu Füßen des imposanten Djebel Lekest, 2354 m, und schmiegt sich mit rosa-

Land der Ammeln

wird das Gebiet um Tafraout nach einem hier lebenden Berberstamm genannt. Das eigentliche »Tal der Ammeln« mit seinen unzähligen Dörfern, deren Häuser im Stil von Kasbahs aus rotem Lehm gebaut sind, liegt 4 km von Tafraout entfernt. Bizarr sind die Gesteinsformen, zum größten Teil aus rosa, über bläulich, bis zu violettem Granit: ein einmaliges Schauspiel bei Sonnenuntergang. Man fand hier zahlreiche Zeichnungen aus der Steinzeit, so daß mit Sicherheit angenommen werden kann, daß die Gegend seit Jahrtausenden bewohnt ist. Zwischen Mai und September ist die Hitze in diesem Gebiet dem Europäer meist wenig zuträglich. Im Februar findet hier das Mandelblütenfest statt.

Tafraout, schön gelegener und weitgehend traditioneller Ort im tiefen Süden, im westlichen Anti-Atlas

Westsahara. Die Wüste zwingt die Bevölkerung zu einem äußerst genügsamen Leben. Temperaturen von über 50° C sind keine Seltenheit

und ockerfarbigen Häusern an die zerklüfteten Granitfelsen.

Der äußerst karge Boden kann die Bevölkerung dieser Oase nicht ernähren, und seit Jahrhunderten gehen die männlichen Bewohner in andere Teile Marokkos zur Arbeit, vor allem als Gemischtwarenhändler (épiciers), um später mit ihren Ersparnissen heimzukehren. Dadurch versteht fast jeder in Tafraout französisch oder spanisch. (S. Karte »Anti-Atlas« S. 75).

Auskunft: Im Hotel und beim Buchhändler (librairie).
Verkehr: Straße 30 (Aït-Melloul – Goulimine), Abzweigung bei Tiznit.
Unterkunft: Nur ein gutes Hotel (rechtzeitige Reservierung!).

Tanger

D/E-1. Hauptstadt der gleichnamigen Provinz, 5–90 m, 250 000 Einw. Tanger bildet für die meisten Reisenden, die aus den europäischen Ländern kommen, das Haupteinfallstor nach Marokko. Die Stadt liegt im äußersten Nordwesten des afrikanischen Kontinents, direkt an der Straße von Gibraltar, und blickt sowohl auf das Mittelmeer als auch auf den Atlantik. Sie breitet sich über sieben Hügel hin aus. Oberhalb des Hafens liegt die Medina mit der Kasbah, südlich und westlich an die Medina schließt sich die Neustadt an; noch weiter westlich, an den Abhängen des »Montagne«, breitet sich das Villenviertel aus. Viele dieser heute teilweise in ungepflegten Parks stehenden Villen stehen zum Verkauf. Die Temperaturen bewegen sich im Winter zwischen 14° und 21° C, im Sommer zwischen 17° und 25° C.

Tanger nimmt unter allen Städten Marokkos eine deutlich sichtbare Sonderstellung ein: sie ist eine Stadt von wahrhaft kosmopolitischem Gepräge, was sich daraus erklärt, daß sie – und eine sie umgebende Zone von etwa 580 qkm – rund viereinhalb Jahrzehnte internationalisiert war, d. h. aus dem marokkanischen Staat herausgelöst und von acht Mächten (unter Einschluß Marokkos) gemeinsam verwaltet wurde. Tanger hatte von jeher große Anziehungskraft – nicht nur für Geschäftsleute. Sie ist modern (wenn sie auch keineswegs den Charakter einer echten Großstadt hat), verfügt über einen prachtvollen Strand und ist Ausgangspunkt für Reisen in alle Gebiete des Landes.

Allerdings ist Tanger keineswegs typisch für Marokko. Auch die Medina hat sich fremdem Einfluß nicht verschließen können. So findet man dort viele europäisch anmutende Häuser, europäische und indische Geschäfte und Gaststätten. Für den Touristen, der Marokko zum ersten Male betritt, bietet sie indes bereits das Bild der nordafrikanischen Fremde. Unzweifelhaft hat der Verlust des Internationalen Status die Bedeutung und das Geschäftsleben seit 1956 herabgedrückt, und der rasanten Entwicklung folgt nun ein gewisser Stillstand, der aber auch als Konsolidierung anzusehen ist. Der Tourismus allein aber vermag der Stadt ihren einstmals so großzügigen Zuschnitt nicht wiederzugeben. Es gibt an den Stadträndern bereits fertiggestellte Straßen, doch Häuser wurden an ihnen nicht mehr errichtet. Für den Touristen aber bietet Tanger alle wünschenswerten Einrichtungen. Es empfiehlt sich sowohl als Standquartier für einen Urlaub (wobei man allerdings das alte Marokko nicht kennenlernt) als auch als Ausgangspunkt für Ausflüge in den Norden, ins Rif und den nördlichen Teil der Atlantikküste, zumal die Verbindungen ausgezeichnet sind.

📋 *Auskunft:* Syndicat d'Initiative, 11, Rue Velasquez, Tel. 3 54 86. – Office National du Tourisme, 29, Bd. Pasteur, Tel. 3 82 40.

Verkehr: P 2 (Rabat) und P 38 (Tetouan). – Bahnstation. – Schiffsanlegestelle (Fährverbindung mit Algeciras, Gibraltar, Sète). – Flughafen Boukhalf (15 km südwestlich). Busse in alle Richtungen.

Wichtige Adressen:

Konsulat der Bundesrepublik Deutschland, 47, Avenue Hassan II, Tel. 3 87 00.

Fremdenpolizei: Rue de Belgique/ Avenue Hassan II.

Hauptpost: 33, Boulevard Mohammed V.

Reisebüros: American Express, Avenue d'Espagne 21; Wagons-Lits Cook, Rue de la Liberté 86; Voyages Schwartz, Boulevard Pasteur 54; Voyages Tanger, Boulevard Pasteur 25.

Christliche Kirchen: Katholisch: Eglise française, Rue Cervantes; Eglise espagnole, Rue es-Siaghine. Protestantisch: An der Rue Léon l'Africain, Grand Socco.

Unterkunft: Zahlreiche Hotels aller Kategorien – Campingplätze.

Geschichte:

Der Sage nach war es Antäus, der die Stadt gründete und ihr den Namen seiner Gattin Tingo gab. Archäologische Grabungen lassen den Schluß zu, daß die Phönizier hier an der belebten Meeresenge, der Straße von Gibraltar, eine ihrer mächtigen Hauptstädte besaßen. So war das Gebiet bereits ab 1600 v. Chr. besiedelt. Ausgrabungen im Osten der Tanger-Bucht und an der atlantischen Küste – die allerdings sehr spärliche Ergebnisse brachten – lassen vermuten, daß diese Stadt eine sehr große Ausdehnung besaß; sie wurde überragt von dem Baal-Tempel. Sicherlich war sie ein wichtiger Stützpunkt der karthagischen Kolonie im westlichen Nordafrika.

Aber mit dem Sieg Roms über Karthago kam auch Tanger unter die Herrschaft Roms. Kaiser Augustus machte sie später zur Freien Stadt, und Kaiser Claudius befreite sie sogar von jeglicher Tributpflicht, so daß sie durch vier Jahrhunderte hindurch die Hauptstadt des Tingitanischen Mauretanien bleiben konnte. Vandalen und Westgoten gelangten auf ihren Zügen übers Mittelmeer hierher, und auch Byzanz machte eine Zeitlang seinen mächtigen Einfluß geltend.

Die neuere Geschichte Tangers beginnt mit dem Einbruch der Araber, die zum ersten Male 682 unter Okba Ben Nafi in die Stadt kamen. Für eine kurze Zeit vermochten die ansässigen Berber noch einmal das fremde Joch abzuschütteln, als Okba das Land wieder verlassen hatte. Aber wenige Jahrzehnte später, ab 705, war die Berberherrschaft gebrochen. Moussa Ben Noceir kam mit neuen Truppen, besetzte das ganze Land und drang bis Tanger vor. Die Stadt wurde nun zum wichtigsten Stützpunkt der Araber für ihre Eroberungszüge nach Spanien, die Tarik, ein arabisierter Berber, Gouverneur von Tanger, einleitete. Durch den Niedergang und die Aufspaltung des islamischen Großreiches aufgrund von Thronstreitigkeiten wurde Tanger in den folgenden Jahrhunderten ständig umkämpft. Einerseits waren es die Omajaden Spaniens, die hier ihren Einfluß auf Afrika auszudehnen versuchten, andererseits die ägyptischen Fatimiden, die ein Einfallstor zum unabhängigen spanischen Kalifat brauchten. Daneben versuchten die Berberstämme der Umgebung, das Joch beider arabischen Dynastien abzuschütteln. Erst im 11. Jh. waren diese Kämpfe durch die endgültige Eroberung der Stadt durch die Almoraviden beendet.

Im 15. Jh. begannen die Portugiesen, sich der nordafrikanischen Küsten zu bemächtigen; am 29. August 1471 eroberten sie Tanger. 1578 wurde die Stadt im Rahmen der Allianz unter den Königshäusern Philipp II. von Spanien zugesprochen, 1661 wurde sie englischer Kronbesitz. Die Infantin Katharina von Bragança brachte sie bei ihrer Vermählung mit Karl II. von England als Mitgift in die Ehe. Aber bereits im Jahre 1684 gaben die Engländer die Stadt wieder auf, deren Besetzung ihnen unnütz und zu kostspielig erschien. Sie überließen sie Moulay Ismail und zogen ab, jedoch nicht, ohne sie zuvor gründlich zerstört zu haben. Sie schleiften die alten Befestigungsmauern der Römer und Portugiesen und brannten die Innenstadt nieder.

Von dieser Zeit an ist Tanger ein Bestandteil Marokkos, doch erlitt es noch manches harte Schicksal. Im Jahre 1790 erschien die spanische Flotte vor der Stadt und bombardierte sie, dasselbe wiederholte sich 54 Jahre später durch das französische Geschwader des Prinzen von Joinville.

Als sich gegen Ende des 19. Jh. Marokko den europäischen Staaten gegenüber abzuschließen begann, war Tanger der einzige Ort, in dem diplomatische und konsularische Vertretungen eingerichtet werden durften (unter dem Verbot, das Land zu bereisen). Auch Deutschland, das

seit 1870 mit Marokko Handelsbeziehungen unterhielt, eröffnete hier ein Generalkonsulat. Tanger war zu dieser Zeit diplomatische Hauptstadt Marokkos. Da sich hier sehr viele Europäer niedergelassen hatten, begannen sie sich um die innerstädtischen Angelegenheiten zu kümmern; insbesondere nahmen sie sich der sanitären und hygienischen Probleme an. Der zu diesem Zweck 1874 von den Europäern gebildete Conseil sanitaire (Gesundheitsrat) wurde vom Pascha, dem Stellvertreter des Sultans, offiziell anerkannt und 1892 zu einer Kommission erweitert. Damit wurden große Teile der Verwaltung dieser Kommission unterstellt, die damit dem Machtbereich des Sultans fast vollständig entzogen war. 1905 fand der berühmte Besuch Kaiser Wilhelms II. in Tanger statt, wo er sich öffentlich für die Aufrechterhaltung der Unabhängigkeit Marokkos aussprach.

Im Jahre 1912 kam das Land unter französische bzw. spanische Protektoratsverwaltung, und 1923 wurde Tanger zur Internationalen Zone erklärt. Acht fremde Mächte (einschließlich Marokko) verwalteten gemeinsam die Stadt; Repräsentant des Sultans wurde der Mendoub. Es gab einen Internationalen Gerichtshof, mehrere Postämter, die jeweils nur die Marken ihres Landes ausgaben: Tanger war politisch, verwaltungsmäßig, wirtschaftlich und finanziell international und militärisch neutral geworden. Dies führte zu einer wirtschaftlichen Blüte; denn die Stadt erhielt eine Reihe von Privilegien. Unter anderem war sie Freihandelsplatz, ihr Hafen Freihandelshafen – jede Art von Waren konnte ohne Zoll und ohne Formalitäten nach Tanger hineingebracht, hier umgeschlagen oder verkauft oder wieder ausgeführt werden. Dieses Vorrecht und das des freien Geldmarktes bewirkten, daß Tanger in kurzer Zeit zu einer blühenden Handelsstadt wurde. Zahlreiche Firmen des Auslandes ließen sich hier nieder, Fluchtkapital aus aller Welt strömte hierher zusammen (da Tanger keine oder nur sehr geringe Steuern kannte), und eine große Anzahl berühmter Vermögen wurden hier angesammelt.

Mit der Aufhebung des Internationalen Status im Jahre 1956 wurde dieser Entwicklung ein Ende gesetzt. Heute sind hier Waren, die in Tanger einlaufen oder die Stadt verlassen, genauso mit Zöllen und Abgaben belastet wie überall in der Welt. Doch versucht die marokkanische Regierung durch verschiedene Begünstigungen oder Sonderkontingente, der Kaufmannschaft von Tanger Vorteile zu geben bzw. die Industrialisierung zu fördern. Der Hafen (nicht aber die Stadt) ist wieder Freihafen geworden.

Von 1919 bis 1940 war Deutschland von den europäischen Mächten aus Marokko, auch aus Tanger, ausgeschlossen. Im Jahr 1940 wurde das Deutsche Generalkonsulat wieder eröffnet, jedoch drei Jahre später auf Betreiben des spanischen Staatschefs Franco geschlossen; Spanien hatte Tanger von 1940 bis 1945 besetzt. Als 1956 Marokko seine Selbständigkeit und Unabhängigkeit zurückerhielt, wurde auch das Internationale Statut Tangers abgeschafft. Der Stadt verblieben noch einige wirtschaftliche Sonderrechte, die aber 1959 von Marokko aufgekündigt wurden und 1960 erloschen.

⌂ *Sehenswert:*
Besichtigungsvorschlag: Vormittags durch die Altstadt, begin-

nend am Grand Socco, weiter zur Mendoubia, der Moschee Sidi Bou Abid, der großen Moschee, Medersa, Kasbah und Sultanspalast mit Museen. Nachmittags Ausflug zu den Herkulesgrotten (vgl. In der Umgebung) und Bummel durch die Neustadt.

Der Mittelpunkt der **Neustadt,** oder auch europäischen Stadt, ist die *Place Mohammed V.* (früher Place de France, auch heute noch im Sprachgebrauch so bezeichnet). Er ist zugleich Zentrum des Verkehrs. Geschäftshäuser, Läden und Caféhäuser prägen das Bild dieses »Nervenknotens« der Stadt Tanger. Strahlenförmig gehen von hier die wichtigsten Straßen aus, vor allem der *Boulevard Pasteur,* die »Promenade« und Hauptgeschäftsstraße der Stadt mit ihren Banken, Restaurants, Cafés und eleganten Läden, die dann weiter in den *Boulevard Mohammed V* übergeht. Auf der anderen Seite steigt die *Rue de Belgique* hinauf ins spanische Viertel und in die eleganten Wohnviertel des Westens. Die *Rue de Fès,* eine wichtige Verkehrsader, die in die Ausfallstraße nach Rabat übergeht, nimmt hier ihren Anfang, und schließlich die *Rue de la Liberté,* die hinunter zum Grand Socco und zu der Medina führt.

Südlich an das Hafengelände schließt sich der breite, fast steinfreie Strand an, der sich kilometerlang um die Tanger-Bucht herumzieht. Hier sind auch der Bahnhof und die Bus-Station. Am Strand selbst, der von der palmenbestandenen Strandpromenade, der *Avenue d'Espagne,* begleitet wird, befinden sich eine Anzahl Restaurants mit Badekabinen. Man kann diese Kabinen stundenweise mieten, aber auch ungeniert vom Strand aus baden. Die europäische Stadt ist in

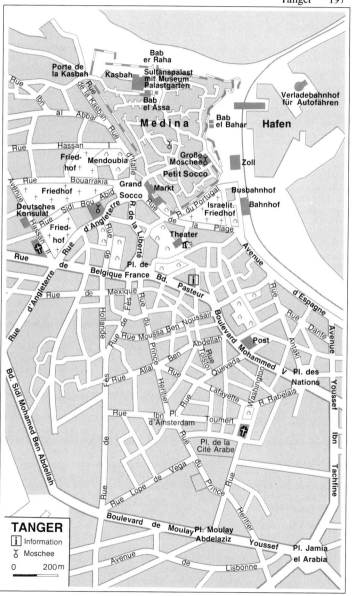

TANGER

i Information
Ⴘ Moschee

0   200m

ihren Hauptzügen schnell durchschritten. Das Leben der Touristen spielt sich in der Hauptsache um die Place Mohammed V herum und am Strand ab.

Geht man von der Place Mohammed V aus die Rue de la Liberté hinunter am Minzah-Hotel vorüber, dann gelangt man nach wenigen Minuten auf den

Grand Socco, den Großen Markt, der die Grenze bildet zwischen Europäerstadt und Medina. Ein unvorstellbares Gewimmel erfüllt diesen weiten Platz zu den Marktstunden, insbesondere am Donnerstag und am Sonntag. Feilgeboten werden hier vornehmlich Landesprodukte, Gemüse, Obst, Blumen. Auch die von hier ausgehenden Straßen sind Bazarstraßen mit Händlern, die am Boden vor ihrer Ware hocken. – Nordwestlich liegt die alte

Mendoubia, früher Sitz des Stellvertreters des Sultans, des Mendoub, einst auch Sitz der deutschen Botschaft, mit altem Park und einer Terrasse mit weitem Blick über die Medina. Im Park stehen neben schönen alten Drachenbäumen noch ca. 40 Bronzekanonen aus mehreren europäischen Staaten. Heute befinden sich in den Gebäuden Verwaltungsdienststellen. An der westlich in den Grand Socco einmündenden Rue Sidi Bou Abid erhebt sich die

Moschee Sidi Bou Abid aus dem Jahre 1917. Ihr schlankes Minarett ist mit bunten Kacheln verziert. An der Einmündung der Rue d'Italie im Nordwesten liegt das

Bab Fahs, durch das man in die Medina gelangt. Hinter dem Tor beginnt die *Rue es-Siaghin,* an der auch die Spanische Kathedrale steht. Die Rue es-Siaghin ist ebenso wie die erste Seitenstraße rechts, die

Rue des *Touajines,* Verkaufsstelle der Juweliere, obgleich an der erstgenannten heute schon mehr Textil- und Andenkenhändler ihre Läden haben. Noch weiter östlich, in Richtung zum Hafen, kommt man zum

Petit Socco, dem Kleinen Markt, an dem allerdings kein Markt abgehalten wird; er ist der eigentliche, spanisch anmutende Mittelpunkt der Medina, mit mehreren spanischen Cafés und kleinen Hotels. Hübsch sind die Fenstergitter und Balkone der Häuser, die den spanischen Charakter verstärken.

Während nördlich vom Petit Socco die Rue des Chrétiens (die Straße der Christen) abzweigt, früher mehr als heute ein Vergnügungsviertel, schließt sich östlich an den Petit Socco die *Rue de la Marine* an, die zum Hafen führt. An dieser Straße liegt die

Große Moschee (Djama el-Kebir). Sie wurde zur Zeit Moulay Ismails Ende des 17. Jh. an der Stelle der portugiesischen Kathedrale erbaut und 1815 vergrößert. Das Betreten der Moschee ist Nichtmohammedanern streng verboten. Die

ehemalige **Medersa,** gegenüber der Moschee gelegen, stammt aus dem 14. Jh. Von der Terrasse neben der großen Moschee hat man eine schöne Aussicht auf den Hafen. Die Medina endet im Osten bei den alten Bastionen aus der Portugiesenzeit. – In nördlicher Richtung gelangt man zur

Kasbah mit dem alten **Sultanspalast** aus dem 17. Jh., der später des öfteren umgebaut wurde. Im Sultanspalast befinden sich jetzt das **Musée d'Art Marocain** und das **Musée des Antiquités,** ein archäologisches Museum. Es enthält Funde aus prähistorischer wie römischer Zeit, au-

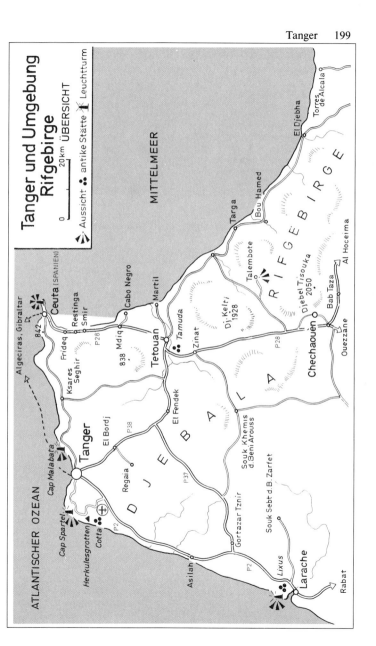

Tanger und Umgebung
Rifgebirge

Aussicht ▲ antike Stätte ⛏ Leuchtturm

0   20km ÜBERSICHT

MITTELMEER

ATLANTISCHER OZEAN

Algeciras, Gibraltar

Ceuta (SPANIEN)

Restinga
Smir

Cabo Negro

Frideq   842

Ksares
Seghir   838 Mdiq

Martil

Tetouan

Tamuda

Zinat

Dj. Kelti
1928

Targa

Bou Hamed

El Djebha

Torres
de Alcala

Talembote

Djebel Tisouka
2050

RIFGEBIRGE

Al Hoceima

Bab Taza

Chechaouën

Ouezzane

P28

Cap Malabata

Tanger

El Bordj

P38

El Fendek

D J E B A L A

Regaia

P37

Souk Khems
d.Beni Arouss

Cap Spartel

Herkulesgrotten
Cotta

Gortazar Tznir

Souk Sebt d. B. Zarfet

Asilah

P2

Lixus

Larache

Rabat

ßerdem Kopien einiger Bronzestatuen aus Volubilis (vgl. Meknès, In der Umgebung), z. B. den Kopf König Jubas II. Daneben werden einige Bilder und Gemälde von Tanger aus neuerer Zeit u. a. ausgestellt.

Ein Nebengebäude des Palastes ist das **Bit el-Mal,** die ehemalige Schatzkammer. Öffnungszeiten von Palast und Schatzkammer täglich 9–12 und 15–17.30 Uhr. Sehenswert sind auch die an den Palast anschließenden **Palastgärten,** in denen Kunsthandwerker ihre Werkstätten haben. Von der Terrasse des nördlich von dem Palast und den Gärten gelegenen maurischen Cafés genießt man einen prachtvollen Blick über einen Teil der Stadt und den Hafen. Bei klarem Wetter blickt man sogar zur spanischen Küste.

Sport: Segeln, Angeln, Unterwassersport, Tennis, Golf, Reiten, Wasserski, Tontauben-Schießen. Die Sportklubs in Tanger nehmen Mitglieder auch für kurze Zeit, also auch nur für die Dauer des Aufenthaltes auf. Von den vielen Sportklubs seien vor allem erwähnt der Country Club Diplomatique (Golf, Reiten, Polo, Tennis) und der Yachting Club Marocain (neben Bootfahren und Segeln auch Unterwassersport). Strandbäder.

In der Umgebung:
Kap Spartel und **Herkules-Grotten,** 12 km westlich. Dieser Ausflug zu dem nordwestlichsten Punkt des afrikanischen Kontinentes läßt sich – im Wagen – bequem an einem halben Nachmittag durchführen. Man folgt der Straße nach Rabat einige Kilometer bis zu dem großen Wegweiser rechter Hand (zum Flughafen) und biegt hier ein.

Die Fahrt geht durch das hügelige Karstgelände der westlichsten Ausläufer des Rif, bis man nach etwa vier Kilometern die Küste erreicht (Restaurant). Oberhalb der Steilküste führt eine schmale, aber gute Straße nach 2 km zum Kap Spartel. Von dem Plateau, auf dem sich der Leuchtturm befindet, hat man einen prächtigen Blick auf den Atlantik. Der Sonnenuntergang ist von hier aus besonders schön zu beobachten.

4 km südlich vom Kap Spartel liegen die Herkulesgrotten, die man besichtigen kann. Es sind Kalksteinhöhlen, aus denen man bereits in prähistorischer Zeit Kalkstein gewonnen hat. Die Abbauspuren sind noch gut zu erkennen. – Ein Seitenpfad führt zu den alten spärlichen Überresten der phönizischen Siedlung **Cotta.** Von der Siedlung sind bisher lediglich Grundmauern aus römischer Zeit freigelegt worden, der Besuch ist wenig lohnend.

Monte, südlich von Tanger. Ein Berg, an dessen Flanken sich zahlreiche Villen befinden, unter anderem ein Palast des Königs (nicht zu besichtigen). Man folgt der Rue San Francisco und gelangt auf guter Straße auf den Monte, zu dem zwei Wege emporführen; unterwegs befinden sich einige Ausflugslokale. Von der Höhe des Berges genießt man einen schönen Blick auf einen Teil der Steilküste und den Atlantik bis zur spanischen Küste hinüber.

Den Rückweg kann man durch den Pinienwald nehmen, der den Monte auf seiner Ostflanke bedeckt. Diese Fahrt läßt sich in einer knappen Stunde machen.

Zum **Charf** führt ein anderer kurzer Ausflug – etwa 1 Std. – über die Avenue d'Espagne, die Strandallee, dann östlich weiter bis zum Charf.

Eine Straße führt auf den Hügel, auf dem sich ein phönizisches Grabmal befindet. Man hat von hier aus einen schönen Rundblick über die Bucht von Tanger, die Stadt selbst und die Straße von Gibraltar. Herabkommend folgt man der Straße nach Osten – um die Bucht herum – und gelangt über die Villa »Harris« zum

Kap Malabata, dessen Leuchtturm, eine Ruine aus der portugiesischen Zeit, den engeren Teil der Straße von Gibraltar beherrscht. Sehenswert ist auch der Nachbau einer mittelalterlichen Burg, des Château Malabata, das Anfang des Jahrhunderts errichtet wurde.

Tetouan, 57 km südöstlich (s. dort); diese Stadt hat im Gegensatz zu Tanger schon ein weitaus stärkeres marokkanisch-islamisches Gepräge.

Larache, 87 km südlich (s. dort). Schön gelegene Hafenstadt. In der Nähe die Ruinen der phönizisch-römischen Siedlung **Lixus.**

Tarfaya

A-5. Hauptstadt der gleichnamigen Provinz, 2000 Einw. Tarfaya ist die südlichste Stadt Marokkos, früher unter Cap Juby bekannt. Sie war bis 1958 der Südteil der spanischen Protektoratszone. Das im wesentlichen vom Fischfang lebende Städtchen liegt malerisch am Meer und wird im weiten Umkreis von der Wüste umgeben, in der Nomaden, die »blauen Männer«, leben (s. bei Goulimine).

Die touristische Erschließung dieser Provinz hat kaum noch begonnen, Hotelbauprojekte wurden wegen der politisch gespannten Lage in der Westsahara zum Teil zurückgestellt. Aus dem gleichen Grund kann das Gebiet kurzfristig gesperrt werden. Erkundigung vor Ort ratsam.

Verkehr: Sekundärstraße S 512 (Goulimine – Tarfaya). Die Straße ist von Goulimine bis Tan-Tan-Plage asphaltiert.
Unterkunft: Sehr einfache Hotels.

In der Umgebung: **Lagune Puerto Cansado,** 70 km östlich; sie ist von rosa Flamingos belebt.

Taroudannt

C-4. Provinz Agadir, 256 m, 22 000 Einw. Alte Hauptstadt des Sous, an der West-Ost-Achse, die bis zur algerischen Grenze ausgebaut ist, längs des Südostabfalles des Hohen Atlas. Durch den Ausbau der Hafenstädte am Atlantik jedoch, besonders durch die Entwicklung Agadirs, verlor Taroudannt seine Bedeutung sowohl als Hauptstadt als auch als die große Handelsmetropole des Südens, die sie einmal war und über die der Verbindung über den Anti-Atlas bis zum Sudan ging. Taroudannt ist eine typisch orientalische Stadt, die von hohen Lehmmauern mit eindrucksvollen Toren umgeben wird. Die Mauer wurde in der ersten Hälfte des 18. Jh. errichtet und ist teilweise 6 bis 8 m hoch. Von wenigen neuen Gebäuden abgesehen, befinden sich alle Bauwerke innerhalb der 8 km langen Stadtmauer.

Vor der Stadt wechseln Palmen mit Olivenhainen ab, und ungeheure Scharen von Vögeln tummeln sich in den Zweigen. In der Stadt scheint die Zeit stillzustehen – trotz der lebhaften Souks. Lederarbeiten, geschmiedete Kupfergegenstände, Teppiche und ziselierte Waffen sowie gußeiserne Waren sind die Haupterzeugnisse der Handwerker in den Bazaren. Zentrum ist der *Place Assarag,* ein arkadenumsäumter Platz, der jedoch in der Hauptsache als Busbahnhof genutzt wird. Gaukler und andere Schausteller sind leider nur noch selten zu sehen. Von Taroudannt aus lassen sich schöne Exkursionen in das ganze Gebiet des Sous machen.

Verkehr: Straße P 32 (Aït-Melloul – Ouarzazate). – Flugplatz.
Unterkunft: Sehr gute bis einfache Hotels. – Campingplätze.

Geschichte:
Die genaue Gründungszeit der Stadt ist unbekannt. Fest steht, daß sie gegen 1030 Hauptstadt eines Schiiten-Fürstentums wurde und 1056 dem Almoravidenreich zufiel, wenngleich die Stadt lange Zeit hindurch von den Sultanen recht unabhängig war. Zur Zeit der Saadier-Dynastie, als Marrakech Hauptstadt des Reiches war, nahmen die Sultane häufig längere Zeit hier Aufenthalt. (Heute befindet sich im ehemaligen Sultanspalast ein in die Stadtmauer eingebautes Luxushotel.) Die Stadt blühte auf. 1687 eroberte Sultan Moulay Ismail Taroudannt und ließ einen Großteil der Bevölkerung umbringen, da sie sich gegen ihn für seinen Neffen entschieden hatte. Wirtschaftlichen Niedergang erlebte die Stadt endgültig, nachdem 1765 der Hafen von Agadir zugunsten von Essaouira geschlossen wurde.

Veranstaltungen: Zweiwöchige Handwerksmesse im April, verbunden mit folkloristischen Darbietungen.

Taza

E-2. Hauptstadt der gleichnamigen Provinz, 500–580 m, 55 000 Einw. Stadt in der Senke zwischen dem Südabfall des Rif und dem Nordabfall des Mittleren Atlas, im sogenannten »Loch von Taza«. Die etwas niedriger liegende Neustadt ist rund 1 km von der höher gelegenen Medina entfernt. Taza ist eine der ältesten Städte des Landes an einem der frühesten Verkehrswege Nordmarokkos, der Ost-West-Verbindung des Nordens. Die ursprüngliche Berberbevölkerung hat sich im Laufe der Zeit mit Bewohnern der Region von Fès und Tlemcen stark vermischt, hat also viel arabisches Blut aufgenommen. Dennoch hat Taza auch heute noch unverkennbar Züge des Berbertums; besonders an den Markttagen, wenn die Berberbevölkerung der Gebirge hier zusammenkommt, trägt die kleine Stadt den unverwechselbaren Stempel einer reinen Berberstadt.

Bis um die Jahrhundertwende war auch der jüdische Bevölkerungsanteil noch sehr stark, aber nach der Zerstörung ihrer Mellah im Jahre 1909 suchten sich die meisten Juden eine neue Heimat, die meisten fanden sie in Melilla, der spanischen Enklave. Taza ist, wie schon zur Zeit des französischen Protektorats, auch heute eine bedeutende Garnisonsstadt.

Auskunft: Syndicat d'Initiative et de Tourisme, Place du Commerce.
Verkehr: Straße P 1 (Fès – Oujda). – Bahnstation. – Flugplatz, 5 km östlich.
Unterkunft: 1 gutes, einige einfache Hotels.

Geschichte:
Die Zeugnisse menschlicher Siedlungen in der Umgebung der heutigen Stadt reichen weit in die Geschichte zurück. Schon in der neolithischen Zeit (vor etwa 20 000 Jahren) haben Menschen hier gesiedelt,

wie Schädel- und Knochenfunde in der Umgebung, hauptsächlich in den Grotten von Kifane el-Ghomari, beweisen. Gräber aus der Römerzeit und die Reste einer alten Brücke – aus der vorarabischen Epoche – über den kleinen Oued Taza geben weitere Hinweise.

Schon um das Jahr 700 dürfte an Stelle der heutigen Stadt eine Festung des berberischen Meknassastammes bestanden haben. Diese Senke zwischen den Gebirgen, die sich als natürlicher Verkehrsweg von Ost nach West anbot, erschien allen marokkanischen Herrschern strategisch wichtig, so daß die Stadt Taza davon profitierte. Die Verbindung zwischen den Sultansstädten Fès und Tlemcen trug lange Zeit die Bezeichnung »Trik Es Soltane«, Straße der Sultane. 1135 ließ der Almohadenherrscher Abd el Mumene die Stadt mit einer Mauer umgeben, stiftete eine Moschee und machte sie vorübergehend zur Hauptstadt. Auch unter dem Mereniden Abou Yacoub – Ende 13. Jh. – war sie wieder Hauptstadt, erhielt starke Befestigungen und wurde mit zahlreichen Bauten geschmückt.

Nachdem das Stadtwesen lange Zeiten der Blüte erlebt hatte, erfolgte im 15. Jh. sein fast völliger Niedergang. Es war Streitobjekt mehrerer Dynastien, seine Kraft rieb sich in immerwährenden Fehden auf; schließlich taten aufkommende Seuchen das ihre, um die Stadt regelrecht zu entvölkern. Es gab keinerlei Verwaltung mehr, Anarchie griff um sich. Erst Moulay Reschid, der erste der Dynastie der Alaouiten (des gegenwärtigen Herrschergeschlechts), nahm sich Tazas wieder an. Er machte die kleine Stadt im Jahre 1666 zum Ausgangs- und Stützpunkt seiner Eroberungszüge gegen den maghrebinischen We-

sten. Auch die folgenden Sultane, vor allem Moulay Ismaïl, setzten das Aufbauwerk fort. Aber sie erlangte nie mehr ihre frühere Bedeutung, sondern blieb mehr oder weniger eine Durchgangsstation an einem wichtigen Verkehrsweg.

Die Ghiata von Taza galten immer als besonders freiheitsliebend und kampfesmutig. Diesen Zug nutzte Moulay Abd er Rahmane aus, als er sie 1844 gegen die von Algerien her andringenden Franzosen mobilisierte. Während der Regierungszeit des schwachen und unbeliebten Sultans Abd el-Aziz (1894–1908) wollte der berberische Stammesfürst Bou Hamara die Stadt selbständig machen. Er ließ sich hier zum Sultan ausrufen, wurde jedoch nach vorübergehendem Exil in Algerien 1909 von dem Nachfolger des bisherigen Sultans, Sultan Moulay Hafid (1908–1912), geschlagen und in einem Käfig nach Fès gebracht, wo er am 12. September 1909 hingerichtet wurde. Der Sultan ließ zur Vergeltung für die Erhebung die Mellah zerstören (was die meisten Juden veranlaßte, sich anderwärts anzusiedeln), bestrafte die Einflußreichen und siedelte die berberische Bevölkerung an. Am 10. Mai 1914 vereinigten sich die französischen Protektoratstruppen, die von Westen und von Osten her das Land unterwarfen, bei Taza, besetzten die Stadt und machten sie zum Stützpunkt ihrer weiteren Unternehmungen nach dem Norden und Süden des Landes. Den Franzosen gelang es erst 1926, die Bergstämme im Rif und im Mittleren Atlas zu unterwerfen. 1956 wurde Taza Hauptstadt der gleichnamigen Provinz.

Sehenswert:
Große Moschee, von Abd el Mumene im 12. Jh. gegründet. Sie

beherbergt eine kostbare Kanzel und einen großen Leuchter aus der Merenidenzeit. Die Moschee der Andalusier und die des Stadtpatrons Sidi Azouz besitzen ein Minarett des 12. Jh. Die schöne **Medersa** wurde um 1323 von dem Merenidenprinzen Abou el Hassan erbaut. Der Medersa direkt gegenüber das Bassin d'El Yakoub, das die Stadt früher mit Wasser versorgte. Die Ruine des Palastes Dar el Makhzen stammt aus dem 17. Jh. Das **Bab Er Rih** (Windtor), wie der ganze westliche Mauerzug und Teile des südlichen, gehen auf die Almohadenzeit (12. Jh.) zurück. Gegenüber des Bab Guebour (14. Jh.) erhebt sich die **Kasbah,** die als imposante Bastion gebaut ist.

In der Nähe befinden sich die Tropfsteinhöhlen von **Kifane el-Ghomari,** in denen 1917 die aufsehenerregenden prähistorischen Funde gemacht wurden. Sehenswert sind auch die Souks.

Sport: Tennis. Schwimmbad.

Veranstaltungen: Alljährlich im Juni oder Juli eine Kunsthandwerksmesse, verbunden mit Volksfesten.

In der Umgebung: **Grotten von Chikker und Friouato,** 21 bzw. 24 km südwestlich von Taza, in den Bergen des Mittleren Atlas. Die Chikker-Höhlen mit ihren beeindruckenden Stalaktiten und Stalagmiten werden von einem Fluß durchflossen. Sie gelten als einzigartig in Nordafrika. Man verläßt die Stadt in südlicher Richtung auf der Straße, die von der Ville Nouvelle durch die Medina führt. Die Straße wird zur Piste.

Durch lichten Bestand von Nußbäumen und Thuya gelangt man zu dem kleinen **Douar Aghil,** 13 km, dessen Häuser z. T. in die Bergwände gebaut sind. Einen Kilometer weiter an den Kaskaden von Rasel-Ma mit Elektrizitätswerk inmitten schöner Olivenpflanzungen ergibt sich die Gelegenheit zu einer Rast (Restaurant). Man genießt hier auf etwa 1100 m Höhe einen prachtvollen Blick auf das Gebirgspanorama. Nach weiteren 4 km gelangt man dann an den See Chikker mit den Höhlen.

Tendrara

F-3. Provinz Oujda, 1480 m, 500 Einw. Wichtiger Ort auf dem ostmarokkanischen Hochplateau, Schnittpunkt einiger Steppenpisten, auf dem höchsten Punkt der Strecke Oujda-Bou Arfa. Der kleine Ort belebt sich donnerstags, am allwöchentlichen Markttag, durch zahlreiche Soukbesucher, Nomaden und Halbnomaden, die sich aus den Weiten der Hammada einfinden. Für den Fremden ist das bunte Markttreiben sehr reizvoll. Am Ortsrand erheben sich die rasch aufgeschlagenen schwarzen Zelte, um die die Viehherden lagern, während auf dem Markt ein lebhaftes Treiben herrscht.

In der **Grotte von Khaneg Kenadsa,** 8 km südlich, 200 m westlich der Straße 19, wurden Funde aus der jüngeren Steinzeit gemacht.

Verkehr: Straße 19 (Oujda – Bou Arfa).

Unterkunft: Keine Hotels.

Tetouan

E-1. Hauptstadt der gleichnamigen Provinz, 90 m, 170 000 Einw. Tetouan war während der Protektoratszeit die Hauptstadt Spanisch-Marokkos. Der spanische Einfluß ist auch heute noch unverkennbar in der Architektur und in der Sprache. Die Marokkaner dieses Gebiets sprechen fast durchweg spanisch oder verstehen es wenigstens. Die Stadt liegt nicht direkt an der Mittelmeerküste, sondern landeinwärts am Oued Martil, der etwa 11 km nordöstlich von Tetouan ins Mittelmeer mündet, zwischen Gärten und Olivenpflanzungen, die sich zwischen dem Dersa-Berg und dem gegenüberliegenden Beni Ozmar ausdehnen.

Sehr lebhaft ist das Treiben in der großen Medina und der Mellah. Eng, verwinkelt, mit zahlreichen Durchgängen und Bögen ausgestattet ist das Gassengewirr, in dem sich der Fremde leicht verlaufen kann. 70 Moscheen hatte die Stadt noch vor wenigen Jahren, heute sind es noch 27, die Richtpunkte in dem durcheinanderlaufenden Netzwerk der Straßen und Gassen sind, wenn man etwa vom Dersa-Berg hinab auf die Stadt blickt.

Auskunft: Syndicat d'Initiative et de Tourisme de Tetouan, 30, Avenue Mohammed V.
Verkehr: Straße P 28 (Ceuta – Chechaouen). P 38 nach Tanger. – Flughafen.
Unterkunft: 7 Hotels aller Kategorien. – Campingplatz.

Geschichte:
In der Nähe des heutigen Tetouan errichteten die Römer eine bedeutende Siedlung ihrer Provinz Mauretania Tingitana, das von Plinius erwähnte Oppidum Tamuda. Im 11.

Jh. gab es an der Stelle des heutigen Tetouan bereits eine kleine Siedlung von Berbern, aber erst der merinidische Sultan Abou Thabet Amor ben Abdallah gilt als der eigentliche Gründer der Stadt (1306), nachdem bereits 1286 eine Kasbah hier bestanden hatte. Diese neue Stadt sollte die Aufgabe haben, Ceuta zu blockieren, wohin sich die Rebellen des Rifs, die sich den Arabern nicht unterwerfen wollten, zurückgezogen hatten. Bis zum 15. Jh. vergrößerte sich die Stadt ständig. Im Jahre 1400 jedoch erschien unter Heinrich III. eine spanische Expedition, die das Korsarenunwesen steuern sollte, zerstörte fast die gesamte Stadt und brachte ihre Einwohner nach Spanien.

Die gegenwärtige Stadt wurde zwei Jahre später auf Befehl des Sidi Ali El Mandri neu errichtet, und zwar durch aus Granada vertriebene Muselmanen und jüdische Flüchtlinge aus Portugal. Sie wurde zu einem Zentrum des Handels und der Piraterie, verlor jedoch ihre Bedeutung, als 1565 der Hafen auf Befehl Philipps II. zerstört wurde. Im Jahre 1720 gründete eine spanische Mission in Tetouan ein Hospiz. Als Folge einer Auseinandersetzung zwischen den Muselmanen und den Spaniern landeten die Spanier 1859 eine Invasionsarmee von 30 000 Mann, die sie nach Tetouan sandten, ein Jahr später vernichteten sie die scherifischen Truppen bei Castillejos. Die Spanier besetzten die Stadt für zwei Jahre, bis der Sultan Sidi Mohammed sie schließlich durch Zahlung einer Kontribution von 100 Millionen Pesetas freikaufte. Im Februar 1913 kehrten die Spanier unter General Alfau zurück und nahmen sie abermals in Besitz. Seit 1956 ist Tetouan wieder Bestandteil des Königreichs Marokko.

Die Place Hassan II in Tetouan, Zentrum der Medina. Die Stadt zeigt auch heute noch den spanischen Einfluß aus der Protektoratszeit

Sehenswert:
Königspalast (ehem. Kalifenpalast) in der Medina, **Palast des Großwesirs, Souks El Houts** und **El Fouki.**

Archäologisches Museum mit prähistorischen Funden und Ausgrabungen aus dem Oppidum Tamuda (4 km westlich der Stadt), das bereits Plinius erwähnte.

Grabungsstätte Oppidum Tamuda, am südlichen Ufer des Rio Martil (neben Straßenbrücke).

Stadtbesichtigung:
Die Europäerstadt Tetouans ist klein und übersichtlich und – wie die meisten Europäerstädte Marokkos – wenig interessant. Man hat sich in ihr sehr schnell orientiert. Eine planmäßige Besichtigung der Medina und der Mallah jedoch sollte man evtl. unter Führung eines einheimischen Führers unternehmen. Es ist sehr schwierig für einen Fremden, sich in den engen, verwinkelten Gäßchen, die häufig ohne Beschilderung sind, allein zurechtzufinden. Führungen vermitteln jedes Hotel und das Auskunftsbüro, auch bieten die Führer jedem Fremden beim Betreten der Medina ihre Dienste auf den Straßen an (Preis vorher aushandeln).

Am **Kalifenpalast,** der im 17. Jh. errichtet, aber Mitte unseres Jh. wieder völlig umgebaut wurde, nimmt die *Rue Terrafine* (Straße des Handels) ihren Anfang, ein Name, der durchaus ihrem Wesen entspricht; denn zu beiden Seiten reihen sich Verkaufsbuden an Verkaufsbuden. Nach etwa 100 Metern ist die Straße zu Ende, und man muß sich nun weiter durch die Gassen fragen. Geht man in derselben Richtung weiter, so gelangt man nach ungefähr 400 m an das östliche Stadttor **Bab El Okla** (Tor der Königin). Hier steht auch ein schöner alter Brunnen, dessen Bassin außen mit schönen Skulpturen geschmückt ist. Jenseits des Tores ziehen sich Gärten und Obstkulturen hin. Hier befinden sich eine Handwerksschule und das sehenswerte

Kunst- und Folkloremuseum (Museo Marroqui). – Geht man jedoch nur bis zum Ende der Rue Terrafine, also nur etwa 100 m, und biegt dann links ab, so kommt man zu den Souks der Fleisch- und Fischhändler, Souk El Houts. Winklige, enge Gassen ziehen sich durch das Vier-

---

An den Markttagen strömen zahlreiche Rifbewohner zu den Souks, wobei die eigenartige Kleidung der Frauen auffällt: rot-weiß gestreifte »Foutas« (Überwürfe) und mit Leder oder Stoff umwickelte Waden. Diese »Gamaschen« sind bei festlicher Tracht oft reich bestickt. Auf dem Kopf tragen sie – über ihren Kopftüchern – riesige Binsenhüte, die oft blau gefärbt sind und deren Krempen so umfangreich sind, daß sie mit vier dicken blauen oder schwarzen Schnüren gehalten werden müssen.

tel; wenn man Glück hat, gelangt man auf ihnen auf einen kleinen romantischen Platz, der mit Weinlaub überwölbt und angenehm schattig ist. Hier an der *Place Ousaa* sollte man sich auf der Terrasse des dort befindlichen maurischen Cafés niederlassen. Man hat dann Gelegenheit, in Muße das bunte, wimmelnde Straßenleben zu beobachten.

Wendet man sich nun nach rechts, so erreicht man nach wenigen Schritten die

Große Moschee aus dem 19. Jh. und den Marabout des Sidi Bel Abbas Es Sebti. Ein wenig weiter steht eine andere **Moschee,** die des Sidi Es Saïdi, deren Minarett mit Emaillemosaiken geschmückt ist (Betreten der Moscheen verboten!).

Nördlich des Platzes Ousaa dehnen sich malerische, verwinkelte Gäßchen, in denen gewerkt, gehandelt und gefeilscht wird. Dieses Viertel trägt den Namen *Souk Fouki.* – Die

Kasbah erhebt sich ganz im Nordwesten. Sie wurde zu Beginn des 15. Jh. von aus Andalusien geflüchteten Mauren angelegt. Von ihrer Terrasse aus hat man einen prächtigen Blick auf die Medina mit ihrem wimmelnden Leben.

Hält man sich, von der Kasbah kommend, immer in südlicher Richtung, so kommt man schließlich auf der Place Moulay el-Mehdi in der Neustadt wieder heraus.

🏔️ *In der Umgebung:*
Rio Martil, 11 km von Tetouan Richtung Mittelmeer. Der Ort mit etwa 400 Einwohnern bietet ausgezeichnete Bademöglichkeiten. Regelmäßiger Busverkehr von Tetouan.

Restinga-Smir (s. dort) und **M'diq,** 18 bis 23 km auf der Straße nach Ceuta. Moderne Badezentren mit zahlreichen touristischen Einrichtungen.

Oued Laon, 35 km südlich, Fischerdorf mit kilometerlangem Sandstrand.

Chechaouen (s. dort), 60 km südlich, reizvolles Ausflugsziel, das sich bequem von Tetouan aus erreichen läßt.

Oppidum Tamuda, 4 km westlich, römische Ausgrabungsstätte.

Tinerhir

D-3 (auch Tinghir). Provinz Ouarzazate, 1342 m, 3300 Einw. Schönste Kasbah-Siedlung auf der Südseite des Hohen Atlas und einer der Höhepunkte auf der **Straße der Kasbahs** *(s. dort). Die auf einem Plateau gelegene Siedlung ist eine typische vorsaharische Oase, die vom Oued Todra bewässert wird. Hier gedeihen Dattelpalmen, Oliven-, Feigen- und Granatapfelbäume sowie Getreide und Gemüse. Bei ausreichenden Regenfällen kann dreimal pro Jahr geerntet werden. Wegen der großen Hitze ist der Besuch von Tinerhir und Umgebung zwischen Juni und September nicht jedem Europäer zuträglich. (S. Übersicht S. 187.)*

ℹ️ *Auskunft:* Kasbah Tours Hotels, B. P. 47, Rabat.
Verkehr: Straße P 32 (Ouarzazate – Er-Rachidia).
Unterkunft: Ein gutes Hotel (rechtzeitige Reservierung!), sonst einfache Unterkünfte.

🎪 *Veranstaltungen:* Jeden Montag Markt, einer der größten Märkte in Südmarokko, Ziel auch der in der Umgebung lebenden Nomaden.

Ksar bei Tinerhir, einer typischen vorsaharischen Oase mit ausgedehnter Landwirtschaft

In der Umgebung:
Gorges du Todra, 14 km nördlich.   Wildromantische Schlucht mit bis zu 300 m hohen überhängenden Felswänden. Am Eingang liegt ein kleiner, sehr fischreicher Teich, der als heilig gilt, dessen Fische aber dennoch gefangen werden dürfen.

Gorges du Dadès, 100 km nordwestlich. Sie sind entweder über **Boumalne** (s. dort) oder über die *Todra-Schlucht* zu erreichen. Dieser Weg zu den Schluchten führt über einen 2800 m hohen Paß; zwischen Dezember und April ist von einer Befahrung der schwierigen Strecke abzuraten.

Djebel Sargho. Die Berge erreichen im *Tiouit* eine Höhe von 2559 m. Sie haben einen dunkelblauen Schimmer und sind meist völlig vegetationslos. Da die Straßen in diesem Gebiet sehr schlecht sind, empfiehlt es sich, nicht über den 2200 m hohen **Tizi-n-Tazazert,** ca. 80 km südwestlich, hinauszufahren.

Tiznit

B-4. Provinzhauptstadt, 224 m, 11 400 Einw. Wüstennahe Siedlung zwischen Agadir und Goulimine, die den Bewohnern der südlichen Sahara bereits als eine Stadt des Nordens erscheint. Mitten in der Ebene liegt Tiznit in der heißen Glut der Sonne, die hier schattenlos herniederbrennt, von 5 Kilometer langen Mauern umgeben. Nur wenige Häuser stehen außerhalb dieser Mauern, und nur durch eines der sechs Tore kann man in die fast labyrinthisch verwinkelte Stadt gelangen, die wie eine Festung wirkt.

Zu den Souks von Tiznit kamen früher zahlreiche Kamelkarawanen mit ihren Getreidelasten, und auch heute noch ist Tiznit ein bedeutender Marktort der Region. Bemerkenswert ist der Silberschmuck, der in Tiznit hergestellt wird und einen der Haupthandelsartikel bildet; beachtlich aber sind auch die Kup-

Silberschmuck der Berberinnen von Tiznit

ferschmiede- und Glasperlenarbeiten sowie ziselierte Waffen. Auch hier begegnen wir den unter Goulimine (s. dort) beschriebenen »blauen Menschen«, die in der Umgebung leben.

Verkehr: Straße P 30 (Agadir – Goulimine).
Unterkunft: Ein gutes, sonst einfachere Hotels. – Campingplatz.

Geschichte:
Der Legende nach wurde die Stadt um 500 n. Chr. von der Büßerin Fatma Tiznit gegründet, die bei der jetzt

innerhalb der Stadt liegenden »blauen Quelle« (Source Bleue) gelebt haben soll. Tatsächlich gründete jedoch Sultan Moulay el-Hassan (1873–1894) im Jahre 1882 den Ort als Militärstützpunkt, um von hier den Sous und weitere Gebiete zu unterwerfen. Die Stadt blühte rasch auf und wurde ein bedeutender Handelsplatz auf dem Karawanenweg zwischen Mauretanien und Marrakech. Nachdem die Franzosen Tiznit 1917 besetzt hatten, unterhielten sie hier bis 1956 eine Garnison.

Sehenswert:
Die **Große Moschee** mit den vom Minarett abstehenden Stangen, damit sich, wie man sagt, auf ihnen die Seelen der Verstorbenen ausruhen können. In Wirklichkeit handelt es sich dabei jedoch nur um eine vom Sudan übernommene Bauweise. Vom Minarett schöne Aussicht. Bei der Moschee befindet sich die »blaue Quelle«, ein inzwischen recht unansehnlich gewordener Brunnen. Im August findet hier fünf Tage lang der Moussem Sidi Ahmed statt.

Souks, besonders interessant die der Schmuckwarenhändler.

Veranstaltungen: Häufig Tanz- und Musikveranstaltungen. Der Houache wird bei Fakelschein auf der Place du Mechouar, dem Hauptplatz, getanzt.

Volubilis

*E-2. Provinz Meknès, 512 m. Größte römische Ausgrabungsstätte Marokkos, sehr reizvoll im Tal des Oued Kroumane gelegen. Von hier aus bietet sich ein sehr schöner Blick auf die etwas höher gelegene heilige Stadt Marokkos, auf **Moulay Idriss** (s. dort), deren Entstehen den endgültigen Verfall von Volubilis bedingte.*

Verkehr: Straße P 5 (Fès – Sidi Kacem), Abzweigung Richtung Moulay Idriss. – Straße P 6 (Meknès – Ksar-el-Kebir), Abzweigung bei Aïn-el-Kerma.

Geschichte:

Die erste Besiedlung dieses Gebietes erfolgte bereits in vorrömischer Zeit durch die Berber, die dem unabhängigen Reich Mauretanien angehörten. Ob sich die Punier hier später aufhielten, ist trotz der Funde von punischen Inschriftentafeln sehr unwahrscheinlich, eher ist anzunehmen, daß diese Tafeln während der Punischen Kriege von den Römern hierhergebracht wurden.

Als eine der Hauptstädte des Berberkönigs Juba II., der im Jahr 25 v. Chr. von Kaiser Augustus mit der Verwaltung des römischen Mauretania Tingitana beauftragt wurde, stieg Volubilis mehr und mehr auf. Die Stadt und ihre Reichtümer waren durch eine 2350 m lange Mauer mit ca. 40 Bastionen geschützt, wodurch sie bei späteren Berberaufständen uneinnehmbar blieb. Jubas Nachfolger Ptolemäus wurde, da seine Macht zu groß zu werden begann, im Jahr 45 n. Chr. im Auftrag Kaiser Caligulas ermordet, was zu dem wohl größten Berberaufstand dieser Zeit führte. Volubilis jedoch blieb auf seiten Roms, als Dank dafür erhielt es von Kaiser Claudius römisches Munizipalrecht (Stadtrecht) und wurde Sitz eines römischen Prokurators, wodurch ein erneuter stürmischer Aufstieg erfolgte. Aus dieser Zeit, also etwa vom Ende des 1. bis zur ersten Hälfte des 3. Jh. n. Chr., stammen die meisten Gebäude, die noch heute in

Volubilis zu sehen sind, so u. a. das Forum mit Kapitol, Basilika und Triumphbogen.

Jupiter mit Donnerkeil

In der zweiten Hälfte des 3. Jh. begann der Niedergang, als die Berber weiter nach Norden vordrangen und sich die Römer entsprechend in Richtung Tingis (Tanger) zurückzogen. Gleichzeitig mit dem Zerfall der Provinz begann die Christianisierung des Landes, und Christen waren es auch, die Volubilis nach dem Abzug der Römer weiterhin bewohnten. Die Stadt muß ihr römisches Aussehen beibehalten haben, diese Annahme bezeugen Tafeln aus der Zeit um 600. Als die Stadt Moulay Idriss im 8. Jh. gegründet wurde, war der Verfall von Volubilis endgültig beschlossen. Der Ort blieb aber dennoch als »Oulili« oder »Oualila« weiterhin bekannt, und war in der Zeit der Herrschaftskämpfe um das Idrissiden-Reich sogar noch einmal kurz bewohnt (Ende des 10. Jh.).

Schwere Zerstörungen erlitt die verlassene Stadt durch Moulay Ismail (Anfang des 18. Jh.), der einen Teil der Ruinen für seinen Palastbau in Meknès verwendete, und kurze Zeit darauf durch das schwere Erdbeben von 1755.

Die Ausgrabungsarbeiten begannen 1874.

Sehenswert:
Der beschilderte Rundgang (schwarze Pfeile) führt zuerst zum **Haus des Orpheus** (die Häuser sind nach den in ihnen gefundenen Mosaiken benannt worden), in dem neben dem Orpheusmosaik eine Hypokausten-Anlage (röm. Heizsystem) zu sehen ist, sowie eine Ölpresse. In Volubilis wurden ca. 40 Ölpressen gefunden, die Herstellung von Olivenöl war also schon zu römischer Zeit in dieser Region von großer Bedeutung.

Der Weg führt weiter zu den **Thermen,** in deren Nähe sich das **Haus des Hundes** befindet.

Schräg gegenüber das **Forum** mit dem **Kapitol** (früher ein Tempel), daneben die **Basilika.** Beide Anlagen wurden um 217 n. Chr. erbaut und sind ansatzweise restauriert. Von der ehemals fünfschiffigen Basilika sind noch vier Schiffe durch Säulenreste erkennbar.

Auf der anderen Seite das **Haus des Desultors** (Athleten) und der **Triumphbogen,** ebenfalls 217 zu Ehren von Caracalla und dessen Mutter Julia Augusta errichtet.

Von hier aus führt der breite *Decumanus Maximus* zum Westtor der früher über 2 km langen Stadtmauer. An dieser Hauptstraße liegt linker Hand das **Haus der Säulen,** eines der schönsten Häuser von Volubilis, mit gedrehten und verstäbten Säulen, daneben die **Häuser des Epheben,** des **Herkules** und der **vier Jahreszeiten,** alle mit sehr schön gearbeiteten Mosaiken.

Fast am Ende des Decumanus Maximus liegt rechter Hand das **Venus-Haus,** ein 1200-qm-Areal, ebenfalls mit sehr schönen Mosaiken.

Volubilis, die größte römische Ausgrabungsstätte Marokkos, eine der Hauptstädte der Provinz Mauretania Tingitana

Volubilis, Decumanus Maximus, die Hauptstraße der alten Römerstadt. Im Hintergrund der Triumphbogen

Viele weitere Funde und die am besten erhaltenen Mosaiken sind in den archäologischen Museen von Tanger und Rabat zu besichtigen.

Zagora

D-4. Provinz Ouarzazate, 750 m, 3000 Einw. Zentrum des dichtbesiedelten Drâa-Tales und einer der südlichsten, dem Touristen jedoch sehr zu empfehlenden Punkte Marokkos, in der äußersten Nähe der großen Sahara. Vom Norden kommend reiht sich ab Agdz (s. dort), auf rund 100 km, eine Kasbahsiedlung an die andere, inmitten von Palmenwäldern. Diese Kasbahs sind aus ockerfarbigem Lehm erbaut und oft reich verziert (s. auch Straße der Kasbahs). Die Landschaft ist von eigenartigem Reiz, typisch für diese letzten noch bewohnten und kultivierten Oasen vor der Wüste der Sahara.

In Zagora soll man es nicht versäumen, einen Sonnenuntergang auf der Höhe des **Djebel Zagora,** 974 m (300 m über der Siedlung), zu erleben (Autopiste hinauf), mit den Resten einer Almoravidenfestung (11. Jh.).

Der Besuch Zagoras zwischen Mai und September ist Europäern kaum anzuraten.

Auskunft: Kasbah Tours Hotels, B. P. 47, Rabat.
Verkehr: Straße P 31 (Ouarzazate – Zagora). – Flugplatz.
Unterkunft: Ein gutes, sonst einfache Hotels (rechtzeitige Reservierung).

In der Umgebung:
Mhamid, 92 km, auf teilweise schlechter Straße zu erreichen. Über Tagounite, 56 km, gelangt man zu dieser Grenzfestung (die Grenze nach Algerien ist hier gesperrt), wo man bereits die Flugsanddünen der Sahara findet, die schon jetzt Häuser und Palmen begraben. Zu Mhamid gehören mehrere Dörfer, an deren Haustüren aus Palmholz schöne alte Holzschlösser zu beachten sind. Geübten Autofahrern mit einem geländegängigen, gut ausgerüsteten Fahrzeug kann eventuell auch die sehr schwere Pistenfahrt nach **Agadir** (678 km) empfohlen werden. Ab Zagora geht es (zuerst Piste 6953 – die ersten 50 km sind die schwersten) westlich über Foum-Zguid (120 km), Tata (252 km), Akka (322

Tamegrout

20 km südöstlich Richtung Mhamid (s. auch »Straße der Kasbahs«), ein kleiner, hübsch an einem Palmenhain gelegener Ort. Besonders sehenswert ist hier eine kleine Bibliothek mit alten Handschriften, die älteste Koranhandschrift stammt aus dem 11. Jh. Außerdem ist die Zawija des Bibliothekbegründers Abu Mohammed Abdallah Ben Nacer (17. Jh.) zu besichtigen, die heute noch Wallfahrtsort für Kranke und Bedürftige ist. Des weiteren befindet sich in Tamegrout eine Mangantöpferei.

km) nach **Foum-el-Hassane** (408 km). Dort erreicht man die aus Agadir kommende Hauptstraße P 30, die früher über Mauretanien nach Dakar führte, heute aber südlich von Foum-el-Hassane gesperrt und unbenützbar ist. In weiteren 270 km geht es dann nördlich, über Tiznit, nach Agadir.

Ziz-Tal

E-3. Das Tal des Ziz-Flusses zwischen **Rich** *und* **Erfoud** *ist eines der schönsten Flußtäler Marokkos und hat auf weite Strecken den Charakter eines Oasentales. Wer die Strecke Meknès – Azrou – Midelt – Er-Rachidia (früher Ksar-es-Souk) nach Erfoud oder umgekehrt befährt, wird das Tal als den Höhepunkt der Fahrt empfinden. Der Ziz entspringt mitten im Atlas und fließt fast genau nach Süden ins Tafilalet, für das er die Hauptbewässerung darstellt, da er fast immer Wasser führt (s. Übersichtskarte S. 187). Kurz hinter Erfoud versandet er allerdings. Sein Wadi (Trockenbett) führt jedoch noch weit nach Süden in die Hammada und die Wüste hinunter.*

Am schönsten und überraschendsten bietet das Tal sich dar, wenn man von Erfoud aus nach Norden reist. Der Vegetationsgürtel erstreckt sich über etwa hundert Kilometer bis zum *Foum Zabel,* wo ein künstlicher Tunnel die Felsen durchbohrt. Es ist ungemein reizvoll, aus dem wüstenhaften Landstrich des Südens mit seinen Sanddünen, seinen weiten Ebenen, seinen gelegentlichen Oasen allmählich nach Norden vorzudringen, gleichsam schrittweise alles hinter sich zu lassen, was den Süden ausmacht, und in die Gebirgswelt des Hohen Atlas vorzudringen. Bei jedem Übergang über die Ketten des Atlas spürt man die Verschiedenheit, ja Gegensätzlichkeit der beiden Teile Marokkos: des Nordens und des Südens, deren Grenze und Trennungslinie der Atlas ist.

Die Piste führt von Erfoud aus in dem Oasental nordwärts. Palmenpflanzung reiht sich an Palmenpflanzung, kleine Lehmdörfer (Ksour) liegen am Fluß, der hier auch im Sommer Wasser führt. Nördlich von Er-Rachidia (also nach etwa 80 km) durchbricht er die weichen Gesteinsschichten des östlichen Atlasvorlandes, in die er sich tief hineingefressen hat. Bis zu 60 m steigen die fast senkrechten Felswände auf und bilden eine lange Schlucht, die *»Gorges du Ziz«.*

Die Oasenbauern im fruchtbaren Ziz-Tal treiben eine sogenannte Stufenkultur: die hohen Dattelpalmen beschatten darunterstehende Obstbäume, die ihrerseits wiederum Feldfrüchten ihren Schatten gewähren (vgl. »Straße der Kasbahs«). Zeichen des Getreideanbaus sind die runden festgetretenen Dreschplätze vor den Dörfern mit einem Pfahl in der Mitte, an denen Esel oder Maultiere angebunden werden, die aus den vollen Ähren die Körner heraustrampeln.

Wo das Flußtal sich verengt, bleiben die Pflanzungen zurück, und oft ist es so schmal, daß lediglich der Fluß selbst Platz darin findet. Bei Rich biegt das Ziz-Tal scharf nach Südwesten zu seinem Quellgebiet ab, während die Straße sich auf die Hochebene hinaufwindet, in die der Südabfall des Hohen Atlas übergeht. Tief unten bleibt das schmale grüne Band des Ziz-Tals zurück.

Wissenswertes von A–Z

Anreise

Mit dem Auto

Die beste Anfahrtsstrecke durch Spanien verläuft über Hendaye/Irún (frz.-span. Grenze) – Burgos – Madrid – Córdoba – Sevilla – Cádiz – Algeciras. Von Algeciras regelmäßige Fährverbindung nach Ceuta (span. Enklave) und Tanger. Reservierung Juni–September anzuraten.

Autoreisezüge verkehren zwischen Madrid und Málaga bzw. Algeciras sowie nach Südfrankreich auf den Strecken Hamburg/Hannover/Neu Isenburg – Avignon; Kassel/Neu-Isenburg/Karlsruhe – Avignon; Düsseldorf/Köln/Neu-Isenburg/Saarbrücken – Biarritz; Düsseldorf/Köln – Narbonne; Kassel/Neu-Isenburg/Karlsruhe – Narbonne; Hamburg/Hannover/Karlsruhe – Narbonne; München/Kornwestheim/Karlsruhe – Narbonne.

Mit der Bahn

Die Anreise mit der Bahn erfolgt am besten über Hendaye/Irún (frz.-span. Grenze) – Madrid – Córdoba – Algeciras. Die Strecke über Port-Bou – Barcelona erfordert erheblich längere Fahrzeiten. Es gibt täglich eine Verbindung Paris-Austerlitz – Madrid – Algeciras, Fahrzeit ca. 35 Std. In Frankreich, Spanien und Marokko gilt die Interrail-Karte. Von Tanger (Fähre von Algeciras) sind die großen Städte zu erreichen (vgl. Kap. Verkehr).

Mit dem Bus

Die Europabusse fahren von verschiedenen Städten in Deutschland 2–3mal wöchentlich nach Málaga; von dort häufige Busverbindung nach Algeciras. Auskunft und Fahrpläne bei: Deutsche Touring Gesellschaft mbH, Am Römerhof 17, Postfach 90244, 6000 Frankfurt 90, Tel. 069/790 30. Die Deutsche Touring GmbH unterhält Stadtbüros in Frankfurt, Hannover, Hamburg, Herne, Köln, München.

Mit dem Flugzeug

Die Lufthansa bedient die Strecken Frankfurt–Casablanca, München – Casablanca, Frankfurt–Tanger.

Swissair bedient die Strecke Zürich – Casablanca.

Die Royal Air Maroc bedient die Flughäfen Düsseldorf, Frankfurt, München, Genf, Zürich, Wien; von dort Direkt- bzw. Anschlußverbindungen nach Agadir, Casablanca, Marrakech, Oujda, Rabat, Tanger. Reisende aus Berlin müssen in West-Deutschland umsteigen oder fliegen mit Interflug von Berlin-Schönefeld nach Casablanca.

Mit der Fähre/Schiff

Tägliche bzw. mehrmals wöchentliche Verbindungen zwischen Algeciras – Ceuta, Algeciras – Tanger, Málaga – Melilla, Almería – Melilla. Generalagent: Melia-Reisebüro, Große Bockenheimer Str. 54, 6000 Frankfurt, Tel. 069/29 53 03. – Gibraltar – Tanger (Buchung nur am Ort möglich).

Sète – Tanger (1–2mal wöchentlich;
Generalagent: Karl Geuther & Co.,
Heinrichstr. 9, 6000 Frankfurt, Tel.
069/730471).

Apotheken

In größeren Orten sind alle wichtigen Medikamente problemlos in
Apotheken erhältlich. In den wichtigsten Städten gibt es einen Bereit-
schaftsdienst. Außerhalb größerer
Orte hingegen kann es schwierig
sein, Medikamente zu bekommen.
Eine Reiseapotheke ist in solchen
Fällen empfehlenswert (s. Kap. Me-
dizinische Ratschläge).

Ärztliche Versorgung

In Städten und größeren Orten ist
die ärztliche Versorgung gewährleistet. Abseits dieser Gebiete ist die
Ärztedichte u. U. sehr dünn und die
Versorgung dementsprechend pro-
blematisch. Arzthonorare sind
grundsätzlich an Ort und Stelle zu
bezahlen. Die Krankenkasse des
Heimatlandes erstattet die Kosten
gegen Vorlage einer detaillierten (!)
Arztrechnung.

Auskunft

Fremdenverkehrsämter

In Marokko: Office National Marocain du Tourisme, 22 Avenue d'Alger, B. P. 19, Rabat.

In der Bundesrepublik Deutschland: Staatlich Marokkanisches
Fremdenverkehrsamt, Graf-Adolf-
Str. 59, 4000 Düsseldorf, Tel. 0211/
370551–52.

In Österreich: Staatlich Marokkanisches Fremdenverkehrsamt, Ägidi-
gasse 20, 1060 Wien, Tel. 0222/
568356.

In der Schweiz: Staatlich Marokkanisches Fremdenverkehrsamt,
Schifflände 5, 8001 Zürich, Tel. 01/
2527752.

Diplomatische Vertretungen

In Marokko: Botschaft der Bundesrepublik Deutschland, 7 Zankat
Madnine, B. P. 235, Rabat, Tel.
32532. – Generalkonsulat der Bundesrepublik Deutschland, 42 Avenue de l'Armée Royale, Casablanca, Tel. 314327; Außenstelle in 47
Avenue Hassan II, Tanger, Tel.
38700.
Österreichische Botschaft, 2 Rue de
Tiddas, B. P. 135, Rabat, Tel. 64003
und 61698. – Österreichisches Honorarkonsulat, 45 Avenue Hassan
II, Casablanca, Tel. 221083.
Schweizerische Botschaft, Square
de Berkane, B. P. 169, Rabat, Tel.
24695 und 31024.

In der Bundesrepublik Deutschland: Königlich Marokkanische
Botschaft, Gotenstr. 7–9,
5300 Bonn 2, Tel. 0228/355044.

In Österreich: Königlich Marokkanische Botschaft, Untere Donau-
straße 13–15, 1020 Wien, Tel.
0222/242568 und 242393.

In der Schweiz: Königlich Marokkanische Botschaft, Helvetiastr. 42,
3005 Bern, Tel. 031/430362.

Automobilclubs

Touring Club du Maroc (TCM),
3 Avenue de l'Armée Royale, Casablanca, Tel. 279288 und 271304.

Royal Automobile Club Marocain
(RAMC), 3 Rue Lemercier, B. P. 94,

Casablanca, Tel. 25 35 04 und
25 00 30.

Drogen

Marokko, besonders das Rif-Gebir-
ge, ist ein größerer Produzent von
Haschisch bzw. Marihuana (in Marokko Kif genannt). Dementsprechend häufig werden dem Reisenden diese Drogen angeboten. Es
muß jedoch eindringlich davon ab-
geraten werden, sich auf solche Geschäfte, auch bei noch so geringen
Mengen, einzulassen. Die Polizei
führt mitunter Blitzkontrollen auf
Straßen und in Bussen durch. Wer
dabei mit Drogen ertappt wird, muß
mit drastischen Strafen rechnen.

Einkaufen

Es ist bekannt, daß man in südlichen und östlichen Ländern beim
Einkaufen »handeln« muß. Viele
Fremde nehmen es damit zu genau
und strapazieren ihr Talent zum
Feilschen überall, auch dort, wo es
keineswegs angebracht ist: im Hotel, Restaurant, in Ladengeschäften
usw. Die Ladengeschäfte haben
grundsätzlich *feste* Preise. Überall
dort, wo Waren mit Preistafeln ausgezeichnet sind, verbietet sich das
Feilschen von selbst (von wenigen
Ausnahmen abgesehen, auf die wir
noch zu sprechen kommen). In Restaurants und Bars – auch in marokkanischen in den Medinas – ist Handeln um den Preis gleichfalls völlig
unangebracht.

Straßenhändlern gegenüber ist man
jedoch auf Feilschen angewiesen,
um nicht übervorteilt zu werden. Es
wird jedem Fremden in Marokko
geschehen, daß er von Straßenhändlern angesprochen wird, die

ihm ihre Ware anbieten. Sie kommen an die Tischchen vor den Caféhäusern, in die Restaurants, Bars,
und die meisten Touristen werden
das keineswegs als Belästigung
empfinden, es gehört zu dem bunten
Bild orientalischen Lebens. Angeboten werden von den »fliegenden
Händlern« in erster Linie Andenken und Erzeugnisse heimischer
Handwerkskunst: Teppiche, Wand-
behänge, Messing- und Kupferarbeiten und dergleichen, oft schöne
handwerksgerechte Stücke.

Die Preise, die zuerst genannt werden, sind aber in jedem Fall über-
höht. Der Händler nennt sie, um einen Spielraum für das Geschäft des
Feilschens zu haben. Er erwartet im
Grunde auch gar nicht, daß der
Kunde den zuerst geforderten Preis
bezahlt. Man sieht in diesem Verhalten nicht die Absicht, den Kunden
zu übervorteilen, es entspricht vielmehr einer alten Gewohnheit der
orientalischen Völker, den Preis
»auszuhandeln«, es gehört einfach
mit zum Geschäft. Auch in den Medinas zahle man nicht sofort den ersten Preis, wenn es sich um Andenken und Erzeugnisse der Handwerkskunst handelt. Nachdem der
Kunde den zuerst geforderten Preis
als zu hoch zurückgewiesen hat,
wird er meist von dem Händler auf-
gefordert, seinerseits einen Preis zu
nennen. Bei einiger Übung wird
man bald hinter das richtige Verhältnis von Ware und Preis kommen. Empfehlenswert ist es, etwa
ein Drittel des geforderten Preises
zu bieten und Miene zu machen,
wegzugehen, wenn der Händler
nicht darauf eingeht. Besonders zu-
rückhaltend sei man beim Kauf von
Schmuckwaren. Angeblich echter
Schmuck, der auf der Straße angeboten wird, ist in fast allen Fällen
falsch, sogenannte »Qualitäts-
uhren« sind minderwertig.

Goldwaren kauft man jedoch gut bei den jüdischen Goldschmieden in den *Mellahs* (den Judenvierteln der Medinas), in deren Händen fast ausschließlich der Handel mit Goldwaren liegt. Hier allerdings ist es Übung, kräftig um den Preis zu feilschen. Aber man erhält gute, einwandfreie Ware. Man sollte jedoch darauf achten, daß die Ware exakt abgewogen wird (der Preis geht nach Gramm) und man eine Quittung mit Stempel erhält. Erst dann ist die Echtheit garantiert. Meist dürfte der wahre Wert bei 50 bis 60% des erstverlangten Preises liegen, aber es gibt keine feste Regel. Auch Ladengeschäfte für Reiseandenken haben feste Preise, zumindest in den Großstädten.

Zu der breiten Palette handwerklicher und kunsthandwerlicher Erzeugnisse gehören vor allem Lederwaren, teilweise mit Goldverzierungen. Sie werden im ganzen Land hergestellt. Besonders schön sind die aus Marrakech und Fès. Berühmte Teppichknüpfereien befinden sich in Rabat, Salé und Ouarzazate, aber auch im Mittleren Atlas und in vielen anderen Berberorten. Ihre Produkte werden im ganzen Land verkauft. Genossenschafts- und Staatsläden haben feste Preise und garantieren die Echtheit der Teppiche. Wer kleinere Gegenstände vorzieht, dem seien Korb-, Töpfer- und Keramikwaren empfohlen. Besonders markant ist die sog. Fassie-Keramik aus Fès, deren bevorzugte Farbe kobaltblau ist. Überall im Land werden Messing- und Kupferwaren angeboten, meist Haushaltsgegenstände zum praktischen Gebrauch wie z. B. runde, verzierte Tabletts. Klein und gediegen ist der Berberschmuck, der vor allem im Süden des Landes angeboten wird. Tiznit, südlich von Agadir,

ist berühmt für seine Silberschmiede, die hervorragende Schmuckstücke anfertigen.

Essen und Trinken

In den Städten und den größeren Orten Marokkos wird man meist französische Küche vorfinden, im Norden auch die spanische, denn die meisten Hotels und Restaurants sind in französischem, im Norden in spanischem Besitz. In den Großstädten (Tanger, Rabat, Casablanca) gibt es auch schweizerische, skandinavische, italienische Betriebe, in denen vorzugsweise die Küche dieser Länder geboten wird. Die großen Hotels bieten, wie überall auf der Welt, internationale Küche, Überall aber ist der Speisezettel aufgelockert mit marokkanischen Spezialitäten, Obst und Gemüse.

In abseitigen Gebieten, im Hohen Atlas, in den Steppen und Oasen des Ostens oder des tiefen Südens freilich wird man oft genug mit der eigentlichen marokkanischen Küche Bekanntschaft machen. Sie ist regional sehr unterschiedlich. Im tiefen Süden z. B., in den Oasen am Wüstensaum, in der Hammada gibt es Nomaden und Halbnomaden, die sich fast ausschließlich von Datteln und Kamelmilch nähren. Die einzelnen Berberstämme haben ihre eigenen Spezialitäten. In abseitigen Gebieten (in die allerdings nur sehr selten Touristen gelangen) hat man es durchwegs mit einer einfachen ländlichen Bevölkerung zu tun, die in bezug auf ihre Nahrung nicht wählerisch und oft durch Armut gezwungen ist, sich mit wenigem zu bescheiden. In kleinen Dörfern, die keinen Gasthof besitzen, in kleinen Oasen oder den Lagern der Nomaden kann es dem reisenden Fremden leicht geschehen, daß er von irgendeinem Bewohner mit Selbstverständlichkeit zum Essen eingeladen wird. Er hat dann Gelegenheit, die sprichwörtliche Gastfreundschaft der Marokkaner kennenzulernen. Bei einer solchen Mahlzeit wird dem Gast alle Ehre angetan, selbst arme Leute bereiten dann gewöhnlich ein richtiges Festmahl, und die Fälle sind durchaus nicht selten, daß sich eine arme Familie in Schulden stürzt, nur um dem fremden Gast ein reiches Mahl auftischen zu können.

Typisch marokkanisch ist das *Tajine* (Zusammengekochtes aus Fleisch, Gemüse und vielen Zutaten). Auch die *Pastilla,* eine mit Taubenfleisch und Gewürzen gefüllte, gesüßte Blätterteigpastete, gehört zu jedem Festessen. Die *Harrira,* eine dicke nahrhafte Suppe aus Linsen, Kichererbsen, Fleisch und Gemüse, ist sehr beliebt, besonders zur Fastenzeit. Zu einer richtigen marokkanischen Mahlzeit gehört aber unbedingt und vor allem *Kus-Kus,* ein fester Brei aus gekochtem Weizen- oder Hafergrieß, selten auch aus Mais (ähnlich der italienischen Polenta), oft mit Honig oder Zucker gekocht und, je nach dem Landstrich, mit Nüssen, Datteln, Feigen oder hartgekochten Eiern bespickt. Kus-Kus ist, wie bei den Chinesen der Reis, nur die Basis der Hauptmahlzeit. Zum festlichen Kus-Kus gehört Hammelbraten, das *Mechoui* der im Ganzen in besonders dafür konstruierten Öfen gebratene Hammel, Kernstück jeder marokkanischen »Diffa« (Festessen). Beliebt sind auch zerkleinerte *Hühner* in einer scharfen Soße. Gemüse gibt es in vielerlei Zubereitungen, und jede Mahlzeit wird mit Obst und Süßigkeiten beschlossen, die für unseren

Geschmack meist zu süß sind. An der Küste wird selbstverständlich viel *Fisch* in mancherlei Zubereitungen gegessen.

Der Marokkaner ißt mit den Fingern der rechten Hand, wobei die ganze Tafelrunde sich aus derselben Schüssel bedient. Man formt aus dem Kus-Kus kleine Bällchen, die man in den Mund schiebt. Den Hammelbraten reißt man mit den Händen zu mundgerechten Stükken, Huhn und sonstiges Fleisch, das in Soßen schwimmend dargeboten wird, fischt man sich mit Brotstückchen heraus. Vor und nach dem Essen wird eine meist schön ziselierte Messingkanne mit Wasser zum Spülen der Finger herumgereicht. Nach dem Essen gibt es unweigerlich den stark gesüßten und sehr heißen *Minztee,* das landesübliche Getränk, von dem der Gast nicht mehr, aber auch nicht weniger als drei Gläser nehmen sollte, um nicht unhöflich zu erscheinen.

Der *Kaffee* in den Caféhäusern Marokkos ist meist Espresso-Kaffee, sehr stark gebrannt und kräftig in der Maschine gebrüht, der entweder »noir« (schwarz) in winzigen Tässchen oder Gläschen (ähnlich wie in Spanien oder Italien) oder »au lait« (mit viel Milch gemischt) oder »cassé« (mit wenig Milch) dargeboten wird. Alle Arten werden stark gesüßt getrunken. Nach dem Essen nimmt man gewöhnlich »café noir«.

Die Marokkaner selbst verschmähen meist unseren Kaffee und auch unsere Form des Tees und trinken ihren Minztee (chinesischen Grüntee, unfermentiert), der mit frischem Pfefferminzkraut gewürzt und sehr stark gesüßt wird. Das Minzkraut steht dann wie ein kleines grünes Sträußchen im Glas. Der Minztee ist ein Getränk, das in allen arabischen

Ländern verbreitet ist, für den strenggläubigen Moslem stellt es das einzige Getränk überhaupt dar, da der Koran ihm alle berauschenden Getränke verbietet (wozu orthodoxe Moslems auch den Kaffee rechnen). Schwarzer Tee ist im allgemeinen nicht zu bekommen, von großen Hotels abgesehen. Bestellt man also Tee, so erhält man automatisch Minztee.

Das Frühstück in den Hotels besteht gewöhnlich aus einer Tasse Milchkaffee, Weißbrot, Butter und Marmelade. Wie in vielen südlichen Ländern wird auch in Marokko auf das Frühstück kein großer Wert gelegt. Viele Touristen nehmen sich deshalb Pulverkaffee und die übrigen Frühstückszutaten mit oder frühstücken in einem Caféhaus, wo sie sich das Gewünschte bestellen. Die großen Hotels in den Großstädten und den Touristen-Zentren allerdings haben sich auf die Wünsche der Reisenden eingestellt.

In heißen Ländern spielt die Getränkefrage immer eine große Rolle. Die starke Transpiration zwingt dazu, häufiger zu trinken als in nördlicheren Zonen. Erfahrene Reisende wissen, daß nichts in diesen Ländern so erfrischt wie ein heißes Getränk. Daher sieht man in allen Caféhäusern und Bars die Gäste auch vorwiegend Kaffee oder Minztee zu sich nehmen. Alkohol wird in Marokko verhältnismäßig wenig getrunken, und zwar auch bei den Europäern, hingegen ist der Konsum an Obstsäften, an Mineralwassern, künstlichen Limonaden und Cola-Getränken sehr beträchtlich. Viele Europäer haben den Minztee als ungemein erfrischend, bekömmlich und nicht aufpeitschend schätzen gelernt.

Weine werden kaum noch importiert, da inzwischen die marokkanischen Weine eine hervorragende Qualität erzielten und auch ein gesuchter Exportartikel wurden. Im Gebiet der früheren spanisch-marokkanischen Zone bestellt man entweder »vino blanco« (Weißwein) oder »vino tinto« (Rotwein), im früheren Französisch-Marokko entsprechend »vin blanc«, »vin rouge« oder »vin rosé«. Die Weine sind meistens trocken und herb – außerdem alkoholhaltiger (15–17°) als bei uns.

Sehr empfehlenswert sind die marokkanischen Mineralwasser »Oulmès« (mit Kohlensäure), »Sidi Harazem« und »Sidi Ali« (ohne Kohlensäure).

Feste und Feiertage

Marokko ist ein Land der Feste. Sie haben sich teils aus religiöser Tradition, teils aus lokalem Brauchtum entwickelt. Eine besondere Bedeutung besitzen die Volkstänze und die *Fantasia,* das Reiterspiel.

Staatliche Feiertage

Thronbesteigung, 3. März.
Fest der Unabhängigkeit, 18.–20. November.
Fest der Jugend, 9. Juli.

Weitere Feiertage sind der 1. 1. (Neujahr), 1. 5. (Tag der Arbeit), 14. 5. (Tag der Armeegründung), 6. 11. (Grüner Marsch). Banken und verschiedene Geschäfte schließen auch an wichtigen christlichen und jüdischen Feiertagen (Ramadan s. u.).

Überregionale Feste:

Marrakech, Nationales Folklore-Festival, Mai, zehn Tage.
Taza, Kunsthandwerksmesse, Juni oder Juli.

Lokale Feste:

Agadir, Orangenfest.
Al Hoceima, Meerfest, Juli.
Beni Mellal, Baumwollfest, März.
El Kelâa des Mgouna, Pr. Ouarzazate, Rosenfest, Ende Mai.
Erfoud, Dattelfest, Anfang Oktober.
Salé, Fest der Wachskerzen, am Tag nach Mouloud.
Sefrou, Kirchenfest, Juni.
Tafraout, Mandelblütenfest, Januar/Februar.
Tissa, Pr. Fès, Fest des Pferdes, September/Oktober.

Moussems (mohammedanische Feste):

Agoudal b. Rich, Moussem von Imilchil (s. u.).
Beni Mellal, Moussem Aissa Ben Driss, in Aït Attat Beni Mellal, März.
Ben Slimane, September.
Goulimine, Großer Markt, Juli.
Imilchil s. Kasba Tadla und Rich, sog. »Heiratsmarkt«, September.
Moulay Abdallah b. El Jadida, letzte Augustwoche.
Moulay Idriss, Moussem mit »Fantasia«, Oktober.
Tan-Tan b. Goulimine, Moussem der »Blauen Männer«, Mai.
Tiznit, Moussem Sidi Ahmed, August.

Geld

Die marokkanische Währung ist der Dirham (DH) = 100 Centimes. Die Bevölkerung rechnet allerdings auch heute noch gerne in der alten Währungseinheit des Marokkanischen Franc, wobei 100 alte Francs 1 Dirham entsprechen. Es gibt Banknoten zu 5, 10, 50, 100 DH; Münzen zu 0,05, 0,10, 0,20, 0,50 und 1 DH. Die Ein- und Ausfuhr marokkanischer Währung ist verboten. Devisen im Wert von über 15 000 DH (ca. 3700 DM) müssen deklariert werden. Umtauschquittungen sind aufzubewahren. Der Rücktausch kann bis zu 50 % der eingetauschten Währung vorgenommen werden. Geldwechsel mit Privatleuten ist verboten, auch wegen immer wieder vorkommender Trickbetrügereien ist davon abzuraten.

Euroschecks werden nur von Banken akzeptiert (max. 1400 DH pro Scheck). In kleineren Banken und abgelegenen Gebieten kann es vorkommen, daß Euroschecks abgelehnt werden.

Das *Preisniveau* liegt etwas unter dem mitteleuropäischen. Verkehrsmittel, Dinge des täglichen Bedarfs aus einheimischer Produktion und einfache Restaurants und Hotels sind relativ billig, Importprodukte und Restaurants/Hotels gehobenen Standards etwa wie in Mitteleuropa. In den verschiedenen Geschäften können erhebliche Preisunterschiede für gleiche Waren bestehen. Auf Märkten, Souks o. ä. wird um den Preis gefeilscht, außer bei Lebensmitteln (s. Kap. Einkaufen).

Grenzverkehr

Zollbestimmungen

Bei der Einreise sind neben dem persönlichen Bedarf folgende Gegenstände zollfrei:
2 Fotoapparate oder 1 Fotoapparat und 1 Schmalfilmkamera, 1 tragbares Musikinstrument, 1 tragbares Radio, 1 tragbares Fernsehgerät (muß deklariert werden), 1 Reiseschreibmaschine, Sportausrüstung und kleineres Campinggerät. Größere Campingausrüstung muß mit 2fachem Inventarverzeichnis ange-

meldet werden. Für Videogeräte muß bei der Einreise eine Kaution gezahlt werden.

Erwachsene dürfen außerdem zollfrei einführen: 200 Zigaretten oder 50 Zigarren oder 400 g Tabak, 1 l Spirituosen, 1 l Wein. Streng verboten ist die Einfuhr von Funkgeräten jeglicher Art (in Fahrzeuge eingebaute Geräte werden beschlagnahmt), Waffen (dazu gehören auch feststehende Messer). In Kanistern mitgeführter Treibstoff ist zu verzollen. Bei der Rückreise sind Gegenstände bis zum Wert von DM 115,–, 1 l Spirituosen, 2 l Wein zollfrei.

Grenzpapiere

Westdeutsche, Österreicher und Schweizer benötigen für die Einreise einen Reisepaß, der noch mindestens 6 Monate gültig ist. Für Aufenthalte bis zu 3 Monaten besteht keine Visumpflicht. Reisenden mit Sichtvermerken der Republik Südafrika und Israel im Paß wird die Einreise verweigert. Der Transit auf dem Landwege nach Mauretanien ist nicht möglich. Reisende mit Ziel Algerien sollten vorher bei der marokkanischen Botschaft um Auskunft bitten. Die Grenzbehörden können bei der Einreise den Nachweis über ausreichende Geldmittel verlangen. Für Ceuta und Melilla gelten die spanischen Einreise- und Zollbestimmungen.

Ausweispapiere sollten besonders sicher aufbewahrt werden. Bei Verlust oder Diebstahl findet eine Untersuchung der Kriminalpolizei statt. Eine Verlustbescheinigung wird erst nach langwieriger Prozedur ausgestellt. Die Botschaft des Heimatlandes kann hier nur wenig helfen.

Haustiere

Für Hunde und Katzen ist ein amtstierärztliches Gesundheitszeugnis und ein Tollwutimpfzeugnis erforderlich; die Impfung muß mindestens 1 Monat zurückliegen. Die Zeugnisse müssen in einer beglaubigten französischen Übersetzung vorliegen, sofern nicht bereits mehrsprachige Formulare verwendet werden. Im übrigen ist von der Mitnahme von Haustieren abzuraten.

Devisen s. Kap. Geld

Islamische Denkmäler

Fès (Königsstadt): Medina (Fès-el-Bali und Fès-el-Djedid); Medersa »Karaouyine« (El-Qarawiyyin-Moschee); Meriniden-Gräber; Moulay-Abdallah-Moschee; Große Moschee; Medersa Bou Inania; Medersa El-Attarin; Moschee der Andalusier; Grabmal des Moulay Idriss II; Medersa Es-Seffarin.

Ksar-el-Kebir, Große Moschee.

Marrakech (Königsstadt); Koutoubia-Moschee mit berühmtem Minarett; Grabstätten der Saadier-Dynastie; Medersa Ben Youssef; Tore Bab Agnaou und Bab er-Robb; Kasbah-Moschee; Moschee El Mouassin mit Brunnen; Moschee Bab Doukkala.

Meknès (Königsstadt); Tore Bab Mansour, Bab Djama En Noceur, Bab Berrima und Moschee; Moschee Lalla Fadile; Große Moschee Bou Inania (Medersa); Tor Bab El Berdain; Tor Bab El Filala; Grabstätte des Moulay Ismail; Bab Er Rih; Bab Mezig.

Moulay Idriss, Grabmal Moulay Idriss'; Moschee mit Minarett.

Ouezzane, Moschee Moulay Abdullah Scherif; Zawija-Moschee.

Oujda, Große Moschee; Tor Bab Sidi Abd El Ouahab.

Rabat (Königsstadt); Tour Hassan (Ruine einer Moschee); großes Mausoleum für König Mohammed V.; Medersa; Moschee Djamaa Ahel Fes; Chellah (Meriniden-Nekropole), mit Garten und Moschee.

Salé, Gräber (Marabouts); Medersa; Tor Bab el-Mrisa; Große Moschee.

Tanger, Moschee Sidi Bou Abid; Tor Bab Fahs; Große Moschee und Medersa.

Taza, Große Moschee; Medersa; Tor Bab er-Rih.

Tetouan, Große Moschee; Tor Bab el-Okla.

Tiznit, Große Moschee.

Kartenhinweise

Straßenkarte Marokko 1 : 1 000 000, Kümmerly + Frey 1164.

Straßenkarte Marokko 1 : 1 000 000, Michelin 169.

Kleidung

Die Kleidung bei einem Aufenthalt in Marokko soll vor allem praktisch, dem Klima und den Gegebenheiten angepaßt sein. Niemals werden die Marokkaner einen Menschen nur nach seiner Kleidung einschätzen, einmal, weil ihnen im Grunde unsere Art der Kleidung zu fremd ist, dann aber auch, weil der größte Teil der marokkanischen Bevölkerung arm ist und in dieser Beziehung keinen großen Aufwand treiben kann. Überhaupt ist der Sinn der marokkanischen Bevölkerung nicht so

sehr auf Äußerlichkeiten gerichtet. Ein kluger »guter« Mann in Lumpen genießt mehr Ansehen als ein eleganter Protz »ohne Kopf« und Herz.

In den heißen Monaten des Sommers kommt man in allen Landesteilen mit leichter Sommerkleidung aus. Herren werden mit Sporthemden und leichten Hosen (keine Shorts!), einem leichten Jackett und Sommeranzügen aus ausgesprochen leichten Stoffen das Richtige treffen, Damen mit entsprechender leichter Sommerkleidung. Dennoch ist sicherheitshalber ein wärmerer Pullover oder eine Jacke mitzunehmen.

Grundsätzlich jedoch sollte man, aus Rücksicht auf die marokkanische Bevölkerung, von kurzen Hosen, tiefausgeschnittenen Blusen etc., rückenfreien T-Shirts, Miniröcken u. ä. absehen. Bei Aufenthalten in Luxushotels empfiehlt sich ein dunkler Anzug oder ein kleines Abendkleid. Selbst bei Einladungen unter Europäern pflegt man in zwangloser Kleidung zu erscheinen. Für den tiefen Süden und die Steppen des Ostens, auch für den Süden der Atlantikküste, ist eine Kopfbedeckung dringend zu empfehlen; man sollte in diesen Landesteilen während der heißen Zeit nie ohne Hut ins Freie gehen. Sonnenstiche mit allen Komplikationen wären die Folge.

Auch eine Sonnenbrille und Hautcremes gehören zur Ausrüstung. Für das Gebirge sind in erster Linie festes Schuhzeug und wetterfeste Kleidung ratsam, in hohen Lagen Wollzeug und ein leichterer Mantel, denn abends kühlt es stark ab. Im Hohen Atlas können selbst im Sommer plötzliche Gewitter mit starken Regenfällen aufziehen; diese sind allerdings nur von kurzer Dauer.

Für die Regenzeit gilt für das ganze Land, sich mit fester Regenkleidung zu versorgen, die den ganzen Körper sicher schützt. Dies ist vor allem von Dezember bis März dringend erforderlich. Für die Wintermonate ist auch hier warme Kleidung nötig. Die Temperaturen sinken zwar – außer im Gebirge – nicht so sehr ab wie in Mitteleuropa, aber die Kühle ist unangenehm. Zudem sind nur wenige Häuser ausreichend heizbar.

Medizinische Ratschläge

Vorbereitung: Es kann u. U. sinnvoll sein, einen Arztbericht auf französisch oder lateinisch mitzuführen, desgleichen einen Notfallausweis (Impfausweis etc.). Kontaktlinsen sind nur mit Einschränkung zu empfehlen.

Impfungen sind z. Z. nicht vorgeschrieben; Tetanusimpfung ist jedoch zu empfehlen, evtl. auch Polio-, Typhus- und Hepatitisprophylaxe.

Reiseapotheke: Obwohl die Medikamentenversorgung in Marokko ausreichend ist, empfiehlt sich die Mitnahme bestimmter Medikamente (abgesehen von solchen, auf deren regelmäßige Einnahme man ohnehin angewiesen ist):

Kohletabletten gegen häufig auftretenden Durchfall und leichte Nahrungsmittelvergiftungen. Von sog. Darmdesinfektionsmitteln hingegen ist abzuraten, desgleichen von Motilitätshemmern (»Stopfmitteln«), auch bei schweren Durchfällen. Antibiotika sind ausschließlich bei Durchfällen mit Blutbeimengungen und Fieber angebracht. Darüber hinaus ist eine reichliche Flüssigkeitsaufnahme wichtig. Weitere Ausstattung der Reiseapotheke: Antiseptikum (Jodersatz), Pflaster, elastische Binde, Verbandpäckchen, kleine Schere, Schmerzmittel, Sonnenschutzmittel, Insektenschutzmittel.

Verhalten in Marokko: In verschiedenen Landesteilen kein unabgekochtes Wasser (und daraus hergestellte Eiswürfel) trinken; Tee ist der beste Durstlöscher. Es ist sehr wichtig, viel zu trinken; eine helle Urinfarbe ist ein guter Hinweis auf ausreichende Flüssigkeitszufuhr. Nicht zu sich nehmen sollte man: unpasteurisierte Milchprodukte, grünen Salat (Überträger von Parasiten), Mayonnaise, leicht verderbliche Saucen und Puddings, rohe, ungenügend oder nicht frisch gekochte Meeresfrüchte, rohes Fleisch. Obst sollte grundsätzlich geschält werden. Geschlechtskrankheiten haben in den letzten Jahren stark zugenommen, auch AIDS. Nicht barfuß gehen – auch nicht in Strandnähe –, durch die intakte Haut der Fußsohle können Hakenwurmlarven eindringen. Es gibt vereinzelte Bilharzioseherde. Die Erreger dieser Wurmerkrankung können beim Baden in Süßwasser durch die unverletzte Haut eindringen. Beim Baden im Meer besteht einige Kilometer von Flußmündungen entfernt keine Infektionsgefahr mehr.

Nach der Reise: Sollten Sie nach der Reise erkranken, so weisen Sie den Arzt unbedingt auf Ihren Auslandsaufenthalt hin; dies gilt auch für banale Gesundheitsstörungen wie Fieber oder grippaler Infekt.

Museen

Marokko ist ein Land, in dem Sammlungen, Ausstellungen, Museen keine so große Rolle spielen wie etwa in den »klassischen Reiseländern«. Das Land beginnt erst, sich seiner Schätze an Kunstwerken und Altertumswerten bewußt zu werden und sie systematisch zusammenzutragen. Die meisten der bestehenden Museen sind folkloristischer Art und gehen – mit wenigen Ausnahmen (Rabat) – über eine rein lokale Bedeutung nicht hinaus. Interessant sind sie jedoch in jedem Falle, weil sie Einblick in fremdes Volks- und Kulturgut bieten und dem Besucher beim Verständnis des Landes helfen können.

Die Museen sind in der Regel von morgens 9 Uhr bis zum Einbruch der Dunkelheit geöffnet, mit Ausnahme der Mittagsstunden. Doch ist das örtlich zu verschieden, als daß sich eine verbindliche Regel aufstellen ließe. Vielfach ist der Besucher völlig sich selbst überlassen und kann sich in aller Muße, ohne von »Führern« bedrängt und belehrt zu werden, der Besichtigung der ausgestellten Stücke widmen.

Wer fotografieren will, sollte sich in jedem Fall vorher erkundigen, ob dies gestattet ist. Setzt man sich über ein Verbot hinweg, kann dies zur Folge haben, daß man den Film herausgeben muß.

Öffnungszeiten

Läden: im allgemeinen täglich von 9 bis 12 Uhr und 15 bis 19 Uhr, oft jedoch länger.

Banken: September bis Juni: montags bis freitags 8.15 bis 11.30 Uhr, 14.15 bis 16 Uhr; Juli/August: 9 bis 15 Uhr.

Post: September bis Juni: montags bis freitags 8.30 bis 12 Uhr, 14.30 bis 18 Uhr. Juli/August: 9 bis 15 Uhr, samstags 9 bis 12 Uhr.

Wichtig ist es zu wissen, daß es in der Woche drei »Sonntage«, drei

Ruhetage, gibt: freitags (ab Mittag) den Ruhetag der Moslems, sonnabends den der Juden und sonntags den der Christen. Jede dieser Gruppen hält an ihrem Ruhetag geschlossen. Viele Marokkaner nehmen es damit allerdings nicht allzu genau; die meisten Geschäfte mit marokkanischen Inhabern (auch in der Europäerstadt) pflegen am späten Nachmittag oder am Abend wieder zu öffnen, während sich die Juden streng an ihre Sabbatruhe halten. Da also mindestens zwei Gruppen immer geöffnet halten, hat man praktisch täglich die Möglichkeit einzukaufen.

Im übrigen halten sich in den Großstädten (Tanger, Rabat, Casablanca) auch die marokkanischen Behörden an die europäischen Festtage und schließen am Sonntag.

Behörden und Postämter haben an Sonntagen geschlossen. Der Markt ist in der Regel täglich vormittags geöffnet. Zu beachten sind Verschiebungen der Öffnungszeiten während des Fastenmonats Ramadan: Lebensmittelläden sind oft erst nachmittags geöffnet, andere meist erst gegen 10 Uhr. Dies gilt auch für Museen u. ä. Die Öffnungszeiten für Banken und Postämter sind ebenfalls abweichend.

Ramadan

Der islamische Fastenmonat Ramadan ist der Höhepunkt des religiösen Lebens. Es ist der 9. Monat des islamischen Jahres, das sich vom Gregorianischen Kalender sowohl von der Dauer wie vom Jahresbeginn unterscheidet (die islamische Zeitrechnung beginnt am 16. 7. 622, die Dauer des islamischen Jahres bemißt sich nach Mondzyklen). Während des Ramadan ist es dem

Gläubigen vom Koran untersagt, zwischen Sonnenaufgang und -untergang zu essen, zu trinken und zu rauchen, und während des ganzen Ramadan soll er sexuell enthaltsam leben. Wenn diese Gebote in der Stadt teilweise nicht befolgt werden, so richtet sich die Landbevölkerung oft streng nach den Gesetzen. Der Reisende sollte während dieser Zeit die Bevölkerung nicht durch Essen auf der Straße o. ä. provozieren. In abgelegenen Gebieten kommt es durchaus vor, daß man in Restaurants auch erst nach Sonnenuntergang essen kann. In den Städten sind jedoch auf jeden Fall Restaurants tagsüber geöffnet.

Reisezeit und Reiseziele

Marokko ist ein Land, das man das ganze Jahr über bereisen kann. Da es hier – mit Ausnahme der Hochgebirge – keinen eigentlichen Winter gibt, wird der reisende Europäer das Klima selbst in den Wintermonaten als mild empfinden. Allerdings sind viele Häuser nicht heizbar; im Dezember und Januar macht sich das oft, auch wegen der Feuchtigkeit, unangenehm bemerkbar. Außer im Gebirge wird man um diese Zeit eine Temperatur antreffen, die etwa der eines milden Frühlings in Deutschland entspricht.

Während der Sommermonate steigen die Temperaturen im Süden und der südöstlichen Hochebene oft unerträglich an. In Marrakech z. B. sind manche Hotels, Clubs und Restaurants während der heißen Zeit geschlossen und eröffnen erst wieder im September. Allerdings muß der Winterreisende gelegentliche Regenfälle in Kauf nehmen, wenn er diese Zeit etwa mit Wintersport im Mittleren Atlas, in

Ifrane, Azrou oder an den Wintersportplätzen südlich von Marrakech verbringen will.

Die Hauptreisezeit liegt in der Zeit zwischen Februar und Juni und Mitte September bis Anfang November; für die Küstengebiete und das Hochgebirge sind auch die Monate des europäischen Hochsommers zu empfehlen. Während dieser Zeit genießt man den marokkanischen Sommer in all seiner Pracht mit ständig scheinender Sonne am wolkenlosen Himmel – wenn auch mit trockener, verbrannter Landschaft und Vegetation. In der Nähe der Küsten wird man die Wärme infolge der kühlenden Seebrise nie als drükkend empfinden, und im Gebirge sind die Temperaturen durch die Höhenlage ohnehin niedriger. Die schönste Zeit für Marokko allerdings – und zwar für alle Landesteile – ist das Frühjahr. Das ist die große – leider auch nur kurze – Zeit des Blühens und Sprießens. Der Regen der Wintermonate hat die Erde getränkt, und die steigende Sonne treibt förmlich mit Gewalt alles Grüne und Bunte heraus. Die Temperaturen sind um diese Zeit noch mäßig, und die Luft ist frisch. Ab Ende Mai allerdings bekommt das Land sein Sommerkleid: Die Gräser werden trocken, gelb und verbrennen, die Erde wird nackt und kahl, und die große Hitze breitet sich aus. (S. auch Kap. Klima.)

Badeorte

Marokko verfügt über lange und breite Sandstrände, die steinfrei und zum Baden sehr gut geeignet sind. Die marokkanische Mittelmeerküste fällt zwar meist schroff zum Meer ab und läßt nur wenig Raum für einen Sandstreifen, die *Bucht von Tanger* aber entschädigt dafür mit einem viele Kilometer langen, breiten, sanft abfallenden Sandstrand, der zu den schönsten der Welt zählt. Auch südwestlich von Tanger, am Atlantik, bieten kleine sandige Buchten und noch weiter südlich ein langer, breiter Sandstrand ideale Bademöglichkeiten.

In den letzten Jahren sind auch an der marokkanischen Mittelmeerküste neue Badeorte entstanden. *Restinga-Smir* und M'diq (zwischen Ceuta und Tetouan), *Martil* bei Tetouan und vor allem *Al Hoceima,* der schönste Badeplatz Marokkos am Mittelmeer.

Unter den Badeorten der Atlantikküste ist *Mohammedia* (Fedala) zwischen Rabat und Casablanca zu nennen, das ein Badeziel für die Bevölkerung beider Großstädte bildet. An Mohammedia schließen sich in Richtung Rabat weitere kleinere Orte an, die hübsche Badestrände und gute Fischplätze haben: *Témara, Sidi-el-Abed* (früher: »Les Contrebandiers«) nördlich von Rabat, *les Plages des Nations* und bei Kénitra der kleine Ort *Mehdia. Aïn Diab,* der luxuriöse Villen-Stadtteil von Casablanca, besitzt mehrere herrliche Strandbäder mit Schwimmbecken, die in die Felsenküste eingelassen sind, sowie einen 4 km langen Sandstrand. Südlich von Casablanca besitzt *El Jadida* (früher Mazagan) einen wunderbaren Strand, 75 km südlich ist *Oualidia* ein Badezentrum. *Essaouira* (ehem. Mogador) hat nicht nur einen schönen Badestrand, sondern es besitzt auch das beste Klima Marokkos mit warmen Wintern und kühlen Sommern. Und ganz im Süden verfügt *Agadir* über den längsten Strand Marokkos. Hier kann man das ganze Jahr über im Meer baden.

Städte

Eines der bedeutendsten Haupteinfallstore nach Marokko ist *Tanger.* Durch drei Jahrzehnte war die Stadt internationalisiert und wurde von acht fremden Mächten verwaltet. Sie wurde zu einem bedeutenden Handelszentrum für die nordafrikanischen Länder, aber eben ganz unter fremdem Einfluß. Diese Tatsache hat das Gesicht Tangers geprägt: Es ist auch heute noch eine äußerst lebhafte Stadt von kosmopolitischem Charakter, besitzt auch eine Medina – aber das echte, unverfälschte Marokko zeigt sie nicht. Von hier aus ist der Norden des Landes, besonders das Rif, zu bereisen.

Casablanca, die größte Stadt Marokkos, ist eine moderne Stadt. Mit ihren schneeweißen Hochhäusern, den breiten Boulevards und dem Getriebe einer Weltstadt mutet sie fast südamerikanisch an. Casablanca ist das eigentliche Wirtschaftszentrum Marokkos und besitzt einen der lebhaftesten nordafrikanischen Häfen.

Rabat, die Hauptstadt und Residenz des Königs, ist vielleicht die schönste der modernen marokkanischen Großstädte. Sie ist sehr gepflegt, besitzt schöne moderne Bauten, ausgedehnte Parks und in der Kasbah des Oudaïa ein einzigartiges Kleinod muselmanischer Architektur. Vor den Toren Rabats bietet die Chellah, das alte Sala Colonia der Römer, einen weiteren Anziehungspunkt.

Agadir, die am 1. März 1960 durch ein Erdbeben zerstörte Stadt an der Mündung des Sous, war, wie die meisten Städte an der Atlantikküste, eine portugiesische Gründung. Zu Anfang des 20. Jahrhunderts rückte die Stadt auch in das Blickfeld der deutschen Öffentlichkeit, da sich deutsche Industrie- und Handelsfirmen hier niederließen, die allerdings mit der Übernahme des Protektorats durch die Franzosen wenige Jahre später wieder weichen mußten. Agadir ist die südlichste Hafenstadt Marokkos und bekannt für ihre bedeutende Fischkonserven-Industrie (Sardinen). Der Wiederaufbau Agadirs wurde abgeschlossen.

Die genannten Städte zeigen vorwiegend das neue, moderne Gesicht Marokkos. Sie liegen sämtlich an der Küste und bilden Kontaktzonen zur übrigen Welt. Einen ganz anderen Charakter tragen die Städte im marokkanischen Innern.

Einen besonderen Anziehungspunkt bildet *Marrakech,* die »Perle des Südens«, wie man die Stadt nicht zu Unrecht nennt. Sie ist vielleicht die typischste Stadt des marokkanischen Südens, und viele Reisende behaupten, man kenne Marokko nicht, wenn man Marrakech nicht gesehen habe. Die alte Königsstadt zeigt in der Tat ein echt afrikanisches Gepräge. Umgeben von weiten Palmenhainen, im Angesicht der nahen Berge, scheint in ihr das marokkanische Mittelalter lebendig geblieben zu sein. In der ausgedehnten Medina mit ihren verwinkelten Gassen, in den Souks, in denen die verschiedenen Handwerkszweige ihre eigenen Gassenzüge haben, drängt sich zu jeder Stunde eine bunte Menge, und ganze Eselkarawanen schieben sich mit ihrer Traglast durch das Gewimmel.

Wer marokkanisches Geistes- und Kulturleben gleichsam an der Quelle studieren will, der sei auf *Fès* hingewiesen, die älteste Königsstadt des Landes. Die alte Stadt, die Medina, ist auch hier räumlich von der Neustadt, der Stadt der Europäer, getrennt. Sie ist ganz von der alten hohen Befestigungsmauer umgeben, hinter der sich in den hügeligen Gassen und Gäßchen ein unverfälscht marokkanisches Leben abspielt. Fès, die Stadt der 130 Moscheen, bildet das geistige und kulturelle Zentrum des marokkanischen Islam.

Meknès, die letzte der Königsstädte, wurde in ihrer heutigen Form von Moulay Ismail im 17. Jahrhundert angelegt. Imposant sind die Reste der Palastanlagen, mit gewaltigen Mauern und Befestigungen, die sich über 40 km in einem dreifachen Gürtel hinziehen, durchbrochen von gewaltigen maurischen Toren, unter denen das Bab Mansour das schönste und berühmteste ist.

Tetouan, im Norden in der Nähe der Mittelmeerküste, ist eine Stadt, in der man auf Schritt und Tritt die jahrhundertealten Beziehungen zwischen Marokko und Spanien spürt – in der Architektur, im Lebensstil und in der spanischen Sprache, die die meisten ihrer Bewohner sprechen und verstehen.

Standquartiere

Marokko ist so weitläufig, daß, wer wenigstens einen Teil des Landes gründlicher kennenlernen will, an einem zentral gelegenen Ort, von wo aus er die Umgebung bequem bereisen kann, sein Standquartier aufschlagen sollte.

Tanger eignet sich vorzüglich als Standquartier für den Norden des Landes, für das westliche Rif und den nördlichen Teil der Atlantikküste. Von *Rabat* aus läßt sich das Vorgelände des Mittleren Atlas günstig bereisen. *Fès* und *Meknès* bilden die geeigneten Ausgangspunkte für Ausflüge durch das Gebiet der Zerhoun, die reizvolle Berglandschaft mit ihren Weinbergen und Olivenhainen. *Ifrane* sollte man für das »Gebiet der Zedern« als Standquartier wählen. Es ist besonders dem Fußwanderer sehr zu empfehlen, aber gut gehaltene Waldpisten ermöglichen auch dem Autofahrer, sich dieses Gebiet zu erobern. *Azrou* bietet Gelegenheit zu Ausflügen und Touren in die Bergwelt des Mittleren Atlas. *Marrakech* bildet den Ausgangspunkt für Bergtouren ins Hochgebirge, besonders ins Massiv des 4165 m hohen Toubkal. *Agadir* ist vorzüglich geeignet als Standquartier für Exkursionen in den Süden, vor allem in den Sous sowie nach Tafraout oder Goulimine. Wen die Oasen des Tafilalet und die weiten Hammadas reizen, der sei auf *Erfoud* verwiesen. Aber auch Ouarzazate, Zagora und Tafraout mit ihren hervorragenden Hotels bieten sich an. Jedes dieser Standquartiere vermittelt dem, der es zum Ausgangspunkt von Exkursionen in die nähere und weitere Umgebung macht, die Kenntnis eines besonders charakteristischen Stücks dieses vielschichtigen Landes.

Rundfunk

Eines der 3 Programme des staatlichen marokkanischen Rundfunks ist in französischer Sprache.

Die ›Deutsche Welle‹ sendet rund um die Uhr ein deutsches Programm. Tagsüber ist der Empfang am besten auf Kurzwelle im 31, 25 und 19 m-Band, abends im 49, 31 und 25 m-Band. Programmheft mit genauen Frequenzangaben bei: Deutsche Welle, Abt. Hörerpost, Postfach 10 04 44, 5000 Köln 1.

Souks

Souks sind die marokkanischen Märkte, unvergleichlich in ihrem Angebot und ihrer Atmosphäre. Der Reisende sollte nicht versäumen, einen dieser Souks sich anzuschauen. Abgesehen von den stän-

digen Märkten in den Medinas der größeren Städte sind folgende Souks sehenswert:

Provinz Agadir

Agadir
    samstags und sonntags
Inezgane
    dienstags
Taroudannt
    freitags

Provinz Chechaouen

Chechaouen
    donnerstags

Provinz Er-Rachidia (früher Ksares-Souk)

Erfoud
    sonntags
Er-Rachidia
    sonntags, dienstags, donnerstags
Rissani
    sonntags, dienstags, donnerstags

Provinz Khemisset

Khemisset
    dienstags
Tiflet
    mittwochs

Provinz Khenifra

Khenifra
    sonntags, mittwochs
Midelt
    sonntags

Provinz Kénitra

Sidi Allal Bahraoui
    sonntags
Souk Sebt, Kénitra
    sonnabends
Souk Had Ouled Jelloul
    sonntags
Souk Tleta
    dienstags
Souk el Arba
    mittwochs

Souk chemis Rmila
  donnerstags
Jamaa Moghrane
  freitags
Jamaa Lalla Mimouna
  freitags
Had Kamouni
  sonntags

Provinz Marrakech

Marrakech (Kamelmarkt)
  donnerstags
Sidi el Aidi
  donnerstags
Amizmiz
  dienstags

Provinz Meknès

Azrou
  mittwochs, freitags

Provinz Ouarzazate

Ouarzazate
  sonntags
Skoura
  montags, dienstags
Zazena khte
  sonntags
Talioune
  montags
Askaoun
  donnerstags
Zagora
  mittwochs, donnerstags
Agdz
  donnerstags
Bagoumite
  donnerstags, sonntags
M'hamid
  montags
Boumalne
  mittwochs
Tinerhir
  montags
El Kelâa des Mgouna
  mittwochs

Provinz Oujda

Tendrara
  donnerstags

Provinz Settat

Settat (Kamelmarkt)
  samstags

Provinz Tetouan

Ksar-el-Kebir
  sonntags

Provinz Tiznit

Bou Izakarn
  freitags
Goulimine (Kamelmarkt)
  sonnabends
Tiznit
  donnerstags, freitags

Sport

Angeln. Es wird ein Angelschein für das Jahr oder für einen Tag benötigt, der von der Verwaltung der »Eaux et Forêts« ausgestellt wird. Es können Forellen, Hechte, Zander und Barsche gefangen werden.

Clubs für Tauchfischer gibt es in Rabat, Casablanca, Tetouan, Kénitra, Agadir und Al Hoceima (Mittelmeerküste, Atlantikküste).

Jagd. Jeder ausländische Jäger kann, nachdem er sich einen Jagdschein besorgt hat, überall in Marokko jagen, am besten bleibt man aber in den zu diesem Zweck reservierten Gebieten, die sehr ausgedehnt sind. Der marokkanische Jagdschein wird gegen eine Gebühr nach Vorweisung des Jagdscheins des Heimatstaates ausgestellt. Wegen der Einfuhr von Jagdwaffen wende man sich an die marokkanische Botschaft.

Surfen, Segeln, Wasserski. Diese Sportarten sind in Marokko sehr verbreitet, und zwar sowohl an der Mittelmeerküste als auch an der Atlantikküste. Die beste Zeit zum Surfen sind Herbst und Winter. Zu empfehlen ist die Atlantikküste bei Agadir. Gleich bei welcher Sportart, sind die Strömungen des Atlantik zu beachten, den Weisungen der Wasserwacht ist Folge zu leisten!

Golf, Tennis, Reiten. Das Golfspiel hat in Marokko einen starken Aufschwung genommen. Man findet Golfplätze in Tanger, Mohammedia, Rabat, Anfa, Meknès und Marrakech. In allen Zentren und in den Ferienhotels wird Tennis gespielt; die Reiter können dort auch Pferde und Sattelzeug mieten.

Skilauf und Bergsteigen. Marokko besitzt sehr schöne und gut ausgestattete Wintersportorte, die bedeutendsten sind Oukaïmeden und Michlifen. Im Toubkal-Massiv befinden sich Schutzhütten, die dem Alpinisten-Club gehören und von Touristen und Alpinisten benutzt werden können. Eine Übernachtungsgebühr wird vom Hüttenwart gegen Lieferung einer Tagesmarke erhoben.

Trinkgeld

In südlichen Ländern spielt Trinkgeld eine bedeutende Rolle. In den Hotels und Restaurants wird das Trinkgeld zwar meist zur Rechnung hinzugerechnet oder ist im Preis bereits einkalkuliert, aber der Kellner erwartet trotzdem seinen Extrabolus, ebenso wie der Taxifahrer, der Friseur, der Schuhputzer, jedermann, der irgendwelche Handreichungen verrichtet. Man richte sich bei der Bemessung des Trinkgeldes nach dem Grad der Inanspruchnahme, im allgemeinen wird man mit einiger Überlegung das richtige Maß

finden, ein Zuviel ist ebenso falsch – es wirkt lächerlich und verdirbt die Preise – wie Knauserigkeit.

In Restaurants gibt man zwischen 10 und 15 % des Rechnungsbetrages. Taxifahrer erwarten etwa 2 DH bei Stadtfahrten, Gepäckträger der Hotels 2 DH pro Gepäckstück. Den Zimmermädchen, die nur minimales Gehalt beziehen, sollte man pro Nacht und Person 1–2 DH zurücklassen. Ein kleines Trinkgeld kann oft Wunder wirken, wenn es gilt, Sonderwünsche, etwa im Restaurant, erfüllt zu bekommen.

In vielen Fällen jedoch ist es ratsamer, statt eines Trinkgeldes etwa eine Zigarette anzubieten. Einen Marokkaner, der, nach dem Weg befragt, den Touristen freundlich ein Stück begleitet, würde es kränken (und sei es auch ein sichtlich armer Mann), wenn man ihm beim Abschied eine Münze in die Hand drücken würde. Eine Zigarette jedoch, unter Gleichgestellten angeboten, wird er dankbar entgegennehmen. Das Honorar für Führer sollte im voraus ausgehandelt werden.

In entlegenen dörflichen Gebieten, unter bäuerlicher oder nomadischer Bevölkerung, wäre ein Trinkgeld gänzlich fehl am Platze. Die Menschen betrachten den Fremden als Gast ihres Landes, ihres Dorfes oder Lagers, und man kann ihnen nur mit Freundlichkeit und einer kleinen Aufmerksamkeit (Zigaretten, Kugelschreiber und dergleichen) begegnen. Anders ist es, wenn fotografiert wird. Hier gilt, sofern man sich überhaupt ablichten läßt, der Preis von 1 DH pro Foto und Person. Die Einwilligung der Leute sollte vorher unbedingt eingeholt und das Verweigern akzeptiert werden, wenn man nicht in unangenehme Situationen geraten will.

Das marokkanische Sozialhilfesystem ist mit unserem nicht entfernt zu vergleichen. Viele Menschen, besonders Alte, Kranke und Behinderte, haben in der Bettelei ihre wichtigste Existenzgrundlage. Für Mohammedaner ist es eine religiöse Pflicht, Almosen zu geben; er erwirbt sich dadurch Verdienste um seine Seele im Jenseits.

Kindern sollte man grundsätzlich kein Geld geben, außer sie haben dafür einen tatsächlichen Dienst geleistet. Die Bettelei wird oft als Hobby betrieben, hält die Kinder, da sie ein einträgliches Geschäft ist, vom Schulbesuch ab und zerstört die Familienstruktur, da das Kind oft mehr »verdient« als der Vater. Man sollte Kindern auch keine Süßigkeiten geben. Sind mehrere Kinder am Platze – sie erscheinen spätestens, wenn es etwas gibt, in Mengen –, können diese Geschenke zu wahren Prügeleien und großer Belästigung führen.

Übernachtung

Hotels

Die Gebiete Marokkos, die für den wichtigsten Reise- und Touristenverkehr in Betracht kommen, verfügen über ein Hotelwesen, das dem der meisten europäischen Länder gleichkommt. Das *Office National Marocain du Tourisme* in Rabat gibt einen jährlich erscheinenden Hotelführer (in deutscher, englischer und französischer Sprache) heraus, der kostenlos von den marokkanischen Fremdenverkehrsämtern abgegeben wird und die wichtigsten Hotels in allen Orten des Landes mit Klassifizierung, Hoteleinrichtungen und Reservierungsadressen aufführt.

Die Hotels sind eingeteilt in:

Luxushotels *****
Hotels I. Klasse ****
Hotels II. Klasse ***
Hotels III. Klasse **
Einfachhotels *

Die Hotels III. Klasse entsprechen noch durchaus bürgerlichen Ansprüchen. Die Zimmer haben fließend kaltes und warmes Wasser, oftmals auch eine Dusche. Die Hotels sind verpflichtet, in jedem Zimmer eine Preistafel aufzuhängen, und diese Vorschrift wird auch allgemein befolgt. Alle Hotels nennen Inklusivpreise (Zimmer, Bedienung und Abgaben eingerechnet).

Im allgemeinen sind die Hotelpreise niedriger als in Deutschland. In den Großstädten sind sie höher als in kleineren Orten.

Wie in den meisten südlichen und westlichen Ländern sind Einzelzimmer verhältnismäßig selten. Der Preis für ein Doppelzimmer ist meistens nur wenig höher als für ein Einzelzimmer derselben Klasse. Im Süden des Landes, insbesondere auf der »Straße der Kasbahs« (Strecke Ouarzazate – Er-Rachidia) sind Hotels selten und teuer. Es empfiehlt sich, zumindest auf dieser Route, Betten vorauszubestellen. Dies geschieht am besten über das Marokkanische Fremdenverkehrsamt. Die Hotelreservierung ist jedoch gerade im Süden oft nicht ausreichend. Wegen Hotelmangel sind die einzelnen Unterkünfte komplett überbelegt, so daß keine Einzelzimmer und oft nicht einmal mehr Doppelzimmer zu haben sind. Man verlasse sich also nicht nur auf seine Reservierung! Sicherheitshalber sollten Einzelreisende bereits am Vormittag ihre Zimmer belegen, bevor diese an Reisegruppen vergeben werden, die Priorität haben. Auf jeden Fall aber sollte man vor 18 Uhr im Hotel sein. Je nach Überbelegung des Hotels empfiehlt es sich sogar, den Zimmerschlüssel mitzunehmen, womit man der Gefahr der Ausquartierung wirksam entgeht. Für denjenigen mit wenig Anspruch auf Bequemlichkeit gibt es vielerorts billige Herbergen, die vorwiegend von der einheimischen Bevölkerung benutzt werden. Diese Unterkünfte sind in keinem Verzeichnis aufgeführt, jedoch an Ort und Stelle problemlos zu erfragen. Wer mit dem Bus ankommt, wird oft bereits bei der Ankunft auf derartige Übernachtungsmöglichkeiten hin angesprochen.

Verschiedene Hotels muß man über eine zentrale Reservation bestellen. Die jeweiligen Reservierungsadressen verzeichnet der marokkanische Hotelführer (s. o.).

Die Wege zu den größeren Hotels sind im allgemeinen gut ausgeschildert.

Auffallend viele Hotels sind »Hotels garnis«, also Hotels ohne Restaurant. Heiße und kalte Getränke sind hingegen in den Hotels garnis meist zu haben. Zu beachten ist auch, daß nur wenige der einfacheren Hotels über eine Alkohol-Lizenz verfügen. Wer auf sein Bier oder seinen Wein nicht verzichten möchte, sollte sich vorher danach erkundigen.

Das Schuhputzen ist in den Hotels nicht üblich. Dazu bedient man sich der Schuhputzer, die überall auf den Straßen ihre Dienste anbieten. Einige Luxushotels und erstrangige Häuser beginnen, auch hierin auf die Wünsche ihres internationalen Publikums Rücksicht zu nehmen.

Jugendherbergen

Es gibt nur sehr wenige Jugendherbergen in Marokko, die angesichts der überall bestehenden einfachen Herbergen für jedermann auch keine große Bedeutung haben.

Jugendherbergen gibt es in Asni, Azrou, Casablanca, Chechaouen, Fès, Marrakech, Meknès, Rabat.

Einzelheiten können dem jährlich erscheinenden ›International Youth Hostel Handbook‹, Bd. 1, entnommen werden. Es ist erhältlich im Buchhandel, in Jugendherbergen und bei den Jugendherbergsverbänden.

Camping

Es gibt in Marokko nur wenige Campingplätze. Freies Campen ist zwar nicht verboten, man sollte im eigenen Interesse jedoch darauf verzichten.

Das Hotelverzeichnis des marokkanischen Fremdenverkehrsamtes enthält eine detaillierte Aufstellung mit Beschreibung der Campingplätze.

Zu beachten sind die für größere Campingausrüstung geltenden Zollbestimmungen (s. Kap. Grenzverkehr).

Uhrzeit

Es gilt die westeuropäische Zeit (MEZ − 1 Stunde). In Marokko ist die Sommerzeit eingeführt, so daß der Unterschied zu unserer Uhrzeit immer gleich bleibt.

Verhaltenstips

Touristen sollten in Marokko einige Verhaltensregeln für den Umgang mit den Bewohnern des Landes beachten, die nur etwas Feingefühl und Takt verlangen. Ganz allgemein ist der Marokkaner sehr empfindlich und leicht in seinem Ehrgefühl zu verletzen. Man vermeide jedes Auftreten, das als hochmütig ausgelegt werden könnte. Auch das Fotografieren – zumal in entlegenen Gebieten – erfordert Takt und Geschicklichkeit. Viele Marokkaner, besonders auf dem Lande und vor allem die Frauen, betrachten das Fotografiertwerden als Kränkung, zumal es gegen das Gebot ihrer Religion verstößt; es ist daher ratsam, vorher zu fragen, ob man eine Aufnahme machen darf. Man versuche nie, eine Moschee oder einen marokkanischen Friedhof zu betreten oder zu fotografieren! Vor allem vermeide man Gespräche über Religion und Politik.

Man sei nicht allzu erstaunt, von manchen Marokkanern »geduzt« zu werden. Die Berbersprache und das Arabische kennen keine dritte Person in der direkten Rede, und daher verwendet der Marokkaner auch im Französischen oder Spanischen das »du«. Es ist aber abzuraten, ebenso zu antworten, vor allem Personen gegenüber, die sichtlich Schulbildung genossen haben; denn dieses »du« wird von Marokkanern aus europäischem Munde als eine (koloniale) »Geringschätzigkeit« gewertet.

Der Marokkaner, der als Moslem selbst keinen Alkohol trinkt, hat wenig Verständnis für alkoholische Exzesse. Aber nicht nur aus diesem Grunde, sondern aus eigenen Gesundheitsrücksichten sollte man jeder Form von Alkohol gegenüber Zurückhaltung üben; in der Hitze des Tages verbietet sich der Genuß von alkoholischen Getränken von selbst. Durch den erhöhten und beschleunigten Kreislauf gelangt der Alkohol sehr schnell ins Blut und steigt schneller zu Kopf. Für die heißen Länder, so auch für Marokko, gilt als erprobte Regel: Alkohol erst nach Sonnenuntergang und mäßig zu sich nehmen.

Das Hand-in-Hand-Gehen von Männern – auch von Polizisten – sowie die Begrüßung durch Wangenküssen von Mann zu Mann ist in Marokko an der Tagesordnung; es ist Ausdruck gegenseitigen Wohlwollens und herzlicher Freundschaft.

Besonders auf dem Lande werden Fremde manchmal von Marokkanern zu sich eingeladen. Es würde kränken, eine solche Einladung nicht anzunehmen. Ein kleines Gastgeschenk bei solcher Gelegenheit wird gerne angenommen (auf keinen Fall Geldgeschenke!). Es ist durchaus üblich, Mahlzeiten mit den Fingern zu essen – aber nur mit denen der rechten Hand. Man soll sagen und auch zeigen, daß es einem schmeckt. Von dem nach dem Essen angebotenen Tee sollte man nicht mehr und nicht weniger als drei Gläser nehmen (vgl. Kap. Essen und Trinken).

Man wird sich in Marokko einem Volk gegenübersehen, das dem Fremden gegenüber aufgeschlossen ist und ihm hinsichtlich seiner Sitten und Gewohnheiten alle Zugeständnisse macht, auch wenn diese dem Marokkaner unverständlich sind. Man sollte die freundschaftlichen Gefühle, denen man in allen Schichten des Volkes begegnet, nicht enttäuschen.

Verkehr

Bahn

Das Eisenbahnnetz in Marokko ist nicht sehr dicht. Weite Teile des

Landes sind diesem Netz nicht angeschlossen, so daß man auf Autobusse oder Autos angewiesen ist. Die Bahn berührt indes alle wichtigen Orte der verkehrsreichen Landschaften des westlichen Bled. Diese Bahnstrecken und ihre Entfernungen sind in dem Kapitel »Reisewege« aufgeführt.

Die schnelle Verbindung von Paris und Madrid über Algeciras nach Tanger bietet internationalen Anschluß. Die Bahnhöfe sowie alle amtlichen marokkanischen Reisebüros geben Faltblätter mit den Kursen der Linien kostenlos aus.

Die marokkanischen Eisenbahnen unterscheiden zwischen folgenden Arten von Zügen: »Omnibus« (Personenzug), »Direct« (Eilzug), »Rapide« (Schnellzug). Von Tanger über Rabat nach Casablanca und zurück sowie zwischen Fès und Marrakech (via Casablanca–Rabat) verkehren moderne Diesel-Triebwagenzüge, im Sommer mit Klimaanlage. Auf den kürzeren Strecken und Stichbahnen verkehren nur »Direct«- und »Omnibus«-Züge oder gar nur »Omnibus«-Züge, während auf den großen Strecken vorwiegend »Rapide«-Züge eingesetzt sind. Die Preise sind jedoch in allen Zuggattungen die gleichen.

Die marokkanische Eisenbahn hat ein 4-Klassen-System. Viele »Rapide«-Züge der großen Strecken führen indes nur die 1. und 2. Klasse; auf den Nebenstrecken führen die »Omnibus«-Züge häufig nur die 2. Klasse und E-Klasse. Für den europäischen Reisenden empfiehlt sich auf den Hauptstrecken die Benutzung der 1. oder 2. Klasse. Beide Klassen sind gepolstert, gut ausgestattet und durchaus sauber. Wer allerdings mit der Bevölkerung ins Gespräch kommen will, sollte die anderen Wagenklassen benutzen.

Speisewagen gibt es auf den marokkanischen Eisenbahnen nicht. Lediglich auf der Strecke Casablanca-Fès bzw. Tanger (und umgekehrt) führen zwei »Rapide«-Züge sogenannte »Bar-Abteile« mit Getränken und sonstigen kleinen Erfrischungen. (Diese Züge sind aus den jeweils gültigen Kursen zu ersehen.) Der tägliche Nachtzug Casablanca-Oujda (und zurück) führt auch Schlafwagen I. und II. Klasse mit sich.

Die Fahrpreise sind niedriger als in Deutschland. Kinder unter 4 Jahren sind frei, für Kinder zwischen dem 4. und 10. Lebensjahr wird der halbe Tarif erhoben. Karten können bis zu 6 Tagen vorher gelöst werden. Rückfahrkarten sind 25 Prozent billiger und haben eine Gültigkeit von 30 Tagen.

In der 1. und 2. Klasse aller Zuggattungen darf jeder Reisende bis zu 30 kg Gepäck frei mitführen, Kinder zwischen 4 und 10 Jahren 20 kg. Jedoch verfahren die marokkanischen Eisenbahnen hierin sehr großzügig. Schwereres Gepäck muß aufgegeben und im Packwagen befördert werden (Gebühr gering). In der 4. Wagenklasse ist das Gewicht unbegrenzt.

Gepäckträger stehen auf allen Bahnhöfen bereit und bieten ihre Dienste meist von selbst an. Sie sind nicht uniformiert und üben ihren Beruf – angesichts des schwachen Eisenbahnverkehrs – nur als Gelegenheitsarbeit aus. In Tanger und in den Großstädten mit starkem Touristenverkehr sollte man den Tarif für ihre Tätigkeit im voraus vereinbaren, er beträgt zwischen 1 und 3 DH pro Gepäckstück.

Taxis stehen an allen Bahnhöfen zu allen Zügen bereit. Im Notfall ist jeder Gepäckträger bereit, einen Wagen herbeizurufen.

Bus

Im Gegensatz zu den spärlichen Eisenbahnverbindungen ist das ganze Land von einem sehr dichten Netz von Buslinien überzogen. Es gibt in Marokko fast keinen Ort, den man nicht erreichen könnte.

Das größte Autobusunternehmen Marokkos ist die CTM-LN (Compagnie Auxiliaire des Transports au Maroc–Lignes Nationales). Sie unterhält in allen größeren Orten Agenturen und Busbahnhöfe. Die Wagen der CTM-LN sind gut und sauber und versehen einen pünktlichen, zuverlässigen Dienst. Die Busse dieses Unternehmens sind eingeteilt in »Luxe«, Busse 1. und 2. Klasse. Die »Luxe«-Busse verkehren auf den längeren Hauptstrekken, sie enthalten häufig moderne Liegesitze, was sich für Nachtfahrten als sehr angenehm erweist. Jeder Reisende erhält einen numerierten Sitzplatz. Gepäck wird gegen eine sehr geringe Gebühr auf dem Dach befördert.

Daneben gibt es mehrere andere große Bus-Unternehmen, die mit z. T. modernen sauberen Bussen fahren und dieselben Bedingungen haben wie die CTM-LN. Sie sind ca. 20 % billiger als die CTM-LN, doch ist ihr Verkehrsnetz nicht so dicht.

Darüber hinaus existieren noch zahlreiche kleinere Linien, hauptsächlich im Nahverkehr. Hierbei handelt es sich um Busse der 2. Kategorie, ältere oder alte Fahrzeuge, die vornehmlich von der einheimischen Bevölkerung benutzt werden und daher dem Reisenden gute Möglichkeit bieten, Kontakte zu knüpfen. Sie sind jedoch gleichfalls durchaus zuverlässig und haben einen regelmäßigen Fahrplan. Ihre Standorte und Agenturen haben sie zumeist in den Medinas. Im allgemeinen befinden sich die Busbahnhöfe am Rande der Medina bzw. auf dem Hauptplatz der Altstadt.

Die Fahrpreise für die Busse sind niedriger als die für die Eisenbahn. Ein Fahrschein für eine Busfahrt im Luxus-Bus kostet etwa 20 % weniger als eine Fahrkarte 2. Klasse der Eisenbahn für die gleiche Strecke

Ergänzend zu den Buslinien stehen Überlandtaxis zur Verfügung. Sie fassen ca. 7–10 Personen, sind etwas teurer, dafür aber schneller als die Busse.

Flugzeug

Das innermarokkanische Flugnetz ist so angelegt, daß sich eine Besichtigungsreise per Flugzeug gut durchführen läßt. Informationen (Flugplan, Verbindungen etc.) erteilt Royal Air Maroc, 4000 Düsseldorf, Benrather Str. 10, Tel. 02 11/ 13 23 36.

Angeflogen werden folgende Orte: Agadir (Information: Avenue Général Kettani), Al Hoceima (Inf.: Flughafen Côte du Rif), Casablanca (Inf.: Avenue de l'Armée Royale), Er-Rachidia, Fès (Inf.: 54, Avenue Hassan II), Laayoune, Marrakech (Inf.: 197, Av. Mohammed V), Meknès (Inf.: 7, Av. Mohammed V), Ouarzazate, Oujda (Inf.: Bvd. Mohammed V), Rabat-Salé (Inf.: Av. Mohammed V), Tan-Tan, Tanger (Inf.: Place Mohammed V), Tetouan (Inf.: 5, Av. Mohammed V.).

Die meisten Orte werden mehrfach in der Woche angeflogen, die wichtigsten Verbindungen sogar täglich. Es ist dabei zu beachten, daß die Flugtickets spätestens 24 Std. vor Abflug bei einem Büro der Royal Air Maroc rückbestätigt sein müssen. Die Preise innermarokkanischer Flüge sind in etwa um die Hälfte billiger als in Deutschland.

Örtliche Verkehrsmittel

Es gibt in Marokko weder Straßenbahnen noch U-Bahnen. Der gesamte örtliche Verkehr in den Städten wickelt sich mittels Autobussen oder Taxis ab. Wenn in Taxis kein Taxameter vorhanden ist oder nicht eingestellt wird, sollte man den Preis vorher aushandeln. Man findet Taxis praktisch in allen Straßen und an allen nur irgendwie wichtigen Punkten. An bezeichneten Taxi-Halteplätzen stehen selten Taxen; sie fahren die Straßen entlang, man winkt sie sich heran. Es gibt zwei Arten von Taxis: neben dem gewöhnlichen »Taxi« das sogenannte »Petit-Taxi« – im Bereich des ehemaligen Spanisch-Marokko auch »Chicco-Taxi« (Klein-Taxi) genannt. Es handelt sich hierbei um Kleinwagen, deren Tarife bedeutend niedriger sind, wobei es für den Preis gleichgültig ist, ob nur eine oder ob mehrere Personen das Taxi benutzen. Sie sind deutlich durch große Schilder auf dem Dach gekennzeichnet. Für größere Gepäckstücke, die auf dem Dach befördert werden, wird ein Zuschlag erhoben. Für ein Trinkgeld wird jeder Taxifahrer dankbar sein. Für Stadtfahrten ist der Preis meistens einheitlich, ohne Rücksicht auf die Länge der Fahrt. Die Tarife der Buslinien sind in den Städten billiger, und die Busse sind pünktlich.

Mehr der Kuriosität halber seien die mit Pferden bespannten Kutschen erwähnt, die man in manchen marokkanischen Städten in großer Anzahl antrifft, hauptsächlich in Fès, Meknès und Marrakech. Es handelt sich hierbei um z. T. alte Fahrzeuge, die vorwiegend von Einheimischen benutzt werden. Sie verkehren zumeist in den Medinas (Meknès) und sind sehr billig. Für eine geruhsame Stadtfahrt sind sie sehr zu empfehlen, der Kutscher kennt sich meistens gut mit den Sehenswürdigkeiten der Stadt aus und wartet geduldig, bis man von der jeweiligen Besichtigung wieder zurück ist. Auch hier ist der Preis vorher auszuhandeln.

Auto

Für die Einreise sind erforderlich: nat. Führerschein, Fahrzeugschein, Int. Grüne Versicherungskarte, für Mietwagen der internationale Führerschein. Wer ein nicht auf seinen Namen zugelassenes Fahrzeug fährt, benötigt eine ins Französische übersetzte und amtlich beglaubigte Vollmacht des Fahrzeughalters. Für Wohnanhänger und Wohnmobile ist ein Carnet de Passage (bei den Automobilclubs erhältlich) erforderlich. Transitreisen nach Algerien können verweigert werden, ebenfalls die Einreise mit militärähnlichen oder geländegängigen Fahrzeugen oder mit zu Wohnmobilen umgebauten Nutzfahrzeugen. Bei Mitnahme solcher Fahrzeuge sollte vorher die marokkanische Botschaft kontaktiert werden.

Verkehrsregeln

Die wichtigsten abweichenden Verkehrsregeln, an die man sich unbedingt halten sollte, sind:

– absolutes Alkoholverbot
– Überholen von Militärkolonnen nur mit max. 30 km/h.
– rot-weiße Markierung am Randstein bedeutet Parkverbot.

Darüber hinaus besteht Gurtanschnallpflicht und Helmpflicht für Motorradfahrer.

Darüber hinaus sollte man folgende Hinweise beachten:

Keine Wertsachen im Auto liegen lassen, Diebstahlgefahr! Grundsätzlich besonders vorsichtig fahren, man kann nicht damit rechnen, daß alle marokkanischen Verkehrsteilnehmer die Verkehrsregeln kennen bzw. sich daran halten. Besondere Vorsicht bei Kindern und Tieren auf der Fahrbahn! Vertrauen Sie nie auf Ihr Vorfahrtsrecht!

Keine Nachtfahrten! Die wenigsten Fahrzeuge auf dem Land sind vorschriftsmäßig beleuchtet, das Unfallrisiko ist sehr hoch! Verkehrs-Warnschilder gibt es nur selten.

Bei einem Unfall

das Eintreffen der Polizei abwarten. Bei der Ausreise ist bei Feststellen eines Fahrzeugschadens die ordnungsgemäße polizeiliche bzw. versicherungstechnische Abwicklung nachzuweisen. Auch bei Totalschaden ist das Fahrzeug wieder auszuführen, sonst ist mit sehr hohem Einfuhrzoll zu rechnen. Aus diesen Gründen ist der Abschluß einer Kurzkasko- und einer Insassen-Unfallversicherung anzuraten.

Straßenzustand

Marokko verfügt über mehr als 25 000 km geteerter Fernstraßen, die ganzjährig befahrbar sind und über 35 000 km Pisten, die ohne Festbelag den größten Teil des Jahres von Kraftfahrzeugen anstandslos benutzt werden können. Auf diesen Straßen staubt es im Sommer, nach längeren Regenfällen sind manche vorübergehend unbenutzbar; dies kann vor allem während der Regenmonate, also vom November bis Dezember und vom Februar bis März, der Fall sein. Vor Antritt von Wüstenfahrten sollte man bei der Polizei, bei Tankstellen oder beim Automobilclub anfragen, ob Flüsse bzw. Flußbetten passierbar sind.

Nach langen Wüstenfahrten sind Ölwechsel, Ölfilterwechsel und Filterreinigung unerläßlich; auch sollte man derartige Fahrten nicht allein antreten, sondern den alten Spruch der Berber und Araber befolgen: »Wenn du in die Wüste reitest, reite nie nur mit einem Kamel.« Straßensperren durch Schneefälle im Hochgebirge werden sofort geräumt, so daß nur kurze Störungen eintreten können.

Straßen und Pisten sind numeriert. Diese Numerierung ist sowohl auf den Autostraßenkarten als auch auf den Straßentafeln, die an jeder Wegkreuzung zu finden sind, eingezeichnet. Nach den Klassen unterscheidet man: »Routes principales« (RP), »Routes secondaires« (RS) und »Chemins tertiaires« (C) – gefolgt von den betreffenden Nummern. Eine Autobahn Casablanca – Rabat ist größtenteils fertig, sie soll bis Tanger fertiggestellt werden (ca. 1990), ebenso wie die Richtung Kénitra. Auch die Straßen und Pisten im Süden werden verbessert.

Tankstellen

gibt es in den dichter besiedelten Landesteilen in ausreichender Menge. Wer durch den dünn besiedelten Süden und Südosten fährt, sollte jedoch ausreichend Reservetreibstoff mitnehmen und sich bei jedem Tanken nach der nächsten Tankstelle erkundigen.

Reparaturwerkstätten

mit meist sehr geschickten Mechanikern sind im ganzen Land zu finden. Alle großen Automarken unterhalten in den Großstädten Spezialwerkstätten und Ersatzteillager. Jedoch sind nicht alle Ersatzteile ständig auf Lager. Keilriemen und Zündkerzen etwa sollte man unbedingt von zu Hause mitnehmen.

Sach- und Ortsregister

Hervorgehobene Seitenzahlen weisen auf eine ausführliche Beschreibung des Ortes hin.

Bildnachweis

Titelfoto: Kasbah von Tinezouline (Thonig/Bavaria)

Eckebrecht/Bavaria: S. 6, 66 (unten), 69 (oben), 70 (beide), 101 (unten), 106 (unten), 115 (beide), 164, 171 (oben)
Fiore/Bavaria: S. 121, 213 (unten)
Frass/Bavaria: S. 192 (unten)
Geopress/Bavaria: S. 189 (oben)
Getlinger/Bavaria: S. 170
Kanus/Bavaria: S. 54, 88, 101 (oben), 111, 150 (beide), 156, 171 (unten), 180, 192 (oben), 206, 209, 213 (oben)
Krüger/Bavaria: S. 71
Kummels/Bavaria: S. 102
Leidmann/Bavaria: S. 65, 66 (oben), 189 (unten)
Lüthy/Bavaria: S. 67
Payne: Umschlaginnenseite, S. 50
Richter/Bavaria: S. 106 (oben)
Rudolph/Bavaria: S. 134
Thiele/Bavaria: S. 138
Thonig/Bavaria: S. 68, 72
Walter/Bavaria: S. 69 (unten)

GRIEBEN
Reiseführer

KULTUR · LANDSCHAFT · MENSCHEN

Deutsche Reisegebiete
Von der Nordseeküste bis zu den Alpen

Allgäu Bayerisch-Schwaben
Das Land zwischen Lech und Iller. Voralpenland von Füssen bis Wangen im Allgäu. Kleinwalsertal.

Bayerischer Wald
Burgen im Oberpfälzer Wald. Vom „Bayerischen Pfahl" zum „Großen Arber". 2000jähriges Regensburg. Dreiflüssestadt Passau.

Berlin
Berlin (Ost/West). Anreise, Stadtrundgänge und Ausflüge. Potsdam mit Sanssouci. Ausführliches Stadtlexikon von A bis Z.

Bodensee · Oberschwaben
Rund um den Bodensee. Oberschwaben mit Barockstraße. Konstanz, Bregenz, Donautal bis Ulm.

Eifel · Ahrtal
Zwischen Ardennen, Mosel und Rhein. Aachen, Koblenz und Trier. Rurtalsperre und Eifelmaare bei Daun.

Fichtelgebirge · Frankenwald
Coburger Land. Steinwald. Nördlicher Oberpfälzer Wald. Wagnerstadt Bayreuth. Kaiser- und Bischofsstadt Bamberg.

Fränkische Alb
Fränkische Schweiz, Altmühltal, Oberpfälzer Jura, Rangau. Nürnberg/Fürth, Erlangen, Bamberg.

Harz
Harzvorland, Braunschweig, Hildesheim, Goslar.

Lüneburger Heide
Naturschutzgebiete Nordheide und Südheide. Elbufer-Drawehn, Allertal. Lüneburg, Uelzen, Celle.

Mosel · Hunsrück
Die Mosel von Saarburg bis Koblenz. Hunsrück zwischen Mosel und Nahe, Nahetal.

München und Umgebung
Stadtrundgänge und Ausflüge im S-Bahn-Bereich, u. a. in das Fünfseenland. Ausführliches Stadtlexikon von A bis Z.

Oberbayern Ost
Zwischen Inn und Salzach. Berchtesgadener Land, Chiemgau, Inntal. Vom Wendelstein bis zum Königssee.

Oberbayern West
Die Landschaft zwischen Lech, Isar und Inn. Oberbayerische Seen, Garmisch, Tölz. Amper- und Isartal.

Odenwald · Kraichgau
Bergstraße, Unteres Neckartal. Darmstadt, Heidelberg, Mannheim. Heuchelberg, Stromberg.

Pfalz · Saarland Rheinhessen
Naturpark Pfälzerwald, Mainz, Bad Kreuznach, Kaiserslautern, Saarbrücken, Worms und Speyer.

Rhön · Haßberge
Fulda und Wasserkuppe, Fränkische Saale mit Bad Kissingen, Naturpark Haßberge und Grabfeld.

Schleswig-Holstein und Hamburg
Zwischen den Meeren: Holsteinische Schweiz, Nordfriesische Inseln und Helgoland. Hamburg und das Alte Land.

Schwarzwald Nord
Wanderungen zwischen Rhein und Neckar. Karlsruhe, Pforzheim, Baden-Baden, Schwarzwaldhochstraße.

Schwarzwald Süd
Wanderungen zwischen Kaiserstuhl und Hochrhein. Ausflüge nach Basel, Colmar, Schaffhausen.

Ausländische Reisegebiete
in Europa, rund um das Mittelmeer und in der UdSSR

Ägypten
Uraltes Kulturland am Nil. Kairo, Giseh und Memphis. Oberägypten mit Theben, Luxor und Karnak. Halbinsel Sinai.

Belgien · Luxemburg
Brugge, Gent, Antwerpen, Brüssel, Ardennen, Lüttich. Hohes Venn. Luxemburg.

Burgund · Auvergne
Franche-Comté und Limousin. Wege zur Kunst zwischen Rhône, Saône und oberer Loire. Dijon, Clermont-Ferrand, Limoges, Besançon.

Costa Brava · Katalonien
Mittelmeerküste bis Tortosa. Entdeckungsfahrten durch das Hinterland. Barcelona, Tarragona, Lerida. Mit Andorra.

Dänemark
Land zwischen Nordsee und Ostsee. Insel Bornholm, Städte und Badeorte. Kopenhagen und Umgebung.

Elsaß und Vogesen Lothringen
Strasbourg, Colmar. Die Route des Crêtes über den Vogesenkamm. Weinorte im Elsaß. Lothringen: Nancy, Metz.

England · Wales
Kanalinseln, Isle of Man. Englische und walisische Nationalparks. Industriekultur. Städte und Landschaften.

Graubünden/Engadin
Chur, Wintersport in berühmten Skiorten: St. Moritz, Davos, Klosters. Rätoromanische Vergangenheit.

Griechisches Festland
Thrakien, Makedonien, Thessalien, Epirus (mit Korfu), Peloponnes. Athen und Attika, Thessaloniki, Patras.

Griechische Inseln
Die Inselgruppen Griechenlands: Ionische Inseln, Ägäische Inseln, Kreta.

Irland
Republik Irland und Nordirland. Entdeckungsmöglichkeiten auf der Grünen Insel. Dublin. Belfast, Nationalparks.

Jugoslawien
Adriaküste und Binnenland. Slowenien, Kroatien, Bosnien und Hercegovina, Serbien, Montenegro, Makedonien.

Kärnten
Urlaub zwischen Bergen und Seen. Drautal, Karawanken, Karnische Alpen, Schobergruppe, Kärntner Seenplatte.

Korsika
Faszinierende Gebirgswelt für Bergsteiger, weite Strände für Sonnenhungrige. Geschichte und Kultur Ajaccio, Bastia, Calvi, Bonifacio.

Loiretal · Atlantikküste
Weltberühmte Schlösser an der Loire. Badestrände am Atlantik. Weinland Gironde. Orléans, Nantes, Bordeaux.

London und Umgebung
Ausflüge in die Umgebung. Stadtlexikon von A bis Z und zahlreiche Tips für die Entdeckung von „Swinging London".

Mallorca · Menorca · Ibiza
Die Balearen in ausführlichen Einzeldarstellungen der Inseln, ihrer Kultur und Landschaft.

Marokko
Küste. Rif- und Atlasgebirge. Oasen der nördlichen Sahara. Die vier Königsstädte: Rabat, Meknès, Fès, Marrakech.

Mittelitalien
Marken, Umbrien, Latium, Abruzzen, Apennin, Perugia, Assisi, Orvieto, Spoleto, L'Aquila.

Niederlande
Amsterdam, Den Haag, Rotterdam, Utrecht, Arnhem. Scheldemündung, Zuidersee.

Nordspanien Mittelspanien
Aragonien, Navarra, Baskenland, Asturien, und Galicien. – Avila, Guadalajara, Madrid, Salamanca, Segovia, Toledo.

Normandie · Bretagne
Nordwestfrankreich von Le Havre bis zur Loiremündung, vom Kanal bis zum Atlantik.

Norwegen
Land der Kontraste. Fjorde, Gletscher und Hochplateaus Lofoten und Finmark. Oslo, Bergen und Nordkap.

Oberösterreich
Landschaft zwischen Inn, Donau und Enns. Innviertel, Mühlviertel, Salzkammergut. Linz, Wels, Steyr.

Ostschweiz
Vom Bodensee ins Engadin. Kantone Schaffhausen, Sankt Gallen, Appenzell, Graubünden. Chur, Davos, St. Moritz.

Paris und Umgebung
Stadtrundgänge und Ausflüge: Chantilly, Chartres, Compiegne, Fontainebleau, Versailles, Loiretal.

Portugal
Landschaften und Klöster: Minho, Alentejo und Algarve. Batalha, Mafra und Tomar. Lissabon, Coimbra, Porto.

Rom und Umgebung
Stadtrundgänge und Ausflüge: Ostia, Albaner Berge, Palestrina und Tivoli. Ausführliches Stadtlexikon.

Rumänien
Donauniederung, Karpaten, Siebenbürgen, Banat, Donaudelta, Schwarzmeerküste, Moldaugebiet, Bukarest.

Salzburger Land
Salzburg und Salzkammergut. Landschaft zwischen Salzach, Enns und Salzburger Seenplatte. Pinzgau, Hohe Tauern.

Sardinien
Sandstrände und Badebuchten; Nuraghen, Cagliari, Sassari, Olbia, Nuoro, Oristano. Costa Smeralda.

Schottland
Royal Edinburgh. Glasgow. Inverness. Highlands and Islands. Lochs of Scotland. Jedem Clan sein Castle.

Schweden
Zwischen den Weiten Lapplands und Norbottens und dem fruchtbaren Süden. Stockholm und Umgebung.

Sizilien
Palermo, Agrigento, Selinunte, Siracusa, Taormina, Liparische Inseln. Kulturdenkmäler, Ätna-Touren.

Südfrankreich Ost
Provence, Côte d'Azur, Französische Alpen. Einzigartige Verbindung von Kultur und Landschaft. Land zwischen Rhône und Mittelmeer.

Südfrankreich West
Languedoc, Roussillon, Pyrenäen. Von der Rhônemündung zum Atlantik. Mit Anhang Andorra.

Südspanien · Mittelspanien
Andalusien, Kastilien-La Mancha, Aragonien. Madrid, Toledo, Cordoba, Sevilla, Malaga, Murcia, Alicante.

Südtirol Ost Östliches Trentino
Bozen, Dolomiten, Eisack und Etsch. Sextener Dolomiten, Cortina, Marmolata, Rosengarten, Belluno.

Südtirol West Westliches Trentino
Bozen, Meran, Brentagruppe, Gardasee. Vinschgau mit Seitentälern.

Teneriffa
Sonne das ganze Jahr, Sta. Cruz de Teneriffe, Ausflüge in die kanarische Inselwelt

Tessin, Oberitalienische Seen
Locarno am Lago Maggiore. Lugano und Ascona. Valle Maggia. Bergdörfer im Valle Verzasca.

Tirol Ost / Osttirol
Zwischen Innsbruck und Kitzbühel. Osttirol mit Lienzer Dolomiten und Hohe Tauern, Defereger Alpen.

GRIEBEN
KULTUR LANDSCHAFT MENSCHEN *Reiseführer*

Sizilien

Wichtige Reiserouten
Orte von A–Z
Tips · Karten · Fotos

Palermo · Agrigento · Selinunte · Siracusa Taormina · Liparische Inseln · Kulturdenkmäler aus der Zeit der griechischen Kolonisierung · Kirchen aus der Normannen- und Stauferzeit · Ätna-Touren

GRIEBEN

KULTUR · LANDSCHAFT · MENSCHEN
Reiseführer

Tirol West
Arlberg und Innsbruck. Lechtaler und Ötztaler Alpen, oberes Inntal, Stubaital. Landeck, Paznaun, Montafon.

Toskana / Ligurien
Italienische Riviera, Küste von Ventimiglia über Genua bis Orbetello, das ligurische Hinterland. Toskana mit Florenz.

Tschechoslowakei
Prag, Karlovy Vary, Brno, Bratislava. Wandergebiete der Ostslowakei. Naturschutzgebiete und Höhlen.

Türkei
Archäologische Stätten, islamische Kultur. Von Istanbul bis zum Berge Ararat. Mittelmeerküste. Kurdistan. Taurus-Gebirge.

Tunesien
Ausführlichen Routenbeschreibungen zur Erforschung des Landes. Darstellung von Kultur und Lebensweise.

UdSSR-Reisen
Moskau, Leningrad und Kiew. Europäischer Teil, Schwarzmeerküste, Kaukasus. Sowjetisch Mittelasien und Sibirien.

Ungarn
Budapest und Plattensee. Darstellung der Städte, aber auch der unbekannten Landschaften bis zur Bugac-Puszta.

Unteritalien
Kampanien, Basilikata, Apulien, Kalabrien. Neapel, Paestum, Insel Capri und Ischia, apulische Adriaküste.

Venetien · Emilia-Romagna
Friaul-Julisch Venetien, Italienische Adria. Vom Tagliamento bis zum Apennin, Poebene und Emilia.

Vienna and Environs
Englische Ausgabe des Bandes „Wien und Umgebung"

Vorarlberg · Liechtenstein
Bodensee und Arlberg. Bregenz und Bregenzerwald, Montafon. Liechtenstein mit Vaduz.

Westschweiz
Berner Oberland, Wallis, Genfer See. Rhônetal, Neuchâtel und Biel, Thuner und Brienzer See.

Wien und Umgebung
Stadtrundgänge und Ausflüge in den Wienerwald, Schiffsreisen auf der Donau. Ausführliches Stadtlexikon von A bis Z.

Sonderbände

Urlaub und Freizeit; Reisebücher zu besonderen Themen

Die schönsten Ferienstraßen in Deutschland
Durch die schönsten Landschaften Deutschlands. Die wichtigsten Orte und ihre Umgebung. Texte und Karten begleiten Sie auf den Ferienstraßen.

Romantische Städte in Deutschland
Wegweiser zu mehr als 170 reizvollen und attraktiven Städtchen zwischen Flensburg und Berchtesgaden. Extra: liebenswerte Großstädte.

Originelle und liebenswerte Museen in Deutschland
Freizeit-Führer zu den beliebtesten Museen in Deutschlands Regionen. Ortsbeschreibung, Auskunft und Verkehr, Feste und Bräuche.

Reiseziele in Süd- und Nordamerika

Erlebnistouren durch die faszinierenden Landschaften der Neuen Welt

Südamerika I
Chile, Argentinien, Uruguay, Paraguay. Buenos Aires, Santiago, Montevideo, Asunción.

Südamerika II
Peru. Bolivien. La Paz. Ausflüge in die Anden. Titicacasee. Amazonas-Becken – Reise für Abenteurer.

Südamerika III
Ecuador / Kolumbien / Venezuela
Galápagos-Inseln, Karibikküste, Llanos, Oberes Amazonasbecken, Bogota, Quito, Caracas.

Südamerika IV
Brasilien
Rio de Janeiro, Copa Cobana, Amazonas, Manaus, Brasilia, Sao Paolo, die Kultur der Indios.

New York
Manhattan. Harlem, Brooklyn, Bronx, Queens, Staten Island. New York aktuell, kulinarisch, kurios.

Naher Osten

Jerusalem
Stadt in zwei Teilen, Klagemauer, Bazar, Kirchen, Klöster und Museen. Jüdische und arabische Küche.

GRIEBEN VERLAG GMBH

Verlagsgruppe Fink-Kümmerly + Frey

Lieferbare Titel.
Jährlich weitere
Neuerscheinungen.

Aktuell und zuverlässig

Die idealen Straßenkarten
zu diesem
Reiseführer

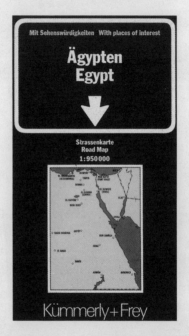

01161 Israel 1:750 000
01162 Ägypten 1:950 000

01163 Tunesien 1:1 Mio.
01164 Marokko 1:1 Mio.

Auf allen Straßen richtungsweisend